科学出版社"十四五"普通高等教育本科规划教材

智能技术教学应用

郭 炯 主编

科学出版社
北 京

内 容 简 介

本书是科学出版社"十四五"普通高等教育本科规划教材。人工智能、大数据、虚拟现实等智能技术推动传统教育逐步迈入智能时代，师范生未来的教育教学工作面临着智能化的教与学环境、人机协同的教育教学活动、素养导向的创新教与学模式应用等新型的教与学业务形态，亟须具备智能教育素养，转变传统教学理念、模式和方法，以胜任未来的教育教学工作。本教材聚焦面向未来的师范生智能教育素养培养，从教学设计、学习服务、学习评价及专业发展四个方面分析了不同场景中智能技术教育应用的作用点及典型案例，是一本专门面向师范生培养的人工智能与教育教学融合应用的教材。

本教材可供高等院校师范生、师范专业教师、相关教研人员、中小学教师及教育信息化企业人员等阅读。

图书在版编目（CIP）数据

智能技术教学应用/郭炯主编. —北京：科学出版社，2024.6
科学出版社"十四五"普通高等教育本科规划教材
ISBN 978-7-03-078333-2

Ⅰ.①智⋯ Ⅱ.①郭⋯ Ⅲ.①智能技术-应用-计算机辅助教学-高等学校-教材 Ⅳ.①G434

中国国家版本馆 CIP 数据核字（2024）第 064765 号

责任编辑：卢 淼 / 责任校对：邹慧卿
责任印制：徐晓晨 / 封面设计：润一文化

科学出版社 出版
北京东黄城根北街 16 号
邮政编码：100717
http://www.sciencep.com

涿州市般润文化传播有限公司印刷
科学出版社发行 各地新华书店经销

*

2024 年 6 月第 一 版 开本：720×1000 1/16
2024 年 6 月第一次印刷 印张：14 1/2
字数：300 000
定价：55.00 元
（如有印装质量问题，我社负责调换）

《智能技术教学应用》编委会

主　编：郭　炯

编　委：郝建江　宿　庆　禅　慧

前 言

在人工智能、大数据、虚拟现实等智能技术的推动下，传统教育正逐步迈向智能时代。这一转变不仅带来了教育环境、资源、教学、学习、评价等方面的智能升级与变革发展，同时也要求教师转变原有的角色定位，积极培养智能教育素养，以胜任未来的教育教学。因此，院校在培养师范生时，应密切关注未来教育的发展与趋向，提前规划、布局，并设置与人工智能教育应用相关的课程，以提升师范生利用人工智能优化和创新学科教学的能力，为未来的教育变革做好准备。

师范生作为未来教师，肩负着适应并胜任未来教育教学的重任，应为"未来的教"做好准备。他们未来所面临的教育教学工作将是一个充满智能化的教与学环境，人机协同进行教育教学活动，并应用素养导向的创新教与学模式。因此，师范生急需培养智能教育素养，转变传统教学理念、模式和方法，以适应并胜任未来的教育教学工作。本教材聚焦面向未来的师范生智能教育素养培养，从教学设计、学习服务、学习评价及专业发展四个方面分析了不同场景中智能技术教育应用的作用点及典型案例。

第一章智能时代的教师素养要求，为智能技术教学应用的概论部分，内容包括智能时代下的教育变革和教师智能教育素养诉求，由郭炯撰写；第二章智能技术支持的教学设计，从教师教学的角度出发，分析了智能技术在学情分析、资源准备、活动设计等场景中的应用，由郝建江撰写；第三章智能技术支持的学习服务，从学生学习的视角出发，分析了智能技术在学习路径规划、学习过程指导、学习管理等场景中的应用，由禅慧撰写；第四章智能技术支持的学习评价，从知识诊断、技能评估、过程评价等场景分析了智能技术的相关应用，由宿庆撰写；第五章智能技术支持的教师专业发展，从诊断-推荐的自主学习、课堂行为分析、虚拟情境实训等场景分析了智能技术助力教师专业发展的相关应用，由郭炯撰写。

全书由郝建江负责统稿。

在本书出版之际，我们特别感谢科学出版社卢淼等编辑为本书出版所做的工作！

目 录

前言

第一章 智能时代的教师素养要求 … 1

第一节 智能时代的教育教学变革 … 1
一、教育人才培养目标的变化 … 2
二、教育教学方式的变化 … 6
三、课堂教学环境的变化 … 8
四、教育资源形态的变化 … 9
五、教育评价方式的变化 … 11
六、教学组织形式的变化 … 12

第二节 智能时代的教师角色定位及素养 … 14
一、智能时代教师的角色定位 … 14
二、智能技术的角色定位 … 17
三、教师智能教育素养 … 22

第二章 智能技术支持的教学设计 … 29

第一节 教学设计概述 … 29
一、教学设计基础 … 29
二、教学设计准备 … 32

第二节 学情分析 … 33
一、场景描述 … 33
二、智能技术作用点 … 38
三、典型案例 … 50

第三节 资源准备 … 54

一、场景描述 ··· 55
　　二、智能技术作用点 ··································· 59
　　三、典型案例 ··· 70
第四节　活动设计 ··· 76
　　一、场景描述 ··· 76
　　二、智能技术作用点 ··································· 79
　　三、方案设计 ··· 88

第三章　智能技术支持的学习服务 ························· 89

第一节　学习路径规划 ······································· 89
　　一、场景描述 ··· 90
　　二、智能技术作用点 ··································· 92
　　三、典型案例 ··· 99
第二节　学习过程指导 ····································· 103
　　一、场景描述 ·· 103
　　二、智能技术作用点 ·································· 107
　　三、典型案例 ·· 112
第三节　学习管理 ·· 117
　　一、场景描述 ·· 118
　　二、智能技术作用点 ·································· 120
　　三、典型案例 ·· 124

第四章　智能技术支持的学习评价 ························ 129

第一节　知识诊断 ·· 129
　　一、场景描述 ·· 130
　　二、智能技术作用点 ·································· 134
　　三、典型案例 ·· 145
第二节　技能评估 ·· 153
　　一、场景描述 ·· 153
　　二、智能技术作用点 ·································· 156
　　三、典型案例 ·· 162
第三节　过程评价 ·· 167
　　一、场景描述 ·· 168
　　二、智能技术作用点 ·································· 172

三、方案设计 …………………………………………… 180

第五章　智能技术支持的教师专业发展 …………………… 187
第一节　基于诊断-推荐的自主学习 ……………………… 187
　　一、场景描述 …………………………………………… 188
　　二、智能技术作用点 …………………………………… 191
　　三、典型案例 …………………………………………… 196
第二节　基于课堂行为分析的评价反思 ………………… 198
　　一、场景描述 …………………………………………… 198
　　二、智能技术作用点 …………………………………… 204
　　三、典型案例 …………………………………………… 210
第三节　基于虚拟情境的实践训练 ………………………… 212
　　一、场景描述 …………………………………………… 213
　　二、智能技术作用点 …………………………………… 216
　　三、典型案例 …………………………………………… 218

第一章 智能时代的教师素养要求

智能技术应用推动人类社会走向人机协同、跨界融合的智能时代，时代变迁引发产业变革及经济社会的跨越式发展，深刻改变着人类的生产、生活及学习方式[1]。教育人才培养需要满足未来智能时代下的人才需求，以应对社会发展所带来的挑战。当前教育领域面临社会变革发展的人才需求升级，以及智能技术应用所引发的教育环境、资源、教学、评价等的系统性变革。教师角色定位、工作内容、素养诉求等同样需要发生转变，以适应、胜任智能时代的教育教学。

第一节 智能时代的教育教学变革

导言

智能时代下社会生产力的变革、职业结构的转变等，对教育人才培养提出了新的要求。同时，智能技术在教育教学中深度融合应用，也驱动着教学方式、教学环境、资源形态、教学评价、教学组织形式等多方面发生转变。智能时代下的教师，需要合理认知自身与技术的角色定位，具备智能教育素养以应对未来职业挑战。

学习目标

- 说明智能时代人才培养目标的转变及原因
- 举例说明智能时代教育教学变革的具体表现
- 举例说明智能技术在教育教学变革中的作用
- 形成主动学习、应用智能技术开展教育教学的意识和态度

---

[1] 关成华，黄荣怀. 面向智能时代：教育、技术与社会发展[M]. 北京：教育科学出版社，2021：3.

人工智能的突破性进展是人类发展史上一个重大转折，引发人类思维方式和工作方式的转变，推动信息时代进入智能时代，信息社会向智能化社会转型[1]。智能时代是以智能技术为主要生产力的信息时代延伸发展的高阶形态，有人把智能时代称作第四次工业革命或第二次机器革命，也有人认为智能时代是信息时代的自然延伸与发展[2]。智能时代的特点是：无处不在的计算机和物联网中的各种终端，通过大量的自动化和智能决策，为人类提供高质量的服务。智能技术应用所引发的社会结构、工作方式、学习方式、思维方式等的变革，将推动未来教育教学的环境升级、流程再造、方式重塑等深层次、系统性变革。以教育信息的全面感知为基础，以大数据和人工智能为动力，通过跨时空、跨模态、跨组织的教育教学要素重组，以及各教育主体间可信、智能的合作，推动未来教育创新与变革。此举不仅为跨时空的教育资源配置、多主体的教育协同治理、社会化的教育服务供给以及智能化的教育管理和评价提供支撑，还从教育环境、教育资源、教学活动、教育组织和教育评价等多个方面系统性、结构化地重塑未来教育样态[3]。

一、教育人才培养目标的变化

💡 想一想

随着社会发展和技术升级，人类社会发展经历了石器时代、青铜时代、铁器时代、蒸汽时代、电气时代、信息时代等，当前社会正在进入智能时代。在不同时代，社会对教育人才培养的需求也在发生变化，教育人才培养目标需要契合社会发展需求，以支持学习者在未来职业中的生存与发展。教育人才培养目标的落地需要基础教育、高等教育、职业教育等各级各类教育的协同支撑，以满足社会发展的人才需求。

在基础教育中，每个学科也有自身的教学目标，承担着自身特有的育人价值。请结合自身专业，查找相应的义务教育及高中课程标准，阅读课程目标相关内容，了解未来自身任教学科的人才培养目标是什么。

教育体系的人才培养目标受到社会经济、技术发展以及教育理念更新的多重影响，反映了社会对人才需求和理解的不断变化。原始狩猎时代，最重要的

---

[1] 陈凯泉，何瑶，仲国强. 人工智能视域下的信息素养内涵转型及 AI 教育目标定位——兼论基础教育阶段 AI 课程与教学实施路径[J]. 远程教育杂志，2018，36（1）：61-71.

[2] 杜占元. 人工智能与未来教育变革[J]. 中国国情国力，2018，（1）：5-8.

[3] 杨现民，赵瑞斌. 智能技术生态驱动未来教育发展[J]. 现代远程教育研究，2021，33（2）：13-21.

是肌肉力量；工业时代，机器取代人的体力，知识就是力量；互联网时代，知识不再稀缺，思维能力、深度学习能力、核心素养成为决定个体是否强大的关键因素[1]。智能技术推动人类社会走向智能社会，未来工作需要劳动者具备问题解决能力、高阶思维与创新能力，创造性地开展工作，而日常重复性的、程序性的工作则由机器替代完成。

在过去，人才培养的目标主要集中在知识传递和技能掌握上。教师的主要任务是为学生传授大量的知识和技能，使他们能够有效地参与到社会生活中。这种模式的优点是它培养了学生的基本能力和素质，使他们能够在未来的生活和工作中解决已知的问题。然而，这种模式忽视了学生个体差异和主观能动性的发展，导致学生的创新能力和批判性思维能力相对较弱。随着社会的发展，人们逐渐认识到，教育的目标不仅仅是培养学生的知识和技能，更重要的是培养他们的品格和价值观，以及他们的创新能力和批判性思维，即关注学生的核心素养培养。

OECD（2005）核心素养框架认为，核心素养应该为人人所需，并在多个实用领域都具有其特殊价值，并将核心素养划分为"互动地使用工具、在社会异质群体中互动和自主行动"三个类别。这三个类别关注不同方面，但彼此间相互联系，共同构成核心素养的基础（表1-1）。该框架超越了传统意义上的知识与技能，以反思为核心，整合了各项核心素养。

表1-1　OECD（2005）核心素养框架[2]

素养分类	关键素养
互动地使用工具	1. 互动地使用语言、符号与文本 2. 互动地使用知识与信息 3. 互动地使用技术
在社会异质群体中互动	1. 与他人建立良好的关系 2. 团队合作 3. 管理与解决冲突
自主行动	1. 在复杂的大环境中行动 2. 形成并执行个人计划或生活规划 3. 保护及维护权利、利益、限制与需求

为应对时代变化与未来社会发展的挑战，各国家/地区及组织等纷纷制定核心素养框架，以明确面向未来人才培养的目标指向，如表1-2所示。

---

[1] 叶修. 深度思维——透过复杂直抵本质的跨越式成长方法论[M]. 北京：天地出版社，2018：1-3.
[2] 魏锐，刘坚，白新文，等. "21世纪核心素养5C模型"研究设计[J]. 华东师范大学学报（教育科学版），2020，38（2）：20-28.

表 1-2 部分国家/组织机构的核心素养框架

国家/组织机构	框架名称
欧盟	《终身学习的核心素养：欧洲参考框架》
美国	"21 世纪技能"（美国联邦教育部 2007 年）
芬兰	《国家基础教育核心课程》
新加坡	《实现四个教育成果》
北京师范大学中国教育创新研究院	21 世纪核心素养 5C 模型
国际教育技术协会	学生应当具备的六项基本教育技术能力

我国于 2013 年起开展中国学生发展核心素养研究，2014 年初步提出核心素养总框架，2016 年，《中国学生发展核心素养》总体框架在北京发布，以培养"全面发展的人"为核心，从文化基础、自主发展、社会参与三个维度阐明了新时代中国学生应具备的核心素养，具体表现为人文底蕴、科学精神、学会学习、健康生活、责任担当、实践创新六大素养，如表 1-3 所示。

表 1-3 《中国学生发展核心素养》[1]

维度	核心素养	基本要点	主要表现描述
文化基础	人文底蕴	人文积淀	具有古今中外人文领域基本知识和成果的积累；能理解和掌握人文思想中所蕴含的认识方法和实践方法等
		人文情怀	具有以人为本的意识，尊重、维护人的尊严和价值；能关切人的生存、发展和幸福等
		审美情趣	具有艺术知识、技能与方法的积累；能理解和尊重文化艺术的多样性，具有发现、感知、欣赏、评价美的意识和基本能力；具有健康的审美价值取向；具有艺术表达和创意表现的兴趣和意识，能在生活中拓展和升华美等
	科学精神	理性思维	崇尚真知，能理解和掌握基本的科学原理和方法；尊重事实和证据，有实证意识和严谨的求知态度；逻辑清晰，能运用科学的思维方式认识事物、解决问题、指导行为等
		批判质疑	具有问题意识；能独立思考、独立判断；思维缜密，能多角度、辩证地分析问题，做出选择和决定等
		勇于探索	具有好奇心和想象力；能不畏困难，有坚持不懈的探索精神；能大胆尝试，积极寻求有效的问题解决方法等
自主发展	学会学习	乐学善学	能正确认识和理解学习的价值，具有积极的学习态度和浓厚的学习兴趣；能养成良好的学习习惯，掌握适合自身的学习方法；能自主学习，具有终身学习的意识和能力等
		勤于反思	具有对自己的学习状态进行审视的意识和习惯，善于总结经验；能够根据不同情境和自身实际，选择或调整学习策略和方法等
		信息意识	能自觉、有效地获取、评估、鉴别、使用信息；具有数字化生存能力，主动适应"互联网+"等社会信息化发展趋势；具有网络伦理道德与信息安全意识等

---

[1] 林崇德.21 世纪学生发展核心素养研究[M]. 北京：北京师范大学出版社，2016：29.

续表

维度	核心素养	基本要点	主要表现描述
自主发展	健康生活	珍爱生命	理解生命意义和人生价值；具有安全意识与自我保护能力；掌握适合自身的运动方法和技能，养成健康文明的行为习惯和生活方式等
		健全人格	具有积极的心理品质，自信自爱，坚韧乐观；有自制力，能调节和管理自己的情绪，具有抗挫折能力等
		自我管理	能正确认识与评估自我；依据自身个性和潜质选择适合的发展方向；合理分配和使用时间与精力；具有达成目标的持续行动力等
社会参与	责任担当	社会责任	自尊自律，文明礼貌，诚信友善，宽和待人；孝亲敬长，有感恩之心；热心公益和志愿服务，敬业奉献，具有团队意识和互助精神；能主动作为，履职尽责，对自我和他人负责；能明辨是非，具有规则与法治意识，积极履行公民义务，理性行使公民权利；崇尚自由平等，能维护社会公平正义；热爱并尊重自然，具有绿色生活方式和可持续发展理念及行动等
		国家认可	具有国家意识，了解国情历史，认同国民身份，能自觉捍卫国家主权、尊严和利益；具有文化自信，尊重中华民族的优秀文明成果，能传播弘扬中华优秀传统文化和社会主义先进文化；了解中国共产党的历史和光荣传统，具有热爱党、拥护党的意识和行动；理解、接受并自觉践行社会主义核心价值观，具有中国特色社会主义共同理想，有为实现中华民族伟大复兴中国梦而不懈奋斗的信念和行动
		国际理解	具有全球意识和开放的心态，了解人类文明进程和世界发展动态；能尊重世界多元文化的多样性和差异性，积极参与跨文化交流；关注人类面临的全球性挑战，理解人类命运共同体的内涵与价值等
	实践创新	劳动意识	尊重劳动，具有积极的劳动态度和良好的劳动习惯；具有动手操作能力，掌握一定的劳动技能；在主动参加的家务劳动、生产劳动、公益活动和社会实践中，具有改进和创新劳动方式、提高劳动效率的意识；具有通过诚实合法劳动创造成功生活的意识和行动等
		问题解决	善于发现和提出问题，有解决问题的兴趣和热情；能依据特定情境和具体条件，选择制定合理的解决方案；具有在复杂环境中行动的能力等
		技术应用	理解技术与人类文明的有机联系，具有学习掌握技术的兴趣和意愿；具有工程思维，能将创意和方案转化为有形物品或对已有物品进行改进与优化等

2016年，北京师范大学中国教育创新研究院举行发布会，首次对外发布《21世纪核心素养5C模型研究报告（中文版）》，进一步提出了"21世纪核心素养5C模型"并搭建框架、阐述内涵（表1-4）。

表1-4 21世纪核心素养5C模型[1]

一级维度	二级维度	解释说明
文化理解与文化传承	文化理解	指对文化的基本内涵、特征及其历史渊源和发展脉络、不同文化的共性与差异及其相互影响的体验、认知和反思

---

[1] 魏锐，刘坚，白新文，等．"21世纪核心素养5C模型"研究设计[J]．华东师范大学学报（教育科学版），2020，38（2）：20-28．

续表

一级维度	二级维度	解释说明
文化理解与文化传承	文化认同	指一个社会共同体的成员对特定文化环境中的审美取向、思维方式、道德伦理、行为或风俗习惯等的接纳和认可
	文化践行	指一个社会共同体的成员对于其所选择和认同的生活方式、文化观念和价值原则等在现实生活中主动加以实践、传承和改造、创新
审辩思维	质疑批判	既包括不轻易接受结论的态度,也包括追根究底的品格
	分析论证	强调基于证据的理性思考,能进行多角度、有序的分析与论证
	综合生成	指在分析的基础上进行系统整合与重构,形成观点、策略、产品或其他新成果的过程
	反思评估	指基于一定标准对思维过程、思维成果及行动进行监控、反思、评估和改进,促进自我导向、自我约束、自我监控和自我修正
创新	创新人格	具有好奇心、开放心态、勇于挑战和冒险、独立自信等特质
	创新思维	通常包括对开展创新活动有帮助的发散思维、辐合思维、重组思维等
	创新实践	参与并投入旨在产生新颖且有价值的成果的实践活动
沟通	同理心	一种能够了解、预测他人行为和感受的社会洞察能力
	深度理解	能够正确理解沟通对象以语言、文字及其他多种形式传递的信息,隐含的意图、情绪情感、态度和价值观等以及对内容进行反思与评价的能力
	有效表达	在不同的情境下,运用语言或非语言等多种形式,清楚地传达信息、表达思想和观点,以达到沟通的目的
合作	愿景认同	通过讨论、分析、反思等方式,实现对小组或团队目标、使命以及核心价值取向的认同,并使之内化为自己完成任务的目标和信念
	责任分担	结合自身角色制定计划和目标,积极主动承担分内职责,并充分发挥个人能动性,以较强的责任意识和担当精神,完成本职任务或工作
	协商共进	运用沟通技能,本着互尊互助、平等协商、共同进步的原则,与小组或团队成员展开对话,并适时、灵活地作出必要的妥协或让步,有效推进团队进程,实现共同目标,促进共同发展

教育人才培养目标与教师教育工作有着密不可分的内在关联,核心素养导向下的教育目标升级,影响并支配着具体的教育目标定位、课程内容设置、教学活动开展、学习评价导向。素养本位的目标观需要教师具备和理解相应的学科核心素养以指导其教学工作的开展,并以素养本位目标观思考、选择教学内容,并进行相应的教学活动。此外,目标观的这一转变正逐渐成为推动教育改革、教育理论和教育实践进步的重要力量,它引领着课程结构、教学模式、学习方式、评价体系、教育资源以及教育环境等多方面的变革。

二、教育教学方式的变化

教育教学方式是在特定教育目标与教育理念指导下教学活动开展的具体途

径。教育教学方式的选择需要契合教学目标要求，支持学习者高效获取所学内容，达成高质量的教育教学效果。

💡 想一想

结合自身专业，查找相应的义务教育及高中课程标准，阅读课标中有关教学方式的相关内容，了解未来自身任教学科的教学方式有哪些。结合学科核心素养培养目标的要求，思考智能时代下的教育教学方式有哪些特征。

智能时代下核心素养的教育目标要求，高阶思维、关键能力、核心素养等的有效培养，依靠传统的讲授式教学难以实现，需要注重以学习者为中心，关注学习者的知识建构、认知发展及素养形成，注重为其学习过程提供辅助支架，注重学习者自身的深度学习、反思表达等。同时，智能学习环境、工具与资源的出现，也为教学活动的丰富、教学策略的改良、教学方式的创新提供了支撑。

在智能时代的教育教学中，我们应更加注重启发式、互动式、探究式教学法的运用。教师课前应指导学生做好预习，课上讲清重点难点、知识体系，引导学生主动思考、积极提问、自主探究。融合运用传统与现代技术手段，重视情境教学；积极探索基于学科的课程综合化教学，开展研究型、项目化、合作式学习。在教学过程中，还应精准分析学情，重视差异化教学和个别化指导。

未来教育教学从知识传递向认知建构转型，从关注教师教转变为关注学生学，教学设计从支持教师教学的资源准备转变为支持学生学习的活动设计，注重每个学习者个体的认知发生、知识建构与自我成长。教学方式从"传递、讲解"走向"触发、交流、分享"[1]，自适应教学、规模个性化教学、远程协同教学等新型人机协同的教学模式将不断涌现。有学者认为智能时代下的教学观走向分享、协作、探究和零存整取式的新建构主义教学法，以及"互联网+课堂"。智能技术在教育教学中的应用，催生新型教与学模式、方法、策略的出现与应用。谭维智指出，"互联网+"时代的教育学将走向"不教的教育学"[2]，走向"由教向不教"的颠覆性创新。同时依托智能技术实现对学习者的个体画像，可以为学习者进行个性教学活动定制，即根据学生数据画像，结合教学目标与教学内容，为其匹配自适应教学路径、个性化教学活动和智能化

---

[1] 佐藤学. 教师的挑战：宁静的课堂革命[M]. 钟启泉，陈静静译. 上海：华东师范大学出版社，2012：1.

[2] 谭维智. 不教的教育学——"互联网+"时代教育学的颠覆性创新[J]. 教育研究，2016，37（2）：37-49.

支持服务，从而实现数据驱动的定制化教学。[1]

三、课堂教学环境的变化

环境是支持教与学活动开展的基础场所，教学环境的搭建需要满足课堂教学活动的开展需求，支撑师生教学交互的发生。基于教育人才培养目标的转变与升级，教育教学方式的发展与创新，课堂教学环境也需要有相应转变，以支持创新教学活动的开展及教育目标的达成。

💡 想一想

阅读以下材料，思考构想智能时代下的课堂教学环境是什么样的。

在教育元宇宙（Edu-Metaverse）中，学生可以通过虚拟现实设备进入一个模拟的实验室，进行各种实验操作，如化学反应实验、物理实验等。在实验过程中，学生可以通过头戴式显示器或手持设备观察实验现象，并可以通过语音或手势与虚拟教师进行互动交流，如图 1-1 所示。同时，系统还可以根据学生的反馈数据自动调整实验参数，以达到更好的教学效果。此外，在教育元宇宙中还可以创建一个虚拟的城市街区，学生可以扮演城市规划师的角色，设计并管理自己的城市，包括道路、建筑、公共设施等。在这个过程中，学生可以学习到城市规划和城市管理的知识，同时也可以提高自己的创造力和团队合作能力。

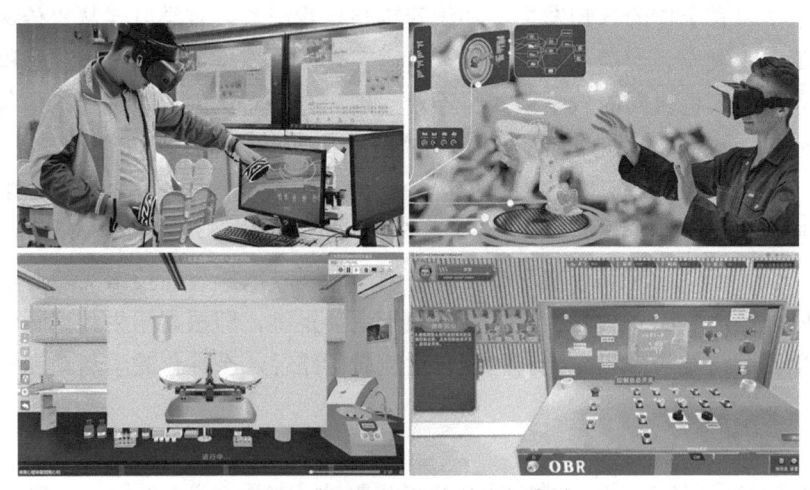

图 1-1　教育元宇宙中的虚拟实验

---

[1] 谢幼如, 邱艺, 刘亚纯. 人工智能赋能课堂变革的探究[J]. 中国电化教育, 2021, （9）: 72-78.

借助智能技术应用，教育环境从实体环境走向虚实融合环境或虚拟空间，推动教育元宇宙的构建，为教师和学习者提供沉浸式的教学互动场域，同步满足师生在物理世界和虚拟世界中的教与学需求[1]。基于教育元宇宙可以大大节约教育成本，应用到人体解剖、手术模拟、化工实验等领域，极大程度上降低实验损耗，在高危险系数的实验中更能起到保护师生生命安全的作用。同时，元宇宙中的"理想课堂"可以提升课堂效率和学生学习兴趣。教师可以根据自己的喜好，设置自己喜欢的任何形象，授课教师也可能是司马迁或爱因斯坦。学生课堂上的行为反应可以变成一个具象化的符号，比如某个学生对教师的讲解表示疑惑，头上就会蹦出一个问号，方便教师及时捕捉反馈信息。

智能技术应用优化了传统教学物理环境，打破传统物理空间边界，形成虚实融合、课堂内外融合、学校内外融合的教育环境。教学环境走向联通化、智能化、拓展化，助力深度学习发生。环境观从"提供教学开展场所"转向"助力教学有效发生的虚实融合场所"，教育环境的建设或选用注重对学习活动的有效支持与促进，聚焦支持学习者探究、研讨等活动开展的灵活多样的空间布局，支持"以学生为中心"的学习活动的有效开展。

此外，依据教学的需要，教育环境与教育实践进一步深度融合，从固定的班级教室走向泛在化的学校、家庭、社会情境，从真实的物理空间拓展到数字空间、虚拟空间，从单一的固化空间走向多元的融合空间。各类环境之间进一步走向联通化、智能化，环境数据能够有效衔接互通，为学习者、环境、资源之间的信息交互、数据采集与分析提供便利，实现无边界的相互转换，支撑跨时间、跨场景和跨区域教学活动的承接与融合[2]，进而为学习者的学习提供更多选择。

四、教育资源形态的变化

教育资源是在教学过程中被教学者利用的各种教学材料、工具和资源，包括硬件资源、软件资源和人力资源。其中，硬件资源包括教学设备、实验器材、教学场地等；软件资源包括教学软件、数字化教育资源、网络教育资源等；人力资源则包括教师、学生、家长等。多种形态教育资源的综合应用可以支持教师更好地组织教学，提高教学效果，促进学生有效学习。

---

[1] 华子荀，黄慕雄. 教育元宇宙的教学场域架构、关键技术与实验研究[J]. 现代远程教育研究，2021，33（6）：23-31.

[2] 祝智庭，胡姣. 技术赋能后疫情教育创变：线上线下融合教学新样态[J]. 开放教育研究，2021，27（1）：13-23.

💡 想一想

在你所经历的教育教学活动中，以及你所了解的学科前沿教学中，应用的教育资源有哪些？你希望获得哪些教育资源？

在资源类型方面，未来教育资源不仅包括各种形态的知识载体，还包括学习者在资源使用过程中所需的支持服务，更包含学习者使用资源的过程及产生的学习制品，如学习笔记、完成的练习以及讨论文本等，即"载体+服务+过程"[1]。随着智能技术的不断涌现与交叉融合，数字教育资源的类型也在不断演变发展，从素材库、案例库、专题资源库等知识类资源，到能够提供体验、实验、交互等功能的工具类资源，再到虚拟实验室、博物馆、科技馆等各类虚拟交互学习资源，到更具真实性、强体验性、深交互性的虚实融合的学习资源环境，以及智能学伴、智能教师等智能代理的出现，资源从传统的单一的知识类资源向强交互、虚实融合、智能化的方向发展。此外，借助互联网的优势，家庭、企业、机构等社会性资源可以深度介入教育教学中，市场性资源、开放性资源等为学习者提供更加丰富的可供选择的资源，多主体参与的资源供给将推动资源的供给侧结构性改革，创新资源的服务模式[2]。

智能技术极大地推动了学习资源的多元集成和个性化推送。智能技术可以整合广泛分布的海量学习资源，汇聚不同类型的优质学习资源，使之按照科学、有序的方式进行分类整理，从而构建出一个开放且可扩展的资源库。相较于传统的"千人一面"的学习资源库，基于智能技术构建的资源库，可以为学习者精准推送适切资源，使得资源服务更加贴合学习者的个性需求，实现"千人千面"。在智能技术支持下，我们能够充分尊重学习者的差异，支持他们依据自身实际情况定制学习的科目、课程或知识点，满足其个性化需求。借助大数据分析技术的表情特征分析有利于把握学习者的实时状况，并快速做出决策，从而为学习者提供合适的学习资料以及指导帮助，服务于学习者的动态学习需求[3]。

---

[1] 余亮，魏华燕，弓潇然. 论人工智能时代学习方式及其学习资源特征[J]. 电化教育研究，2020，41（4）：28-34.

[2] 柯清超，王朋利，张洁琪. 数字教育资源的供给模式、分类框架及发展对策[J]. 电化教育研究，2018，39（3）：68-74+81.

[3] 余亮，魏华燕，弓潇然. 论人工智能时代学习方式及其学习资源特征[J]. 电化教育研究，2020，41（4）：28-34.

五、教育评价方式的变化

教育评价是根据一定的教育价值观或教育目标，运用可行的科学手段，通过系统地收集信息、分析解释，对教育现象进行价值判断，从而为不断优化教育和教育决策提供依据的过程。

想一想

在智能时代下，有些学校利用人工智能技术开发出自动批改作业、考试的系统，这些系统可以快速准确地给出学生的得分和错题分析，大大减轻了教师的工作负担。另外，一些学校开始采用在线学习平台进行课程评价。学生可以在平台上观看视频、完成作业、参加讨论等，教师可以通过平台的数据分析功能了解学生的学习情况，及时调整教学策略。此外，还有一些学校采用了项目式的学习方式进行教学评价。在这种模式下，学生需要完成一个具体的项目，包括设计、制作、测试等多个环节。教师通过项目的完成情况来评价学生的学习成果和能力水平。

结合自身专业，查找相应的义务教育及高中课程标准，阅读课标中有关学习评价的相关内容，了解未来自身任教学科的评价方式有哪些，技术在学习评价中能够发挥哪些作用。

教育评价是衡量教育质量的关键，同时在很大程度上影响着教学内容、教学方式。基于教育目的的转变及智能技术的赋能应用，教育评价方式在评价内容、评价方式、评价手段、评价应用等方面也会发生转变。

在评价内容方面，更加关注学习者的能力素养生成，关注学习者的德智体美劳等多方面的综合素质评价；借助智能技术能够实现学习者学习过程及学习结果多重数据的采集与获取，有效支持各类评价内容的落地实践。从教育教学转变的需要来看，教学评价内容走向更加全面多元，适配素养导向的各类教育目标的有效测评。

在评价方式方面，从总结性评价转化为过程性评价、伴随式评价，依托技术的自动采集、智能分析评价数据，走向精准评价。基于评价内容的转变，评价方式从结果性走向过程性、生成性，注重对学习者学习过程的数据采集与分析，注重多元评价方式的综合应用，注重对学习者学习效果、素养表现的客观科学评价。

在评价手段方面，传统教育评价主要依赖于纸笔测试，智能技术应用推动教育评价从纸质测评走向电子测评、从线下转为线上线下混合、从人评走向机评、从评价知识扩展到评价能力等，为评价的数据收集、数据分析、结果应用等提供了越来越多元的方式选择和工具支持[1]。

在评价应用方面，从关注筛选到关注动态评估、预警反馈与促进发展，从关注"多数人的标准化"走向"多数人的个性化"[2]，注重学习者的增值性评价、发展性评价，关注每个学习者的成长与发展，实现"以评促学、以评促教"的作用。

智能技术在教育教学中的应用，推动多模态数据融合，赋能动态精准评价的实施，即利用多模态数据融合分析与智能可视化表征，针对学生的知识掌握情况等学习结果和关键能力、必备品格等素养水平进行动态画像评价，实现以人为本的综合认证，同时也为教学目标的动态调整与确定提供数据依据[3]。未来智能时代下的教育评价，更加关注学习者德智体美劳综合素质的评价，注重学习者的能力素养评价；同时，借助智能技术进一步丰富拓展评价数据采集的方式，能够实现对学生学习的过程数据及传统教学中无法采集的数据进行采集，为学习者评价开展提供证据，使得教育教学评价从"经验主义"走向"数据主义"，进而为教师教学的调整优化提供依据和参考，提升教育教学的效率。

六、教学组织形式的变化

教学组织形式是指为完成特定的教学任务，教师和学生按一定要求组合起来进行活动的结构。传统教学组织主要是基于班级授课制下的行政班划分，在智能时代下，基于智能技术的支持，可以对学习者学情及需求进行诊断、分析及聚合，结合人类教师教学优势，以及智能助教、智能学伴等智能代理，组建灵活多样的适合学习者学习需求、学习特征的个性化自组织形式。教学组织也不仅仅局限于行政班级，基于智能技术的精准推荐及互联网技术的连通功能，学校教育的边界得以进一步拓展，教育教学活动开展也不再局限在班级、学校物理环境之内，技术驱动下的教育教学变革使得学习组织发展为更为灵活多样的、超越时空边界的新型学习组织。

💡 **想一想**

阅读以下案例，思考该案例中教学组织方式是什么。有哪些特征。

---

[1] 郝建江，郭炯. 技术演进驱动教师素养发展的过程、路径及内容分析[J]. 现代教育技术，2022, 32（7）：22-30.

[2] 田爱丽. 综合素质评价：智能化时代学习评价的变革与实施[J]. 中国电化教育，2020，（1）：109-113+121.

[3] 谢幼如，邱艺，刘亚纯. 人工智能赋能课堂变革的探究[J]. 中国电化教育，2021，（9）：72-78.

小智是一名初中生，他的数学成绩一直在班级中排名靠后，这让他感到非常沮丧。然而，在疫情期间，学校停课了，小智无法参加线下的数学辅导班，他开始寻求其他的学习途径。在这个时候，他的父母为他购买了一台人工智能助手——"智能学习伙伴"。这个助手能够根据小智的学习情况，提供个性化的学习计划和资源推荐。一开始，小智对这个新工具有些抗拒，他认为机器无法理解人类的思维。他的父母鼓励他尝试一下，并告诉他这个工具可以帮助他更好地学习。在"智能学习伙伴"的帮助下，小智开始了他的数学学习之旅。首先，助手对他进行了一次全面的评估，了解了他的学习状况和知识盲点。然后，它为小智制定了一个个性化的学习计划，包括每天的学习时间、学习内容和目标。在学习过程中，"智能学习伙伴"会根据小智的学习进度和反馈，调整学习计划和推荐学习资源。例如，当小智在某个知识点上遇到困难时，助手会提供更多的解释和例题供他练习。当小智掌握某个知识点后，助手会推荐更高级的习题来挑战他。此外，"智能学习伙伴"还具有互动功能，可以与小智进行语音交流。小智可以随时向助手提问，无论是课堂上没听懂的问题，还是课后的疑惑，助手都能给出及时的解答。这让小智感觉像是有一个随时随地在身边的老师，让他更加自信地面对数学学习。经过几个月的学习，小智的数学成绩有了显著的提高。他不再害怕数学，反而开始享受解决问题的过程。

智能技术的深入应用，使得教学组织的无边界化成为现实，并为随时随地根据学习者需求构建灵活的学习共同体提供了可能。基于智能技术实现对不同学习者的学情评估与诊断，教师可以根据所掌握的学习者学情，进行教学内容的安排与调整，对学生进行分层干预及精准教学。此外，借助大数据技术可以对学习内容进行科学分析，如基于知识图谱理清知识点之间的相互关系，基于认知图谱可以有效掌握学习者的学习状态，进而合理适时安排学习内容与进度。教学组织单位构成由个体学习者到群体学习者、由人类学习者到智能机器人，不同学习组织单位衍生出多样化的学习方式。学习组织可以由人类学习者扩展为学习者和智能机器人的复合体。从学习组织的构成来看，可以有以下四种形式：学习者、学习者与学习者、学习者与智能机器人以及多个学习者与智能机器人的复合体[1]，即基于个体学习者开展自主学习，多个学习者组建的学习互动社群，单个学习者与智能机器人组建的人机协同的学习共同体，以及基于网络技术构建的由多个人机共同体组建的多元化学习网络。

---

[1] 余亮，魏华燕，弓潇然. 论人工智能时代学习方式及其学习资源特征[J]. 电化教育研究，2020，41（4）：28-34.

教学组织形式的创新发展需要有相应的政策制度、环境资源等多方面支撑保障，同时也需要打破传统的教育教学惯式，更新教育观念，创新教学方法，以推动新型教学组织形式的探索与应用。

第二节　智能时代的教师角色定位及素养

导言

智能时代下教育目标、教学方式、课堂环境、资源形式、评价方式、组织形式等多方面的变革发展，对教师教育教学工作提出了新的挑战。未来教师需要转变自身角色定位，充分发挥智能技术在教育教学中的赋能作用，开展人机协同的教育教学活动。因此，教师需要具备智能教育素养，以适应未来教育教学需求，胜任未来智能技术支持下的教学工作。

学习目标

☐ 能够说出智能时代教师的角色定位
☐ 能够说出智能技术在教育教学中的角色定位
☐ 能够说出智能时代教师应该具备的智能教育素养

一、智能时代教师的角色定位

智能时代下的教育教学变革发展，教学人才培养目标的素养转变，教育环境与资源的升级拓展，教学方式的创新发展等对教师教学提出了新的挑战。同时单纯依靠人类教师开展智能时代下的教育教学难以实现，智能技术发展使得智能导师能够提供人类教师的部分服务。越来越多的研究者支持在教学活动中引入智能导师以提供个性化教学，而人类教师的角色逐渐转向监督者，监控学生的学习进度并提供支持[1]。人工智能技术支持下的智能导师开始逐渐走向现代教育的前台，人类开始寄希望于用机器替代教育系统中的某些人类角色，以提升教育系统的生产力和可靠性。智能时代下的教师将形成由人类教师和智能导师两个子系统共同组成的"新主体教师"，"新主体教师"以系统的形态存在于教育场域中，由人类教师主体及其智慧和复杂技能、智能导师及其功能属性、人工智能等先进技术共同构成的多元主体，通过开展各种教育教学活动，

---

[1] Edwards C，Edwards A，Spence P R，et al. I，teacher：Using artificial intelligence（AI）and social robots in communication and instruction[J]. Communication Education，2018，67（4）：473-480.

建立复杂的"人-机"协作关系所形成的具有一定结构形态和功能组合机制的有机集合体。"新主体教师"包含智能导师、人类教师两个子系统，以及多元主体的属性且主体间存在相互作用；外界环境通过向整体系统源源不断地输入人类智慧、人工智能先进技术等，维持整体系统的演化发展。子系统之间并非仅实现简单的功能替代，即"你做了我就不需要做了，我就负责其他部分"，而是通过在同一活动中参与适合不同子系统的优势特征、不同层次的决策和判断，共同影响教师教学活动结果。通过子系统间协作实现智能导师与人类教师协同发展，爆发摩尔级的教育力量。人类教育活动区别于其他社会活动，具有关怀性、复杂性、过程性、多元性、文化性、缄默性等特征。人工智能技术确实在某些教学领域能够显著提升人类教师的工作效率，然而它无法全面取代人类教师，智能导师的存在并不是为了单纯地替代人类教师某方面的职能，而是作为人类教师的有力补充和合作伙伴[1]。

智能技术驱动下的教育系统性变革，呼唤教师角色的转换与拓展。智能时代教师的角色将发生以下转变（表1-5）。

表1-5 智能时代的教师角色转型

视角	角色指向	主要内涵
教育教学	知识引导者	从"教授"转向为"引导"，帮助学习者进行自身的知识建构
	智慧启迪者	注重学习者智能发展，注重学习者个体发展潜能的激发
	资源整合者	整合数字资源与智力资源、家庭资源与社会资源等教育大资源
	教学设计者	注重主题式、模块化、差异化、个性化的教学内容
学习服务	学习组织者	灵活设计、组织学习者开展学习活动
	学习协作者	促进学习者的沟通交流、合作探究，引导促进学习者深度学习的发生
	信息咨询者	提供相关的资源或信息，帮助学习者开展学习活动
	过程辅助者	依据学习者学习过程反馈数据，适时为学习者提供过程性辅助帮助
技术应用	人机协同者	充分发挥技术优势，实现人与机器的有效合作协同
	应用建构者	探索创新智能技术教育教学应用
	伦理责任者	遵循技术的合理应用，并引导学生规范应用
主体属性	教学参与者	作为教学共同体的参与者，成长为特定领域的"专才"
	教育研究者	借助技术挖掘教学规律，开展教育教学研究
	终身学习者	持续学习，应对职业转变，提升自我专业能力

---

[1] 逯行，沈阳，曾海军，等. 人工智能时代的教师：本体、认识与价值[J]. 电化教育研究，2020，41（4）：21-27.

（一）教育教学视角的角色转变

教育教学视角的教师角色转变主要聚焦于教师教学目的、内容、方式等的变化。在教学目的层面，智能技术推动社会生产力发展、产业结构转型、人机分工重组，进而对教育人才培养产生新的诉求，倒逼教师教学转变；在知识传授方面，教师将由灌输者转向引导者，注重启发、辅助学习者自主知识建构和认知发展[1]；在育人发展方面，智能时代的教育教学更加注重学习者的能力培养、智慧启迪和个体潜能激发，注重学习者的高阶理性思维能力、交互思维、终身学习能力的培养[2]；在教学内容方面，教师不再是基于特定教材、特定内容的教学，需要根据学生学情及需求，结合各类资源设计开发主题式、模块化的课程，成为教学的设计者与规划者；在教学方式层面，教师需要更加注重对学习者的学习过程支持、精准辅导，充分发挥学生学习的主动性。

（二）学习服务视角的角色转变

学习服务视角的角色转变主要聚焦于教师在学习者学习活动过程中所扮演的角色。智能技术推动学习者学习走向人机协同的深度学习，学习者成为研究者、探索者，在学习过程中需要逐步建构形成自身的高阶思维、批判、创新能力[3]。基于学习者学习方式的转变，人类教师在学习服务提供方面需要相应转变，引导、助力学习者开展深度学习、自主建构。在学习组织层面，教师需要基于学生学情和个性化需求，灵活选用教学组织方式和服务方式；在学习过程中，教师需要成为学习活动的指导者、协作者，促进学习者深度学习的发生；同时适时为学习者提供答疑辅导、认知辅助和鼓励激励等服务。在此过程中，教师需注重对学习者的情感关怀、价值观引领等作用。

（三）技术应用视角的角色转变

以人工智能为代表的新兴信息技术在教育教学中的应用，已不再是作为辅助工具应用，而是走向嵌入式、融合式，对教育逻辑和开展形态产生了重大影响。

---

[1] 林德全. 智慧教育背景下教师角色的重构[J]. 中国教育学刊，2020，（2）：78-82.

[2] 孙婧，骆婧雅，等. 人工智能时代反思教学的本质——基于批判教育学的视角[J]. 中国电化教育，2020，（6）：16-21.

[3] 孙婧，骆婧雅，等. 人工智能时代反思教学的本质——基于批判教育学的视角[J]. 中国电化教育，2020，（6）：16-21.

在智能技术应用层面，教师将由传统的工具使用者走向技术的协同者，智能技术以其智能属性在教育系统中实现对教师传统教学工作的替代与增强。智能导师、智能助教和智能学伴等教育智能体的出现，需要人类教师成为技术的协同者，共同承担教育教学工作。在技术与教育二者"延异运动"相互促进下，教师被赋予了新的角色——技术应用建构者。他们需要不断创新地应用技术来开展教学活动，深入挖掘智能技术的教育潜能，从而推动智能技术与教育的融合应用。

在智能技术与社会伦理层面，需要教师合理应用技术开展教学工作，避免技术误用、错用、滥用等引发的伦理道德、隐私安全等问题，成为技术合理应用的示范者、引领者和责任者。

（四）主体属性视角的角色转变

智能技术在推动教育生态的系统性变革过程中，对教学组织、教学环境、教学方式、教学活动等的影响，促逼教师主体属性的转变与动摇。智能时代下教师在教育教学中不仅仅是个体与学生群体之间的交流互动，机器智能体、社会领域专家等在教学活动中的介入，使得教师教学将从个体走向群体，人机、人人教学共同体的出现使教师主体属性得以拓展和延伸，成为教育教学的专才、教学共同体的参与者。教师将从单一的教师个体，走向与社会、企业、学校等合作的教学共同体，走向人机协同的教育智能体。在教师个体层面，对教学方法、模式、策略等提出了更高的要求，需要教师成为特定领域的专家，能够创新开展教育教学工作。在教师专业发展层面，教师能够借助智能技术开展自主、合作研修，促进自身的专业成长。

从智能时代教育生态变革视角分析，可以看出教师工作内容重心的转变，智能技术赋能下教师工作任务的重新划分与设定，以及技术帮助教师从重复繁重工作中解放出来后，教师育人属性的进一步落实与彰显。但从本质而言，教师"教书育人"的工作属性并无实质性转变，只是在新时代下由于内容侧重和方式转变所引发的职业角色重构，以适应未来教育教学变革的发展。

二、智能技术的角色定位

智能技术是当前以人工智能为代表的新兴信息技术统称，包括人工智能技术、大数据技术、虚拟现实技术、增强现实技术、混合现实技术、区块链、5G等技术。智能技术的核心在于以人工智能为底层支持的实现对人类部分智能模仿与刻画，提供类人的功能，同时人工智能与其他信息技术的融合，使得原有的信息技术也能展现出智能的特点。

（一）智能技术的特征分析

智能技术表现出对人类智能的模仿、延伸和增强，在工作效率、精准度、工作实效、标准执行等方面远超人类智能[1]。智能技术涉及计算智能、感知智能、认知智能、社会智能四个方面[2][3]，基于智能技术对人类能力的模仿与延伸视角，可以将智能技术作用类型划分为以下四个方面，如图1-2所示。

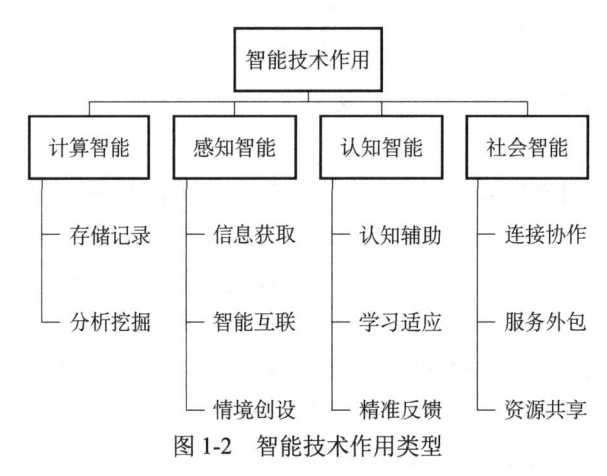

```
                    智能技术作用
        ┌──────────┬──────────┬──────────┐
      计算智能    感知智能    认知智能    社会智能
       ├存储记录   ├信息获取   ├认知辅助   ├连接协作
       └分析挖掘   ├智能互联   ├学习适应   ├服务外包
                  └情境创设   └精准反馈   └资源共享
```

图1-2　智能技术作用类型

一是在计算智能方面，智能技术能够发挥存储记录、分析挖掘的作用。借助云存储技术可以实现数据、信息、资源等的存储，实现过程或结果的记录、保存与积累，为后续的查询、调用、传播等提供支持，同时借助大数据、云计算等技术能够实现对所存储数据、信息的分析挖掘。

二是在感知智能方面，智能技术能够发挥信息获取、智能互联、情境创设的作用。借助物联网、人工智能等先进技术，我们能够更加便捷地采集教学、学习、管理中的过程性和结果性数据。同时，这些技术还能帮助我们采集用户的生理数据、行为数据、交互数据等，丰富和拓展原有的信息获取内容与方式；借助技术能够实现资源、设备、平台等的互联互通，为数据的融合应用分析提供支持；借助虚拟现实等技术能够创设更加丰富多样的情境内容，营造出

---

[1] 刁生富，吴选红，刁宏宇. 重塑：人工智能与教育的未来[M]. 北京：北京邮电大学出版社，2020：8.
[2] 余胜泉，王琦．"AI+教师"的协作路径发展分析[J]. 电化教育研究，2019，40（4）：14-22+29.
[3] 周琴，文欣月. 智能化时代"AI+教师"协同教学的实践形态[J]. 远程教育杂志，2020，38（2）：37-45.

更加契合学习活动开展的教学时空，提供更多形式的资源呈现与交互体验。

三是在认知智能方面，智能技术能够发挥认知辅助、学习适应、精准反馈的作用。借助智能代理、智能导学系统等提供认知辅助，借助大数据分析挖掘教育数据规律，基于此构建优化算法，实现自适应学习，并能够在行为反馈层面提供精准的个性化反馈。

四是在社会智能方面，智能技术能够发挥连接协作、服务外包、资源共享方面的作用。借助智能技术获取各地的优质资源，拓展资源的服务范围，获取企业、教育机构的外包服务，改变资源的形态和拥有关系，资源更具通达性、开放性、共享性；现代技术为全球人类民族与民族、国家与国家、人与人之间的"普遍交往"提供了物质基础和可能性条件[1]，为社会智能的互联共通、共享共用提供可能。

综合来看，智能技术作用表现出以下特征：

◇ 数据化，以数据驱动为核心，借助数据分析与挖掘优化算法，继而为应用的智能化、个性化提供支持；

◇ 智能化，表现为独立于人类之外的自动运行；

◇ 个性化，依据个体独立的数据分析与挖掘，能够为个体提供适切的内容；

◇ 协同化，技术与人类均有各自的优势和不足，人类与机器需要协同工作；

◇ 无边界化，借助技术实现真实世界随时随地的互联，同时基于技术所创设的虚拟世界使得人类的在场方式发生转变，突破传统的时间和空间限制，走向超越时空边界的存在。

未来的教育将进入教师与人工智能协作共存的时代，教师与人工智能将发挥各自的优势，协同实现个性化教育、包容的教育、公平的教育与终身的教育，促进人的全面发展。

（二）智能技术的教育角色

基于智能技术的功能优势及特征，结合教育教学活动场景及需求，智能技术在教育中可以承担多种工作任务，协同教师开展教育教学活动，余胜泉教授认为智能技术在教育中可以扮演以下角色[2]。

---

[1] 孙周兴. 人类世的哲学[M]. 北京：商务印书馆，2020：18.
[2] 余胜泉. 人工智能教师的未来角色[J]. 开放教育研究，2018，24（1）：16-28.

1. 可自动出题和自动批阅作业的助教

智能技术可成为自动出题和作业自动批阅的助教，通过智能化的算法和模型，智能技术可以根据学生的能力水平、学科特点以及教学目标等条件，自动生成适合不同学生的试题。同时，智能技术还可以帮助教师对作业、试卷等进行自动化批改。传统的人工批改方式不仅耗时耗力，而且容易出现主观偏见，无法保证评价的客观性和公正性。而智能批改系统可以通过自然语言处理、图像识别等技术，快速准确地识别出学生的答案并给出评分。

2. 学习障碍自动诊断与反馈的分析师

传统的学习障碍诊断主要通过教师和家长凭借经验与观察进行判断，但由于个体差异较大，很难做到准确无误。而智能技术可以通过对大量学生数据的分析和挖掘，建立学生学习障碍的模型和标准，从而更加客观地评估学生的学习状况，并实时地为教师和家长提供反馈，帮助教师和家长更好地了解学生的学习困难所在，有针对性地制定教学计划和辅导方案。

3. 学生心理素质测评与改进的辅导员

在传统的教育环境中，学生可能会因为自尊心、社交压力或其他原因，未能及时寻求心理帮助。借助智能技术可以提供一个无压力的环境，让学生能够更自由地表达自己，并通过大数据分析和机器学习，对学生进行全方位的评估，包括情绪管理、压力应对、社会适应以及家庭关系等方面。同时，智能技术还能提供个性化的干预方案，针对每个学生的具体情况，提供有效的解决方案，协助教师及时发现学生的心理问题并给予干预。

4. 体质健康监测与提升的保健医生

智能技术可以承担保健医生的职责，精准监测并有效提升个人的体质健康水平，帮助教师精确了解学生体质发展及健康状况，并给出促进学生体质发展的训练方案。借助可穿戴设备、传感器和大数据分析，可以对学生进行全面的健康监测和评估，实时收集和分析学生的生理数据，包括心率、血压、血糖、睡眠质量等，以及行为数据，如运动量、饮食习惯、生活习惯等。通过对这些数据的深度挖掘和分析，提供精确的报告和图表，展示学生的健康状况和发展趋势，并提供个性化的健康建议和训练方案。同时，智能技术还可以跟踪和记录学生的健康进展，根据实际情况调整建议和方案，以确保其有效性和适应性。

5. 反馈综合素质评价报告的班主任

借助智能手环、智能肺活量测评工具、智能跳绳工具等智能运动器具，可以采集学生体质健康的行为数据，并以此为基础，转化成心率、血氧、力量、耐力、运动、加速度等体质健康数据，然后与学生体质健康的静态常模数据进行匹配，及时发现学生在体质、运动技能、健康知识等方面存在的问题，并积极干预。智能技术可以成为反馈综合素质评价报告的班主任，在期末或其他关键时间为学生、家长提供全面、客观、有科学数据支撑的综合素质评价报告。

6. 学生个性化问题解决的智能导师

智能技术可以成为学生个性化问题解决的智能导师，通过收集、分析、挖掘教育数据，建立相应的学科专家知识库，把教师教学过程中隐性的知识显性化、工程化，内置到智能导师系统中，通过自然语言交互的人机对话系统，为学生提供个性化的问题解决与指导。

7. 学生成长发展的生涯规划师

智能技术可以担当学生生涯发展顾问或规划师。通过采集学生的个人特征、学科能力，建立学生模型，再通过专业网络关系，形成科学的专业发展推荐，帮助学生认识自己、发现自己的特长、兴趣，协助完成学生成长发展的智能推荐，适应中考、高考改革中给予学生的选择权。借助智能技术的生涯规划，教会学生根据兴趣、能力、个性选择适合自身的学科与专业，让学生体验各行各业实际的工作与生活以及了解各行各业的能力要求，并引导学生正确认识自己，发现自己，学会如何平衡人生历程中各种社会角色关系等。

8. 精准教研中的互助同伴

智能技术可以作为精准教研中的互助同伴，协助教师发现自身的教学问题发现，帮助教师改进教学。借助智能技术分析教师的教学行为和学生的学习行为，可以识别教师可能存在的知识结构、教学法、学科知识等方面的问题，如教学方法使用不当、课堂师生互动不足、学生学习困难等，进而为教师开展精准教研提供依据，促进教师发现和改进教学，实现更加高效、精准的教研活动，推动教师教研由形式单一、经验主导、小范围协调的方式向大规模协同、数据及时分享并深度挖掘的精准教研转变。

9. 个性化学习内容生成与汇聚的智能代理

智能技术可以作为个性化学习内容的自动生成与汇聚代理，根据学生个性化特征（如每个学生的学习情况、能力、兴趣等），自动寻找、关联、生成与汇聚适合的学习资源，实现从人找资源到资源找人的转变。同时，随着数据的积累和分析的深入，智能技术能够更好地理解学生的需求，提供更为精准的学习内容生成，使学生可以方便快捷地找到所需的学习资源，提高学习的效率和质量。

10. 数据驱动的教育决策助手

智能技术可以扮演数据驱动的教育决策助手，为现代教育治理提供决策辅助。面对复杂的教育现实，单靠经验很难平衡好多主体相互作用的复杂关系，而基于大数据、人工智能等技术，我们可以建立对现实社会、现实教育系统的仿真模拟，进行各种参数的演化，把关键参数从极小值演进到极大值，分析系统演化结果，以此发现关键症结点，或找出各方价值最大化的解，并结合教育管理者的知识和经验，制定更加科学的教育决策。

三、教师智能教育素养

学习活动

基于智能时代教师与技术的角色分工，小组研讨分析教师应该具备哪些素养才能更好地使用技术开展教学。

_____

_____

_____

关于智能教育素养的界定，周邵锦等认为，智能素养是人工智能教育的具象化目标，涵盖了一切有关智能的素养，将智能素养定义为人工智能时代基本的综合素养，包括培养开放包容的智能态度、迅速掌握各种轻型智能工具和运用人工智能学科思维解决现实问题三个培养阶段[1]。李湘认为，教师的智能教育素养是指教师胜任智能时代教育教学工作的一种综合素养，是智能社会公民的人工智能素养在教育专业工作中的具体化。它既具有人工智能素养的基本规

---

[1] 周邵锦，王帆. K-12人工智能教育的逻辑思考：学生智慧生成之路——兼论K-12人工智能教材[J]. 现代教育技术，2019，29（4）：12-18.

定性，又体现了教师的专业特性[1]。智能教育素养是教师作为智能时代的社会公民以及教育专业工作者所必备的一种素养，它是教师信息素养在智能时代的升级和拓展。结合已有教师智能教育素养的相关内容梳理，我们认为智能教育素养包括以下内容，如表 1-6 所示。

表 1-6　教师智能教育素养框架

一级维度	二级维度	指标关注点
技术	意识态度	价值认同、技术敏感、学习意识、积极应用、边界突破
	本体知识	概念术语理解、逻辑原理认知、智能产品认知
	应用能力	硬件应用、软件应用、人机沟通、工具选用
	技术思维	技术理解、技术判断、技术敏感、技术发展、迁移应用
教育	智能教育观	教育认知、角色定位、技术定位
	智能教育思维	协同思维、系统思维、数据思维、设计思维
	智能教与学设计	弹性组织、内容设计、路径规划、资源获取、资源整合
	智能教与学开展	模式创新、教学调整、人机协同、多元参与、混融学习
	智能教与学评价	智能数据采集、智能评价分析、智能评价应用
	智能教与学管理	课堂管理、学习管理、习惯养成
社会	社会认知	社会变革、职业重构、威胁挑战、自我认同
	社会责任	隐私安全、规范自律、有效应用、公平享有
	社会引领	影响他人、创新引领

（一）技术维度素养

技术维度主要涉及意识态度、本体知识、应用能力和技术思维。其中意识态度是教师对技术理解、认同、学习的认知基础，本体知识是指教师应该熟知了解的关于智能技术的概述、原理、产品等常识，应用能力是指教师能够使用技术，技术思维是指智能时代下的教师应该生成的利用技术思考、解决问题的高阶思维能力。

1. 意识态度

意识态度方面主要包括对技术本身的价值认同，具备主动学习和应用技术的意识，能够理解应用技术所引发的信息茧房，具备突破应用技术所导致的信息边界。智能时代的教师要充分理解智能技术的价值和意义，以及技术的变革

---

[1] 李湘. 师范生智能教育素养的内涵、构成及培育路径. [J]. 现代教育技术，2021，31（9）：5-12.

作用和可能价值，合理认知技术的现实可能和未来使能，理性看待技术的优劣势，避免对技术的盲从等错误理念；同时要具备主动学习和掌握智能技术的相关知识和应用的意识态度。

2. 本体知识

本体知识方面，教师需要掌握智能技术的基础知识，这是深入理解技术实现逻辑、分析技术问题解决逻辑的基础。教师需全面理解技术相关概念术语的内涵与特征，掌握技术的底层原理，充分认知常见的技术产品或系统，明确其技术应用场景和优劣势等。

3. 应用能力

应用能力方面，教师应能够根据自身需要选用适当的技术解决问题，熟练应用常见的智能技术产品或系统，并根据自身需求筛选、查找、应用相关智能技术工具。教师还应具备与教育机器人、智能代理等智能体的沟通交流能力，实现对技术的有效控制与熟练应用。

4. 技术思维

技术思维方面，理解技术的实现逻辑是技术素养的高阶能力，是促进技术适切、创新应用的关键能力，其表现主要有：一是了解智能教育产品的运行逻辑，不仅仅是对产品本身的技术实现原理的认知，更重要的是产品本身所针对的用户需求或问题，明确技术实现用户需求的过程和方法；二是了解对技术与人的共生关系，明确技术与社会及教育的相互促进关系，理解智能技术的本质及其应用逻辑；三是理解技术的思考与行为方式，明确技术的问题解决逻辑，进而为技术的迁移应用提供支持，形成利用技术解决问题的思维。

（二）教育维度素养

教育维度主要表现为明晰智能时代的教育生态，具备利用智能技术开展教与学活动的能力，能够积极探索、创新引领智能技术的教育应用。基于教育教学过程及内容，可以将教育维度的素养内容划分为智能教育观、智能教育思维、智能教与学设计、智能教与学开展、智能教与学评价、智能教与学管理等。

1. 智能教育观

在智能教育观方面，教师需要理解智能技术对教育变革与重塑的作用，准确定位智能技术在教育教学中的地位和对教育发挥作用的逻辑，了解技术与教育的共生结构。在教育目标层面，理解智能时代的教育目标转变与发展，明晰教育价值和意义的重心转向促进人的成长和完善[1]，注重发挥人类自身优势以适应未来社会职业结构变革。充分认知智能教育环境对教育教学活动的促变，明晰智能时代的教育活动重构与发展，理解未来教育活动中的师生角色定位及技术定位，创新性地应用智能技术开展教育教学活动。

2. 智能教育思维

在智能教育思维方面，教师需要具备人人、人机的协同思维，能够有效与各类教学共同体、人机共同体开展协同工作；需要具备系统思维的能力，能够从全局出发，整体、系统地理解和认知教育教学；需要具备数据思维，能够利用数据开展教学评价与管理工作；需要具备设计思维，从"教学设计"走向"设计教学""设计学习"，能够基于学习者素养培养需求，选择合适的教学内容、规划教学路径、集聚教学资源、设计学习活动等。智能技术以其"技术逻辑"对传统教育的秩序、范式、理念和文化进行优化和改造[2]，智能时代下教师需要具备未来教育的思维、理念与品质，以引领、指导、支持、助力其教学实践活动的开展。

3. 智能教与学设计

在教与学设计方面，依托智能技术的未来课程形态将走向立体化、混合化。基于知识图谱组织课程内容，基于虚实融合技术、智能技术等呈现教学内容，基于学生学情、认知图谱等设计启发式、探究式、项目式、体验式等创新教学活动，基于教学内容需求组织校内外、跨学科相关领域专家及教师，组织人机、人人协同的教学共同体。教师需要能够充分利用智能技术赋能精准化教学设计，基于数据驱动的学情分析，根据学习者的学习进度、学习兴趣、学习风格和认知特点等，为其设计差异化学习内容，规划适合的学习路径，助力学习者个性化学习开展。

4. 智能教与学开展

在教与学开展方面，教师应能够创新开展教育教学，依托智能技术的反馈来调整教学节奏或内容，开展人机协同的教育教学。能够充分发挥智能技术优

---

[1] 唐汉卫. 人工智能时代教育将如何存在[J]. 教育研究，2018，39（11）：18-24.
[2] 胡钦太，张晓梅. 教育信息化2.0的内涵解读、思维模式和系统性变革[J]. 现代远程教育研究，2018，（6）：12-20.

势，开展讲授、探究、体验、讨论、问答、练习、评价等通用型教学活动，以及阅读、写作、实验等学科特色活动，充分发挥技术在信息获取、情境创设、知识建构、认知辅助、协作交流、评价反思等方面的作用，凸显各类智能工具的替代、增强、赋能教师的功能。

5. 智能教与学评价

在教与学评价方面，教师应能够选用智能技术采集教与学数据（如学习过程数据、人机交互数据、测评练习数据等），充分开展数据驱动的教与学评价。借助智能技术开展数据分析解读，挖掘数据背后的教学内容与规律，并基于数据提供精准的学习支持服务。

6. 智能教与学管理

在教与学管理方面，需利用智能技术开展课堂管理、教学管理，如考勤、教学行为分析等，实时关注班级群体学生的学习状况、专注度和学习参与度等，进而为了解学生的学习投入、学习参与等提供支持，助力教师教学管理。教师应利用智能技术为每个学习者配备学习助教、学习伙伴，提供学习过程管理、学习习惯养成等的支持。

（三）社会维度素养

在社会维度层面，智能时代的教师需要关注技术对社会、教育的影响，注重技术的适度、合理应用。其素养内容主要包括社会认知、社会责任和社会引领三个层面，具体如下。

1. 社会认知

在社会认知层面，教师需要理解技术发展对社会的影响，明晰技术驱动下的社会发展，理解技术发展对社会文化、经济、环境等的影响和智能时代的工作属性特征。理解未来社会中人机协同的属性和常态，理性看待技术的赋能作用，明确技术对社会的价值及威胁，同时能够理性看待人类自身的价值和优势。

2. 社会责任

在社会责任方面，了解技术发展可能引发的社会伦理安全问题，能够遵循相应的伦理安全责任。智能技术其类人化的智力功能模仿，会对人类社会伦理、安全隐私等产生较为复杂的影响和作用，因此智能时代下的教师需要重新审视智能时代的人机伦理问题。一方面要了解智能时代的技术风险，在日常工作生活中负责任地使用技术；另一方面要从伦理等角度重新审视人机协同的责任边界、信息安全、隐私保护、算法歧视、生物伦理、生化人（数据生命体）等[1]。

3. 社会引领

在社会引领方面，教师应具备智能教育素养的影响力和引领力，创新引领智能技术在教育教学中的应用，并帮助同事开展智能时代的教学活动。智能技术在教育教学中的应用是一个不断升级、持续更新的过程，教师应具备终身学习的意识、观念与能力，以胜任未来教学工作。因此，教师在教学实践中应不断提升自身的智能教育素养，进而创新教学模式、结构和范式，推动智能时代下的教育变革。

---

[1] 贺丹. 人工智能对劳动就业的影响[J]. 上海交通大学学报（哲学社会科学版），2020，28（4）：23-26.

第二章 智能技术支持的教学设计

教学设计是教师对自己课堂教学活动的一种事先筹划，是对学生即将达成的教学目标、表现出的学业进步的条件和情境所做出的精心安排[1]。良好的教学设计能够为教师教学活动提供便利，有助于教师提升教学效率与教学质量，进而促进学生全面而良好的发展。当前智能技术在教师教学设计中的应用主要体现在学情分析、资源准备、活动设计等方面，助力教师更加高效、更加精准、更有质量地开展教育教学工作，实现"减负增效"。

第一节 教学设计概述

导言

教学设计是教育过程中的重要一环，是教师教学开展实施的重要依据，对于提高教学质量、优化学习体验具有至关重要的作用。教学设计是根据特定的教育目标，系统地规划、实施和评估教学方案的过程。其目的是确保教学内容、方法和资源能够有效地帮助学生达成学习目标，提高学习效果。

学习目标

□ 能够说出教学设计的内涵
□ 能够说出教学设计的流程及内容

一、教学设计基础

"教学"（instruction）一词包含两个方面，即"学"与"教"。先有"学"，然后才有"教"。没有"学"，"教"也就不存在了。从行为上看，"学"是学习

---

[1] 盛群力，等. 教学设计[M].北京：高等教育出版社，2005：1.

者通过与环境相互作用，改变自身的能力和倾向以适应环境的行为，如读书、看报、做数学练习题和从事写作等行为都可能出现学习。"教"是执教者帮助学习者学习的行为，如教师为学生指定阅读的书籍、指导学生的读写练习等。将"学"与"教"两个词组合成"教学"一词，其含义是教师帮助学习者学习的一切活动。

（一）教学设计内涵

加涅（Gagné）在他 1974 年出版的《教学设计原理》一书中是这样描述教学设计的："教学是以促进学习的方式影响学习者的一系列事件中，可以把教学系统定义为促进学习的资源和步骤的安排"，教学设计"是计划教学系统的系统过程"；乌美娜教授在她 1994 年出版的《教学设计》一书中将教学设计定义为"运用系统方法分析教学问题和确定教学目标、建立解决教学问题的策略方案、试行解决方案、评价试行结果和对方案进行修改的过程"；何克抗教授指出教学设计主要是运用系统方法，将学习理论与教学理论的原理转换成对教学目标、教学内容、教学方法和教学策略、教学评价等环节进行具体计划、创设教与学的系统"过程"和"程序"，而创设教与学系统的根本目的是促进学习者的学习[1]。

综合来看，教学设计是指教师在教学前，根据课程目标、教学内容、学生学情和教学条件等因素，对教学过程进行系统规划和安排的过程。它是教师为了实现教学目标而制定的教学计划，包括教学目标、教学内容、教学方法、教学活动、评价方式等方面的内容。教学设计的目的是使教学过程更加科学、有效和有针对性，提高教学质量和效果。

（二）教学设计流程

教学设计流程是对教学设计过程简化的、理论化的描述。教学设计流程通常在宏观上规定了教学设计活动的主要任务以及它们之间的流程关系。教学设计流程最直接的作用是对教学设计操作进行宏观的规范。对于一个教学设计新手来说，明确教学设计流程可以从宏观上整体把握教学设计的概貌。教学设计的基本环节包括以下方面：

◇ 教学目标分析：从知识与技能、过程与方法、情感态度与价值观三个维

---

[1] 何克抗，郑永柏，谢幼如. 教学系统设计[M]. 北京：北京师范大学出版社，2002.

度对教学目标做出整体描述，确定教学内容及知识点顺序。

◇ 教材分析：是指教师对教材的内容、结构、特点、难点等进行分析，把握所教内容在教材中的整体定位及其与前后内容的关系，为教学设计提供依据与支持。

◇ 学生学情分析：学情分析是指对学生学习情况进行全面、深入的调查和研究，以便更好地了解学生的学习特点、学习风格、学习动机、学习方法等方面的情况。通过学情分析，教师可以更好地制定教学计划和教学方法，为学生提供更有针对性的教育服务。

◇ 教学策略选择：明确教学所遵循的基本理念、主要采用的教学与活动策略，以及这些策略实施过程中的关键问题。

◇ 教学活动设计：教学活动是旨在完成特定学习目标而进行的师生操作的总和。活动任务是所有其他活动成分的主导，学习的方式方法、交互方式、各种资源的设计必须服务于教学活动的开展。

◇ 教学资源准备：教学资源准备包括为支持教师更好地教学和学生更好地学习两个方面，如：学习的环境、多媒体教学资源、特定的参考资料、参考网址、认知工具以及其他传统媒体等。

◇ 教学评价设计：教学评价设计是指根据一定的教育目的和标准，对教学过程及结果进行系统、科学、客观的评价。教学目标是评价的出发点和归宿，它决定了评价的内容和标准，评价目标应与教学目标相一致，既要关注学生的知识技能掌握情况，也要关注学生的能力和素质发展情况。

（三）教学模式

教学模式是在一定教学思想指导下建立起来的，比较稳定的教学活动的基本程序和方法[1]。教学模式是一种结构，至少包括特定的教学理论或教学思想、教学目标、教学活动结构或程序以及相配套的教学方法等要素[2]。当前教育教学改革以及新课程标准中，尤其注重以学为中心的教学模式，该模式以建构主义理论为主要理论基础，强调以学生为中心，要求学生由外部刺激的被动接受者和知识的灌输对象转变为信息加工的主体、知识意义的主动建构者。同时要求教师由知识的传授者、灌输者转变为学生主动建构意义的帮助者、促进者；要求教师在教学过程中采用全新的教育思想与教学模式（摒弃以教师为中心，把学生当作知识灌输对象的传统教育思想）、全新的教学方法和全新的教

---

[1] 赵学谦. 教学模式辨[J]. 北京教育学院学报，2006，（3）：72-75.
[2] 于守海，吕富彪. 关于讲解接受教学模式的探讨[J]. 理论界，2006，（4）：237-238.

学设计。

二、教学设计准备

请结合所学专业，选择相应的中小学阶段的学科内容，查找课程标准要求及相应教材、教参等资料，了解熟悉相关教学内容，开展教学设计构思，并基于本章后续内容撰写相应的智能技术支持下的教学设计方案。

建议参考资料：

◇ 与自身学科相关的义务教育课程标准（2022年版）或高中课程标准（2017年版2020年修订）

◇ 国家中小学智慧教育平台相关课例

教学设计模板：

_____教学设计

学科			年级	
教学内容				
教材分析				
学情分析				
教学目标				
教学重、难点	重点			
	难点			
教学策略				
教学活动设计					
教学环节	活动类型	教师活动	学生活动	教学资源	技术支持
评价设计	评价内容	评价方式	评价标准	技术支持
教学反思				

第二节 学情分析

导言

墨子曰："能谈辩者谈辩，能说书者说书，能从事者从事，然后义事成也。"他指出教育要根据学生的个性、爱好、学习能力的不同来挖掘每位学生的潜力，发挥他们的特长，分别施加教育。他还提出"子深其深，浅其浅，益其益，尊其尊"，即教师在教学过程中要考虑到每位学生的学习能力和知识基础，使教学进度快慢得当，教学内容深浅得当。教师在开展教学设计时，需要了解学习者个体和群体的基本情况及需求，进而开展具有针对性的教学设计。学情分析是教学设计的起点，教学设计需要依据学生的学习情况进行有针对性的设计，匹配学习者自身的特征。学情分析是一个持续动态的分析历程，它应贯穿教学准备、实施和评价的始终。学情分析既包括课前的分析，也包括课中的分析。如此循环往复，学情分析成为一个被反复检验、矫正、接近真实、不断完善的过程。

学习目标

- [ ] 能够说出学情分析的内涵、目的、内容及方法
- [ ] 能够说出智能技术在学情分析中发挥的作用
- [ ] 能够根据需要选用适切的智能技术工具采集学情数据
- [ ] 能够分析、解读出学情数据背后的教学信息
- [ ] 能够应用学情分析结果确定教学内容、设计学习活动
- [ ] 能够合理应用学情数据，注重学生数据隐私安全保护

一、场景描述

学情分析是教师教学的起点，教师应在了解学生的基础上，对教学内容、教学活动等进行具有针对性的设计与调整。教师需明确学情分析的目的与意义，在此基础上了解学情分析包括哪些内容，进而掌握学情分析的方法。

（一）学情分析的内涵

"学情"这一概念最早出现在20世纪80年代初，当时"学情"是指对学

生学习情况的了解，进而指导学生的学习方法，这是一种静态的描写。较早对"学情"进行分析的是赵振旗，之后是邵燕楠、黄燕宁从语言学的角度将"学情"理解为"学生情况"或者"学生学习情况"的缩略语[1]。随着研究的不断深入，国内研究者基本达成了一致共识：即教师为了有效教学而开展的对影响学生学习各因素的诊断、评估和分析。学情分析是在教学中对学生自身的情况以及学生学习情况的分析。关于学情，有广义和狭义之分。狭义的概念，主要包含学科教学中学情分析问题，核心是学生的认知基础问题。广义的概念，除了包含学生的认知基础，还包含学生的习惯、兴趣、动机、情感、毅力和学习状态等。

（二）学情分析的目的

学情分析在不同阶段有其不同的目的。在课程开始前，为教师的教学预设提供基本依据与重要指导；在课程开展中，为课堂教学活动的调节提供重要反馈。

◇ 为教学预设提供基本依据与重要指导

通过科学的学情分析，教师可以全面而深入地了解学生学情，如"了解学生学习了哪些知识（知识基础）""了解学生喜欢通过什么样的方式学习（学习偏好）""了解学生喜欢自主学习还是与同学合作（学习风格）"等，除此之外，还可以通过学习者已有的学习经验、认知特点、学习动机与学习态度等方面的基本信息，为"以学定教"提供重要依据。

◇ 为课堂教学活动的调节提供重要反馈

一方面，教师在课前了解到的学情数据能够作为教学活动调节与生成的重要依据，有助于教师进行有针对性的教学内容设计；另一方面，课堂教学活动具有动态性与生成性，教师可以通过课堂观察、提问和课堂练习等方式简单而直接地了解学生课堂学习目标的达成情况，并据此做出相应的教学调整。

（三）学情分析的内容

📋 学习活动

像往常一样，Z老师在新的教学内容开启之前，对班级学生的情况进行

---

[1] 魏耀发，唐军. 学情分析的概念、内容及其实施策略[J]. 现代教学，2020，（Z1）：10-12.

了分析。Z老师凭借经验和观察，以及结合一些心理学知识，初步判断班级学生擅长形象思维还是抽象思维，是否具备主动学习的意识等；随后，通过测试题、提问抽查等多种方式，检查学生掌握了哪些先验知识，具备了哪些学习技能；最后，Z老师还会通过与学生聊天访谈、查看学生档案袋等方式，了解学生感兴趣的内容，也会在平时的教学过程中观察学生的学习习惯以及在课堂上的表现。

在上述案例中，Z老师都分析了学生哪些方面的内容？他为什么要分析这些内容？请将答案填至下方表格。

教师分析了学生哪些方面的内容？	教师为什么要分析这些内容？
◇ 知识点的掌握情况	◇ 了解学生已有的知识水平
◇	◇
◇	◇
◇	◇
◇	◇
◇	◇

学情分析的内容主要包括学习者的一般特征、学习者的初始能力和学习者的学习风格。

（1）学习者的一般特征分析是指深入探究那些会对学习者学习相关内容产生影响的心理和社会的特点，主要侧重于对学习者整体情况的分析。

如，学生刚进入初中，处于形象思维向抽象思维转变的过渡阶段，活泼、好奇心强且乐于接受新知识，但是归纳、推理和表达能力还稍有欠缺，需要教师加以引导。

（2）学习者的初始技能包括学习者的预备技能、目标技能和学习态度。其中预备技能是指学习者已掌握的知识和具备的技能；目标技能指学习者掌握了哪些教学目标要求的知识与技能；学习态度是指学习者对学习内容是否存在疑虑、偏爱、误解等。

如，学生之前已经学习了条形统计图和折线统计图，对其内涵与特点均有所了解，因此学生已具备了学习本节《统计图的选择》的基础知识和基本技能。

（3）学习者的学习风格指学习者持续一贯的带有个性特征的学习方式，是学习策略和学习倾向的综合。它包括认知风格分析（场依存性/场独立性、沉思型/冲动型等）、内外控制点分析、焦虑水平分析（考试压力、父母期望、挫折等）、学习习惯分析（学习时间、学习顺序等）及学习偏好分析（资源选择、工具使用等）。

如，学生已经经历很多合作学习的过程，具备了一定的合作学习意识、能力，部分同学能积极参与讨论、发表自己的见解，但看待问题还不够全面，需要进一步加强。

📖 拓展阅读

认知风格——场依存性&场独立性

➢ 场依存性是指学生对事物做判断时，常常依赖于所处环境作为参照，容易受周围人或环境的影响和干扰，善于察言观色。

➢ 场独立性是指学生往往依赖于内部参照，不易受外来的因素影响和干扰，独立对事物做出判断。

场依存性与场独立性的对比

类型	场依存性	场独立性
学科兴趣	社会科学	自然科学
学科成绩	自然科学成绩差，社会科学成绩好	自然科学成绩好，社会科学成绩差
学习策略	易受暗示，学习欠主动，由外在动机支配	独立自觉学习，由内在动机支配
教学偏好	结构严密的教学	结构不严密的教学

认知风格——沉思型&冲动型

➢ 沉思型学习者碰到问题时倾向于深思熟虑，用充足的时间考虑、审视问题，权衡各种问题的解决方法，然后选择一个满足多种条件的最佳方案。

➢ 冲动型学习者倾向于快速地检验假设，往往以很快的速度形成自己的看法，在回答问题时很快就做出反应。

沉思型与冲动型的对比

类型	沉思型	冲动型
学习反应	学习过程中反应慢，但相对仔细、准确	学习过程中反应快，准确率低
认知方式	深思熟虑，权衡问题解决方法	未对问题进行透彻分析，仓促做出决定
学习策略	能够约束自己的动作行为，提出更多不同的假设，能够对自己的回答做出解释	能够很快得出答案，但是对于答案的解释可能会不周全、不合逻辑
学习建议	通过必要的反应速度训练，提高灵活、高效解决问题的能力	先思后行，克服信口开河，养成严谨、认真的学习态度和学习习惯

认知风格——内控者&外控者

➢ 控制点是指人们对影响自己学习成败的那些因素的看法，一般分为内部控制与外部控制。

➢ 分析学习者控制点的意义在于了解学习者对学习任务采取的态度，并根据他们的态度，对教学活动做出适当的调整。

内控者与外控者的对比

内控者	外控者
把学习成败归因于个体内部因素	把学习成败归因于个体外部因素
学习兴趣高	学习兴趣低
自信心高、责任心强	自信心低、责任心差
勤奋努力	马虎随便
学习目标富有挑战性	学习目标过低或过高
成绩提高速度快	成绩提高速度慢

（四）学情分析的方法

常用的学情分析方法主要有以下几种，如表 2-1 所示。

表 2-1 常用的学情分析方法[1]

分析方法	主要内容	优点	缺点
经验分析法	基于已有的教学经验对学情进行分析与研究	➢ 方便易行 ➢ 所得结果较真实	➢ 缺乏客观性
观察法	教师在日常教学活动中，有目的、有计划地对教育对象、教育现象或教育过程进行考察	➢ 及时获得第一手资料	➢ 不能兼顾到每位学生 ➢ 缺乏客观的数据支持
资料法	基于已有的文字记载材料间接了解、分析学生基本情况	➢ 客观、全面地反映学生个体和集体的学情	➢ 须对资料的真实性、可靠性及实时性进行考证 ➢ 耗费大量的时间与精力
问卷调查法	通过问卷对学生的已有学习经验、学习态度、学习动机和学习期望等进行全面与深入的了解	➢ 客观真实地获取学生的学情数据	➢ 问卷的设计、发放和回收需要耗费大量的时间
访谈法	通过研究者与被研究者口头谈话的方式了解学生情况	➢ 掌握个别学生的学习情况	➢ 对访谈者的要求较高 ➢ 较为耗时耗力
预测题测验	编制与所学内容相关的基础知识点的试题开展诊断测试	➢ 精准、快速地获取学生的知识掌握情况	➢ 不能对学生的技能及情感态度方面进行检测

---

[1] 马文杰，鲍建生．"学情分析"：功能、内容和方法[J]．教育科学研究，2013，222（9）：52-57．

教育数据的发展对教育教学产生了深刻的影响。学情分析是教学设计的场景之一，由于在实施的过程中存在数据采集难度大、客观数据的支持不足等问题，学情分析的内容、结果等均难以量化。因此，亟须借助大数据等技术对学习者的学习表现进行全面、综合的分析，数据驱动的学情分析也进一步成为改善教与学的关键趋势。

学习活动

以小组为单位，阅读分析上述案例中 Z 老师用到的学情分析方法及其优缺点，填写在表格中。

学情分析内容	学情分析方法	优点	缺点
一般特征			
学习风格			
初始能力			

二、智能技术作用点

学习活动

案例阅读

在每次开启新的教学之前，Z 老师都会借助智能组卷系统生成一套完整的预测题，用以了解学习者已有的知识基础。在一次高一的数学教学中，Z 老师即将开展"指数函数的应用"教学，便借助智能组卷系统编制了与该教学内容相关的基础知识预测题，随后将试题通过学习平台下发给学生，以便了解班内同学对于"指数函数图像与性质"的知识掌握情况。

学生在学生端接收到测试题后便可开始答题，完成测试并提交后，系统会对学生答题情况进行自动批阅和统计，并会通过柱状图、雷达图、折线图等将班级学情可视化地呈现出来。Z 老师可以选择不同维度的分析结果来了解学情，通过查看题目的正确率能够了解学习者对知识点的掌握情况（图 2-

1），知道学习者是否能够根据指数函数图像的性质进行变换，能否通过代入特殊值来判断函数的大致图像，据此明确教学的重难点内容。

图 2-1 测试情况

除了试题的准确率之外，Z 老师还对学生的测试成绩、各分段成绩分布情况进行了解，针对不同分数段的学生有针对性地调整、设计教学策略及教学活动。Z 老师还查看了学生的做题时长，了解哪些学生在做哪类题目时停留时间过长，通过进一步分析其原因，为学习者提供帮助与引导。基于以上情况，教师能够快速、精准地了解到学生的知识起点水平，为新授内容的设计提供重要依据。

【案例分析】

上述案例中，技术在学情分析中都发挥了哪些作用？与非技术介入的学情分析有哪些不同？请填写至下方表格中。

技术发挥的作用	与传统学情分析的区别

传统的学情分析存在诸多问题：以经验驱动为主，分析结果受教师的经验性、主观性影响较大，分析结果缺乏客观数据的支持，且不够全面、准确和完

整；基于测试诊断、问卷调查等方式的学情分析，需要耗费较多时间进行相应试题的编制，数据回收整理与分析也较为耗时耗力，增加了教学设计的负担；班级学生数量众多，无法精确地将每个学生的情况反馈给教师，因此也无法实现个性化的教学[1]。

基于上述问题，智能技术在学情分析中的应用有如下优势。

一是能够避免分析结果的主观性，通过数据的采集与分析实现更加全面、客观的学情数据统计；

二是能够提升教师学情分析的工作效率，智能技术以其便利、快捷的特征能够代替教师进行试题发放、批阅及回收等大量重复性工作；

三是能够实现更加多样的数据分析，智能技术能够挖掘每个学生的学习水平、学习风格、认知特点等信息，实现更多学情数据的采集与分析，从而能够精准把握学生学习起点、教学重难点、学习目标等，对教学策略及教学活动进行有针对性的调整与设计，全面兼顾每个学生。

借助大数据、人工智能、学习分析等技术能够丰富学情数据采集内容，为学情分析提供便利的学情数据采集方式，开展深度的学情数据挖掘，并对学情数据进行可视化呈现，形成学情报告等，使学情分析从经验主义走向数据驱动，助力教师开展更加高效、科学、精准的学情诊断与分析[2]。

（一）技术支持的数据采集

💡 想一想

针对传统学情分析方法存在的缺点，技术在数据采集过程中能够发挥哪些作用？

1. 丰富学情数据采集内容

传统意义上的学情分析，其关注点主要为学习结果的正确率与错误率等可观察、可测量的行为，如大声朗读、练习写字、考试成绩等。利用智能技术可以在采集以上数据的基础上，全过程地采集学生的内隐的、不易观测的数据，包括学生的初始技能、一般特征和学习风格等，支持教师多元化分析学生学习情况，依据学生的学情设置教学内容、调整教学进度和评价教学结果等。

智能技术所采集到的学情内容主要包括学习结果和学习过程两方面的数据。

---

[1] 陈明选，耿楠. 测评大数据支持下的有效教学研究[J]. 远程教育杂志，2019，37（3）：95-102.
[2] 陈明选，耿楠. 测评大数据支持下的有效教学研究[J]. 远程教育杂志，2019，37（3）：95-102.

（1）学习结果

结果类学习数据一般围绕测评活动获得，包括试题与学习者两个维度。其中，试题维度的数据以知识点为核心，包括知识点内容、类型、难度、多知识点关系等，学习者维度的数据又以学习者的作答情况为主，包括得分、选项、解题过程等。智能技术不仅能对学习者的基本成绩信息进行采集，还能对知识点层面、波动变化情况等多维度进行横向与纵向的比较与规律挖掘，主要包括学习者知识点掌握信息、能力水平信息以及学习变化信息。

①知识点掌握信息

基于智能技术分析的知识点信息主要包括知识点正确率和知识结构两类。其中，知识点正确率是表征学习者在某个单一知识点上掌握情况的信息，有助于教师与学习者发现自身的知识薄弱点与优势项，有针对性地弥补自身不足。知识结构是表征学习者在某一知识体系内掌握情况的信息，能帮助学习者了解单一知识点之间的关系，发现某一知识点薄弱的原因，如对前面知识点掌握不足、相似知识点学习障碍等。

②能力水平信息

能力水平信息主要包括了解学生的口语发音、实验操作等技能的掌握程度。智能技术可以通过语音识别技术了解学生的口语表达能力，就英语学科而言，能够对学生朗读单词或句子发音的准确度、流利度、完整度等进行测评，掌握学生的口语发音水平（图2-2）；智能技术还可以通过虚拟实验平台采集到学生的实验数据以及结果，进而了解其实验操作能力。

图2-2　口语表达能力测评

③学习变化信息

学习变化信息主要指学习者在多次练习与测验中的总分、排名、知识点正确率等的波动变化情况，通常以折线图的形式呈现（图2-3）。该类信息由单次练习中的测评大数据分析结果组成，虽然测评大数据多用于反映总结性评价结果，但在一个教学阶段内开展常态化测评大数据采集与分析，对学习者的阶段性学习过程与变化情况进行表征，可以帮助教师与学习者把握学习进度，调整自己的学习步调。此外，在知识点层面的学习变化信息，能帮助学习者总结不同类型知识点的学习规律，为相似知识点的学习提供经验支持。

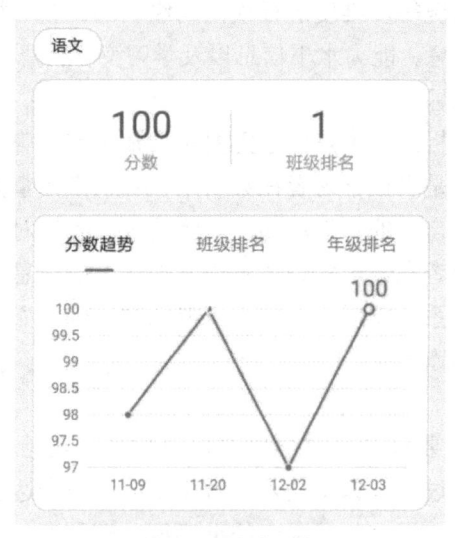

图 2-3　成绩波动情况

　　智能技术除了能对学生的学习成绩、知识点的掌握情况进行采集外，还能对学生在学习平台上留下的发帖文本、讨论内容以及提交的学习作品等进行采集，这些学习结果也可作为了解学生学情的重要依据。通过对采集的测评数据开展分析，教师和学习者不仅能横向比较（如平均分、正确率、排名等）基于试题的测评结果，更能纵向挖掘（如知识结构、认知水平等）知识点层面的学习状况，为教师的教与学习者的学提供指导与帮助。

　　（2）学习过程

　　智能技术支持下的学习平台能够对学生学习过程中的行为进行采集。若想了解学生对于课程视频资料的学习情况，便可采集学生观看的视频时长，观看过程中发生的如跳转、暂停、加速等动作，是否完整播放数据等；通过监测学生参与讨论区讨论，可以采集其发表帖子的频率、回复的内容、点赞的次数等数据；当学生参与课堂互动时，能够采集学生使用诸如抢答题、作答器等交互控件的动作、时间等数据；学生进行在线作业答题，则能够采集提交的时间、尝试的次数等数据（图 2-4）。

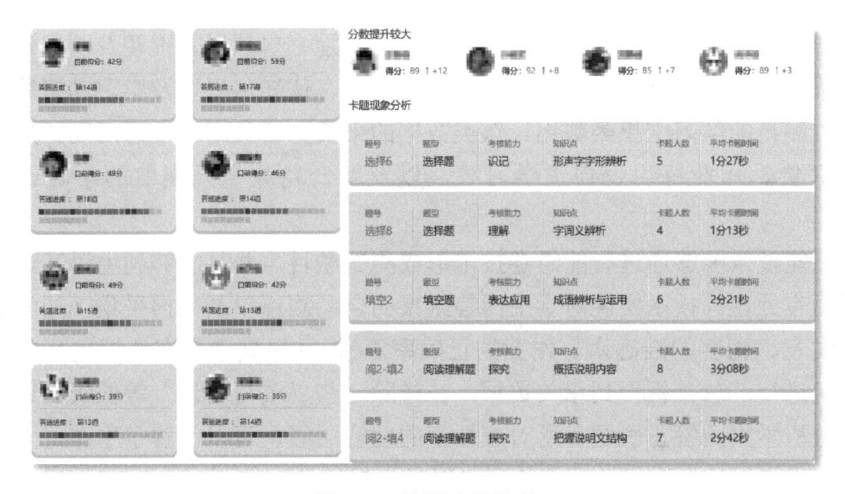

图 2-4　做题时长信息

智能技术支持下的学情数据采集，不仅可以捕捉到外显的学习行为，还可以采集到内隐的学习行为。利用智能技术，通过人脸识别、行为识别、语音识别、表情识别、文本识别等，捕捉学生的举手、听讲、回答等行为，进而对课堂教学过程数据进行深度挖掘。根据教学行为理论，系统自动捕捉课堂中教师教和学生学的有效行为数据，以此为基础进行常态化、伴随式采集和即时分析，进而对学习者内隐的学习习惯、学习风格等分析提供科学依据，为改善教与学提供数据参考。

2. 拓展学情数据采集方式

传统的学情数据采集主要靠测试、观察和分析等方法，以经验分析为主，缺少数据支撑，同时需要耗费大量的时间与精力，教师兼顾教学任务和学情分析的压力巨大。借助智能技术，能够拓展学情数据的采集方式，除了传统的问卷、测试等手段，智能学习平台、智能录播系统、移动 APP 等，都可对学情数据进行采集与记录，精确获取学习者的情况，进而为诊断学习者的初始能力、学习风格、认知发展水平等信息提供依据。

随着智能技术的介入，学情数据采集的内容不仅包括可观察、可测量的学习结果数据，还包括内隐的、不易观测的学习行为数据，随着学情内容的扩大，采集学情数据的方式也不断丰富。

（1）结果类数据的采集方式

结果类学习数据一般围绕教师组织的测评活动获得，随着智能技术的介入，学生的测评结果已不仅仅依靠教师批阅获得，智能技术能够代替传统的观察法、经验法以及资料收集法等对学习者的数据进行采集，还能够在此基础上拓展学情采集方式，如利用文字识别、语音识别、自然语言理解及图像识别等技术采集学习者数据，包括学习者的初始能力、认知水平以及学习动机等外显的、可测量的学习结果类数据。该类数据的采集主要应用于学习活动开展前的测试评价、作业练习、自主学习等，以及新一轮教学开展前的学习诊断与分析。

智能技术能够通过智能组卷技术形成测试题目，并且能够利用语音识别、自然语言处理等技术实现对学生回答结果的自动测评以及数据采集（如学生的口语发音、识字的准确率、作业的正确率等），并根据学生在测试题目中的答题情况进行汇总分析得到相关数据，在排除一些"填写错误"等低级失误原因后，分析学生回答正确题目所对应知识的理解层级，可以了解学生在每一个核心知识点上的认知水平，从而达到"以学定教"的目的。

（2）过程类数据的采集方式

智能技术支持下的过程数据采集，主要体现在基于平台数据采集、图像识别采集和物联感知数据采集三个方面[1]。

①平台数据采集

平台数据采集是指借助各种与教育或学习相关的移动或桌面应用平台，获取教育数据内容的方法或手段。智能技术能够从各种线上平台中获取并记录师生的基本信息数据，以及学习过程中的数据，如平台使用数据、资源使用数据、课堂师生互动数据、学习行为投入数据以及课程考核结果等（图2-5）。

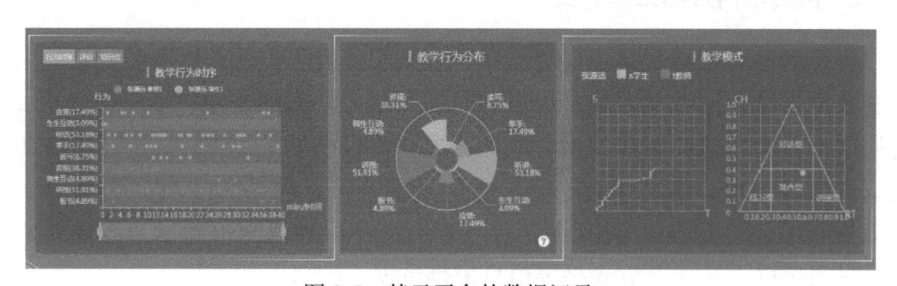

图 2-5　基于平台的数据记录

②图像识别采集

图像识别是指利用计算机对图像进行匹配、分析、处理，以识别各种不同的目标和对象的技术。其中包括网络阅卷技术，主要用于采集学生考试成绩数据，可以将学生的试卷进行扫描，实现自动批阅，教师也可以对批阅结果进行

---

[1] 柴唤友，刘三女牙，康令云，等. 教育大数据采集机制与关键技术研究[J]. 大数据，2020，6（6）：14-25.

审阅修改，并生成学生的成绩报告，极大地减轻广大教师的工作负担，支持更为精准科学的学生学情分析（图2-6）。

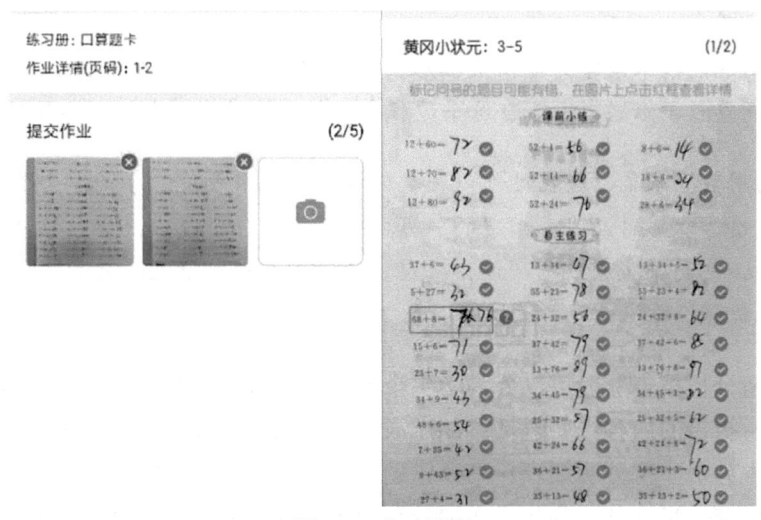

图2-6　自动批阅

③物联感知数据采集

物联网是指通过各种信息传感设备（如手环、刷卡机等），实时采集任何需要的信息，与互联网结合形成的一个巨大网络。教育领域内较为典型的物联感知采集手段主要包括可穿戴技术。

可穿戴技术是指利用可直接穿戴在用户身上或嵌入用户衣饰或配件内的设备（如智能手环、智能眼镜等）开展数据采集的技术。通过可穿戴设备，学习者个体的生理状态及学习行为数据能够得到实时的记录和存储，使得教师可以及时了解学生的生理动态变化，从而动态调整教学内容和进度等（图2-7）。如体育课中，利用智能手环检测学生的心率、血压、体脂率等身体状态，了解学生的个人身体素质及运动强度，从而依据学生的个人情况设置活动任务。

图2-7　可穿戴技术

（二）技术支持的数据分析与解读

💡 想一想

利用智能技术采集完学情数据后，教师需对数据结果进行分析与解读，以优化、调整教学，思考一下在这个过程中，智能技术能够发挥哪些作用？

> 利用数据采集、数据处理以及数据挖掘等技术手段，分析学生个体或群体的学情，能够自动生成精准的、可视化的学情分析报告，帮助教师降低认知负荷，更高效完成数据解读，实现教师对学生当前情况的全面掌握，以供教师在备课阶段进行参考 [1]。

学情分析报告一般可以分为学生个人分析报告和班级整体分析报告。学生个人分析报告的内容主要包括：测试成绩、准确率、成绩趋势、知识点掌握情况、能力分析、得分明细表、高频错题等内容。班级整体的学情分析报告主要由测试成绩、平均分、各分段成绩分布情况、优秀率、及格率、任务完成度、资料学习情况、互动情况等组成。智能技术支持下的学情分析报告，不仅能够对学生个人及班级整体的学习情况进行分析，还能够针对个人的知识点掌握情况生成个性化提分策略，为教师开展有针对性的教学提供参考借鉴，如图 2-8 所示。

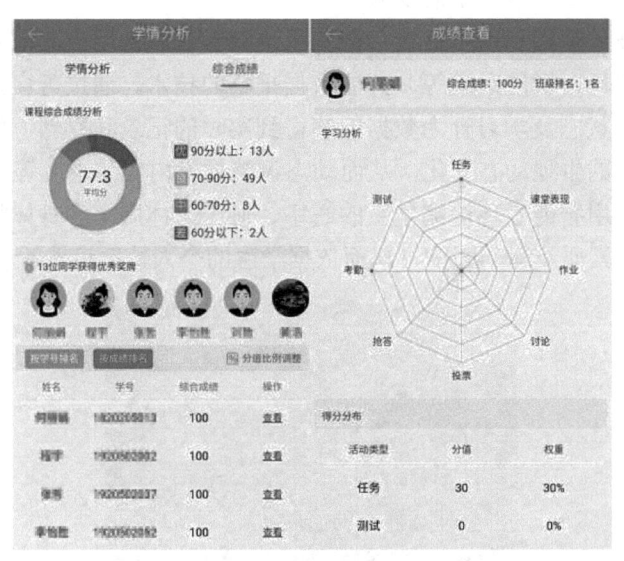

图 2-8　学情分析报告

---

[1] 王亚飞，李琳，李艳. 大数据精准教学技术框架研究[J]. 现代教育技术，2018，28（7）：5-10.

> **想一想**
>
> 为什么要将学情数据可视化呈现？

> 一方面是因为数字太抽象，图表能更直观地展示变量之间的复杂关系，而且可以突出某项数据的重点；另一方面，可视化的形式有助于学习者或教育者对数据的解读和理解，减轻查看者的认知负荷，为教师处理数据带来便利[1]。简言之，数据可视化能够提高数据沟通的效率。

学情分析中常见的可视化图表主要有柱状图（条形图）、饼图、折线图、散点图及雷达图等，如表 2-2 所示。

表 2-2 常见的可视化图表类型

图表类型	图例	特征	适宜呈现的学情内容
柱状图（条形图）		呈现各分析内容之间的比较情况	➢ 测试成绩 ➢ 学习时长 ➢ 作业完成人数 ➢ 做题时长
饼图		展示数据比例分布	➢ 各分数段成绩分布情况 ➢ 答案准确率 ➢ 任务完成度 ➢ 知识点掌握情况 ➢ 资源下载量 ➢ 学生行为发生频率
折线图		表现数据随时间变化的趋势	➢ 成绩波动情况 ➢ 平台登录时间及人数 ➢ 学习参与度 ➢ 互动情况
散点图		呈现值的分布和数据点的分簇，判断两变量之间是否存在某种关联	➢ 注意力分布情况 ➢ 参与度分布情况

---

[1] 胡立如，陈高伟. 可视化学习分析：审视可视化技术的作用和价值[J]. 开放教育研究，2020，26（2）：63-74.

续表

图表类型	图例	特征	适宜呈现的学情内容
雷达图	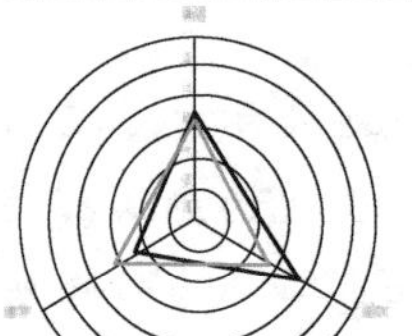	呈现学生的各项能力水平	➢ 能力发展情况 ➢ 学习优势 ➢ 课堂表现

例如，学生某项学习能力情况一般用雷达图来表示（图2-9），可以直观了解到学生的各项能力水平，哪方面薄弱，哪方面低于平均分，皆可通过直观对比得出，帮助教师发现学生的优势和短板，有针对性地调整教学计划与策略。

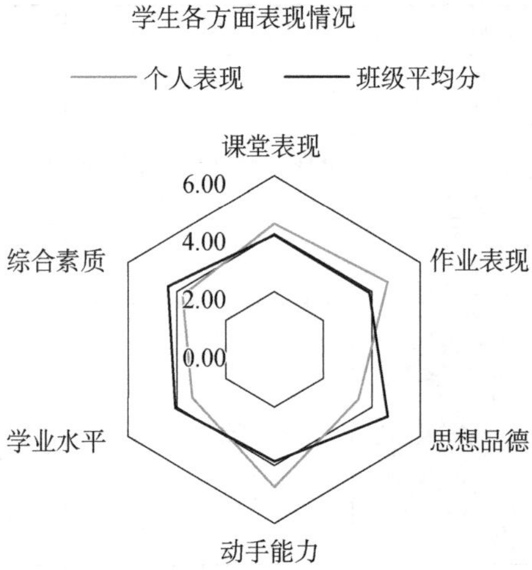

图2-9 雷达图-学生各方面表现情况

利用可视化图表来呈现学情分析结果的方式，能够有效减少教师对相关数据的分析工作，同时又能增加对数据的直观感知，方便其从可视化图表中发现隐藏的教与学问题，及时做出决策干预[1]。需要注意的是，首先，某项数据并没有固定、统一的可视化呈现方式，教师可以根据需要选用最恰当的图表来呈现相应数据；其次，新时代的教师应该学习教育大数据、统计学等基础知识，具备看懂智能技术支持下学情工具的各项数据及可视化图表的能力，能够依托数据判断学生起点水平等[2]。

---

[1] 郭利明，杨现民，张瑶. 大数据时代精准教学的新发展与价值取向分析[J]. 电化教育研究，2019，40（10）：76-81+88.

[2] 郭利明，杨现民，张瑶. 大数据时代精准教学的新发展与价值取向分析[J]. 电化教育研究，2019，40（10）：76-81+88.

教师利用学情报告单，能够精准把握学生个人学习状况以及班级整体学情。通过对个人报告中呈现的测试成绩、错题、知识点掌握情况等的分析，教师能够了解到学生的初始学习水平、优势及薄弱点，为教师开展个性化教学提供依据；通过对班级报告中的测试成绩平均分、各分数段成绩分布情况、课堂参与情况及学习行为等数据的分析，教师能够了解到整个班级的一般特征，有助于教师找到教学的着力点以及适合的教学策略和方法。

教师根据学情分析结果，能够为教学预设提供基本依据与重要指导，为课堂教学活动的调节与生成提供重要反馈，具体表现在以下几方面：

根据测试情况，一方面教师能够明确教学目标与教学重难点，为课堂教学内容以及教学活动的设计提供依据，另一方面可以了解学生的知识水平，针对不同情况的学生采取不同教学策略，如对在测验中出现错误的学生给予更多的表现机会或进行个性化辅导，对测验中表现好的同学予以表扬等；观看下载情况，教师能够掌握学生的学习兴趣与学习偏好，选择适切的教学资源；通过学生观看资源时的暂停、跳转及回放节点等记录，能够了解学生目前的学习障碍；通过学习者学习相关资源的时长、论坛发帖的频率、课堂参与互动的类型与频率等数据，能够了解学生的学习风格，教师在接下来的教学中应鼓励课堂表现积极的学生，也要及时关注课堂表现不够积极的学生并对其进行引导。

需要注意的是，收集智能技术并对学情数据进行分析挖掘后，教师不可直接将其作为教学设计与调整的依据，还应紧扣教学目标，依据学习和教学理论，根据实际情况对相应的学情数据进行整理、分析、综合、鉴别、提炼等，去伪存真、由表及里，逐步深入研究学生已掌握的内容、应掌握但还存在困惑的内容、期望掌握的内容等，精准把握学生的学习能力现状[1]。

学习活动

案例分析

InBloom 是一家美国非营利性的教育大数据公司，开发的教育产品旨在为学生提供个性化的学习服务。2013 年初，InBloom 与全美九个州合作收集学生信息，其中既包括学生家庭住址、经济状况等信息，也包括学生纪律处分、健康状况、考核成绩等信息。然而，这家教育大数据公司只存活了 15 个月便轰然倒下，主要因为该公司收集的信息中涉及学生个人隐私太多，并且该公司将这些信息数据分享给其他科技公司。这种数据采集、利用及分

---

[1] 陈爱香，姚利民，舒俊. 思想政治理论课教师学情分析能力及其提升策略[J]. 思想理论教育，2019，（3）：68-73.

享的方式，引起家长和隐私权维护组织的强烈反对，最终民众的抗议及舆论的压力导致公司被迫道歉关门。此事件成为美国企业界、政府关注学生隐私的分水岭。

阅读上述案例，想一想作为一名教师，应如何合理地使用学情数据，保护其隐私安全不被泄露？

_____

_____

_____

基于智能技术支持下的学情分析在采集学习者的认知水平、能力发展等信息的同时，也对人工智能时代的数据安全和伦理道德问题带来极大挑战，学习者隐私被不当利用的风险也在日益增加。为了确保学习数据的安全性，并维护学习者的隐私不受侵犯，我们需要制定职业道德规范，明确教育者的数据权力。对教师来说，即应提高学习者数据的透明度，被采集的学生数据应当公开说明，且采集数据前需征得学习者的知情同意，获得学习者信任，在对数据进行应用时也应避免单一、粗暴地利用数据对学习者进行判断；对学生来说，一旦发现个人学习数据隐私遭到泄露，应及时采取法律手段维护自身权益[1]。

三、典型案例

（一）基于知识诊断的学情分析设计与应用

该案例在明确学习内容的基础上，从一道测试题目入手先分析试题考察目的，随后通过学习平台下发测试题，根据平台批阅结果获取学生作答数据，并以此对学情数据进行分析和应用，并最终进行反思。

学习内容	苏教版五年级数学上册第五章《小数乘法和除法》中小数乘小数的计算。
测试题目	题目：下面的计算对吗？先判断再写出正确答案。 $$\begin{array}{r}7.3\\ \times\,0.21\\ \hline 7\,3\\ 1\,4\,6\\ \hline 0.153\,3\end{array}$$ 判断（　　）　7.3×0.21=_____

---

[1] 赵慧琼，姜强，赵蔚. 大数据学习分析的安全与隐私保护研究[J]. 现代教育技术，2016，26（3）：5-11.

续表

学科能力	学习理解	□观察记忆	□概括理解	□说明论证
	应用实践	☑分析计算	□推测解释	□简单问题解决
	迁移创新	□综合问题解决	□猜想探究	□发现创新

试题考察目的分析	一、题干分析 本题目对应的教学目标是数学学科能力中应用实践层面的分析计算能力，要求学生能够应用数学知识进行小数乘小数的竖式计算。题目直接给出小数乘小数的错误竖式计算方法让学生进行正误判断，并让学生写出正确结果，考查学生对小数乘小数计算方法的掌握程度。 二、填空分析 1. 判断正误主要考查学生能否根据所学小数乘小数计算方法（小数乘小数的计算要根据乘法当中积的变化规律，乘数一共有几位小数，积就是几位小数）的相关知识准确判断已给出的竖式是否计算正确，这里给出的乘法竖式乘数共有三位小数，而积是四位小数，因此为错误。 2. 填入 7.3× 0.21 的正确答案，考查学生能否运用小数乘小数计算方法进行准确计算，学生需要在计算当中保证基本的一位数乘法和多位数加法计算不出错误，并根据多位数乘法的计算方法（先将乘数末位对齐，然后分别用第二个乘数由末位起对每一位数依次乘上一个乘数，最后将计算结果累加）和小数乘小数乘数一共有几位小数积就是几位小数的规律进行正确计算。正确答案为：1.533，竖式为： $$\begin{array}{r}7.3\\\times\,0.21\\\hline 7\,3\\1\,4\,6\\\hline 1.5\,3\,3\end{array}$$

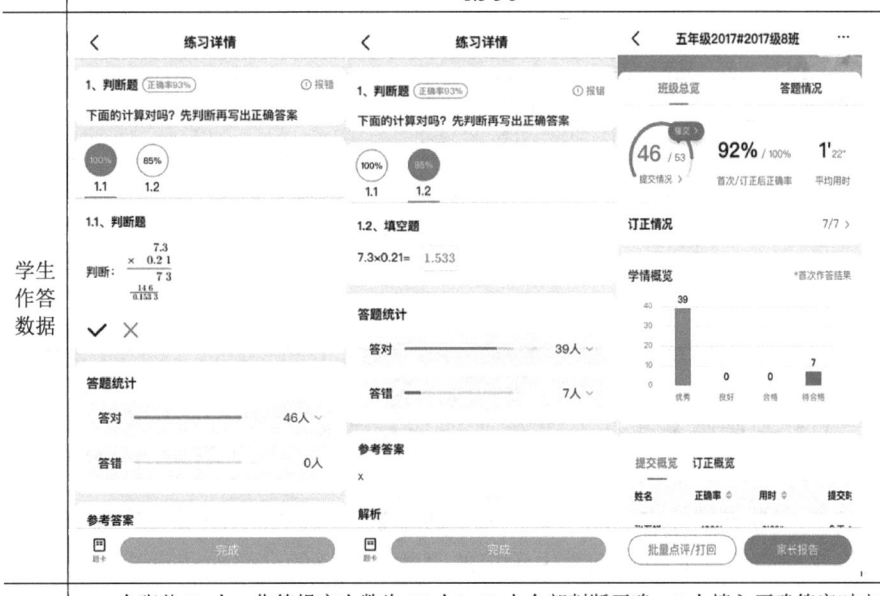

学生作答数据	

学情数据分析	全班共 53 人，作答提交人数为 46 人，53 人全部判断正确，7 人填入正确答案时出错。大部分学生掌握了小数乘小数的计算方法。 判断正误全部答对，说明大部分学生能够根据所学到的小数乘小数的计算方法判断一道竖式是否计算正确，但不能排除个别学生根据题目设置直接猜测题目给出竖式计算错误，并不一定真正掌握了计算方法。这部分属于学科能力中学习理解层面的观察记忆能力，即通过观察、长时记忆系统中提取与呈现资料一致的知识或提取相关知识，包括再认和回忆。此处个别学生的障碍可能是未能形成小数乘小数计算方法的长时记忆，也可能是未能有效从长时记忆中提取相应知识。

学情数据分析	也可能是学生对小数乘小数的竖式计算方法并未掌握，不清楚积的小数位数与乘数小数位数之间的关系。这部分属于实践应用层面的分析计算能力，即能够在熟悉的数学问题情境中直接应用数学知识进行列式计算解决问题。
学情数据应用	1. 提问计算错误的学生小数乘小数计算方法的相关知识，确定其是否掌握；若学生未能准确回答（也可提问其他学生），教师补充讲解知识点 2. 提问学生小数乘小数竖式计算中需要注意的地方有哪些，复习乘法中积的变化规律和小数乘小数计算方法 3. 让计算错误的学生上台在黑板上展示小数乘小数的竖式计算，查看列竖式计算过程中学生是否还会出现计算问题，根据答题情况讲解 4. 给学生推送同类型习题，考查学生是否掌握小数乘小数竖式计算方法
学情分析设计应用反思	• 在进行学情数据分析时，需要对题目的设置以及学生的答案进行深度分析 • 试题考察目的的撰写需结合学科能力概念进行深度融合分析 • 可以结合学生平时对于此类题目的掌握情况和这次的答题情况进行分析，明确这次错误的原因 • 对此次考察题目反映出来的问题要及时进行课堂教学的调整，及时帮助学生掌握 • 在进行下一次测试时，可以关注这部分出错的学生，进一步了解学生的掌握情况

【案例分析】

上述案例中，技术在学情分析中发挥了哪些作用呢？有哪些优缺点？请填写至下方表格中。

技术发挥的作用	优点	缺点

（二）基于学情数据的分层作业设计与实施

2021年安徽省蚌埠市启动"基于教学改革融合信息技术的新型教与学模式实验区"实施方案，其中蚌埠六中承担的"数据支持的分层作业设计与应用研究——以初中数学为例"这一课题很好地利用了学情数据来支持作业分层的设计与实施。

该课题中学情数据的采集主要依托于智慧学习平台，平台的学生分组、选题组卷、学生详情、练习概览等功能为学情数据的采集以及分层作业课题的推进提供了可能。实验校的教师首先依据七年级学生入学成绩进行初步分层，在学期中还综合考虑了学生平时课堂表现、作业完成反馈数据、学习态度、学习基础等多种因素，对学生分层进行深入分析，并针对不同层次的学生学情完成分层作业的设计分析。

分层作业设计分析完成后，实验校教师借助智慧学习平台题库题目设置分值，推送给不同层级的学生，实现作业分层。作业推送时，教师可以随作业一起推送相关的微课视频和文本学习资料等学习支架，指导学生完成作业。教师多采用微课反馈和语音反馈的方式对作业进行评价，针对学生错误率较高的知识点，还能够为学生推送相关知识点例题解析的微课讲解视频或者教师讲解语音，进一步帮助学生解决问题。

智慧学习平台反馈的学情数据主要包括班级学生的平均分、最高分、正确率、订正率、易错知识点、作业用时等。通过对全班学生、重点学生以及知识点的掌握情况等数据的分析，对精准设计教学、精准实施教学以及精准指导学生学习起到了积极的促进作用。

【方案设计】

根据所学知识，请结合第一节所确定的教学设计主题，思考教师需了解学生的哪些学情内容？这些内容用什么方法能够采集到？

学情分析维度	学情分析内容	需采集的数据	数据采集方法
初始能力			
学习风格			
一般特征			

各小组应依据教学内容精心设计学情分析测试题及答案（至少三道题目），确保其与教学内容紧密契合。最后，选用合适的工具将测试题录入并下发给同学作答。

测试题

在学情数据采集完成后，教师需要根据结论来优化、调整教学，请你对回收的学情数据进行分析解读，并提出一些教学优化建议，填至下方表格中。

学情分析结果	教学优化建议

第三节　资源准备

导言

"工欲善其事，必先利其器"，充分的教学资源准备是课堂教学和学习活动高效开展的有力保障。在学生学习过程中，为了更准确地理解一个观点或一个过程、巩固所学知识等，需要在教材内容之外，为学生准备其他形式的学习资源，以提升学生的学习兴趣和理解，从而达到预期的学习目标。资源准备作为教学设计的基础，教师需要依据课程内容和学生学习需求进行有针对性的选择。资源准备既包括资源的检索、获取、推送、筛选，也包括资源的加工和处理，使学习资源能够真正满足学生学习需求。

学习目标

- [ ] 能够说出资源的内涵及类别
- [ ] 能够根据需要利用智能技术进行资源的获取、筛选
- [ ] 能够根据需要利用智能技术进行资源的加工与处理
- [ ] 能够了解智能技术支持资源个性化推荐的基本流程
- [ ] 能够了解当前常见的学习工具的基本功能和用法
- [ ] 能够评析资源准备的相关案例

一、场景描述

学习资源准备是教学设计阶段的重要组成部分，其目的是支持、帮助、促进教师教学和学习者学习活动的开展[1]。因此，教师需要在教学设计过程中明确资源准备的含义，了解当前学习资源的多样性，掌握资源准备的方法，以便为学生提供适配的学习资源与支持服务。

（一）资源准备的内涵

资源准备是教师教学设计阶段的关键内容，是支持教学活动有效开展的重要基础。在教学设计阶段，教师需要明确教学目标和教学内容，并基于教学目标需求预设的教学情境，规划、查找、制作、优化、管理教育资源，合理选择与使用资源，为学习者提供丰富的学习机会和个性化学习体验，从而有效开展教学活动。

（二）学习资源的分类

AECT94定义指出，学习资源是学习过程中所要利用的各种信息和环境条件。谢新观[2]在此基础上提出，学习资源是支持学习的资源，包括教学材料、支持系统、学习环境等，即学习资源包括能够帮助学习者有效学习的任何因素。

随着智能技术在教育领域应用的逐步推进，学习资源也变得更加丰富，数字化素材类资源、工具、平台、系统等方面也发生了巨大的变革。数字化素材

---

[1] 曹梅，张增荣. 学习资源的内涵及其深化[J]. 中国电化教育，2002，（4）：14-17.
[2] 谢新观. 远距离开放教育辞典[M]. 北京：中央广播电视大学出版社，1999：95.

类资源方面，除教材、电子书外，试题库、学科工具等为教师的教学提供了极大的便利。支持系统方面，学习者在使用学习资源过程中的支持系统和服务，如资源检索、下载、订阅、上传等功能，可以支持其完成资源查找、整理和应用的活动过程[1]。平台工具方面，虚拟现实学习资源（图2-10）、增强现实学习资源（图2-11）、仿真资源、人工智能相关资源呈现多种类、多元化发展[2]，为学生提供了更加多样的学习资源选择。同时，智能技术也在提升效能、创设情境、支撑交流、辅助认知以及促进评价五个方面强化了传统学习工具，辅助学生高效学习。

图2-10 虚拟现实学习资源

图2-11 增强现实学习资源

拓展阅读

AECT——美国教育传播与技术协会

AECT94定义：教育技术是关于学习过程和学习资源的设计、开发、利用、管理和评价的理论和实践（Instructional Technology is the theory and

---

[1] 余亮，陈时见，赵彤. 大数据背景下数字教育资源服务的内涵、特征和模式[J]. 电化教育研究，2017，（4）：68-73.

[2] 王运武，黄荣怀，彭梓涵，等. 打造新时代中国"金课"培养"卓越拔尖"人才[J]. 中国医学教育技术，2019，33（4）：379-384+388.

practice of design, development, utilization, management and evaluation of processes and resources for learning）。

该定义将教育技术的研究对象表述为关于"学习过程"与"学习资源"的一系列理论与实践问题，改变了以往"教学过程"的提法，体现了现代教学观念从以教为中心转向以学为中心，从传授知识转向发展学生学习能力的重大转变。

学习活动

阅读材料——初步感知数字化资源类型

Z老师要准备明天物理课"交流电路中的电感电容"的教学内容，在学习资源的准备过程中，Z老师首先通过公共资源服务平台，检索"交流电路中的电感电容"，系统推荐了相关的PPT、教学设计和学习资源等，Z老师选择了10位优秀教师的PPT和教学设计，并根据自己班级同学的情况，用PPT制作工具，快速选取自己需要的内容，一键合成，形成了自己的教学PPT和教学设计。

Z老师通过分析教材发现，本节并非高考的重难点，因此自己查找到的教学设计基本都将重点放在一些结论性的内容上，学生还未真正理解就被迫进入了记忆和反复训练的环节。所以，需要在之前教学设计的基础上，增加实验等环节，让学生能够在实践过程中进行学习，促进学生的深度学习。

于是Z老师利用物理虚拟试验系统，设计了直流电路和交流电路中电感电容的不同作用实验，并在课堂中与学生一起探究。在课堂中，Z老师引导学生通过查阅资源、小组讨论交流等方式进行探究学习，并提前设计好学生探究学习任务单，要求学生根据电学磁学的基本知识分析电感和电容在交流电路和在直流电路中的不同，并推测出电容器电容（C）的大小，电感线圈的自感系数（L）的大小，以及交流电的频率（f）都会对电路造成影响。分组过程中，Z老师根据学生的学习成绩进行分组，保证每组都有物理成绩较好的同学参与，使得实验活动能够顺利进行。

课后，Z老师需要为同学们准备课后练习题，根据学生的物理成绩，将课后作业分为三个层次，从知识的理解记忆到应用，难度不同，针对的学生也不同，学习系统根据学生的学习情况自动推送习题，巩固学生课堂学习内容，学生完成后提交作业，系统自动批阅并形成成绩报告，教师查看学生的学习情况，并为下一节课的教学设计做准备。

【案例分析】

以上教学案例的资源中，利用技术能够解决哪些问题？

资源准备环节	技术解决了什么问题	可改进的技术或手段
如：资源检索	如：利用虚拟实验室，学生进行物理探究实验	如：教师还可以通过虚拟实验室测量学生的实验技能操作水平

（三）资源准备存在的问题

随着技术的发展，学习资源日渐丰富，呈现"爆炸式"增长，面对种类繁多、质量参差的资源，教师能够利用技术快速检索、筛选优质学习资源，对资源进行二次加工以适应自己的教学需求，是其亟待提升的关键能力。以往学习资源准备主要依靠教师自身教学经验和个人检索和加工资源能力，当前由于互联网资源繁多、优质资源推荐和筛选机制不完善等原因造成"资源过载"现象，使得师生搜索所需资源的成本越来越高，迫切需要使用智能技术来支持学习资源准备，满足自己的教学和学习者的学习需求，进而支持、帮助、促进学习者开展学习活动。

学习活动

讨论交流——了解资源准备存在的问题

假如你是一名教师，除上述问题之外，你在资源准备过程中，可能遇到的问题还有哪些？请将你的思考填写在下面的横线处（可以从资源检索、资源选择、资源的加工处理等维度进行思考讨论）。

_____

_____

_____

_____

_____

二、智能技术作用点

随着人工智能、虚拟现实、增强现实、大数据等智能技术逐步成熟，智能技术在学习资源准备方面，可以全面、深度地挖掘学习者需求，拓展资源检索方式，为其提供个性化的学习资料和精准化的学习资源、学习工具等应用服务，实现学习全过程跟踪引导，并支持生成个性化学习资源，辅助学生学习。

（一）拓展资源检索方式

资源检索是资源准备的关键环节，以往以文本检索为主的方法，需要师生准确表述所需要的资源内容，检索过程中总是会遇到表述不清或无法精准获取资源等状况。利用人工图像识别、语音识别技术等智能技术，可以将传统的文字资源检索方式扩增到图像检索、语音检索等。在能够有效整合资源的基础上，借助井然有序的资源描述体系，增强资源检索内容的丰富性。

语音检索是利用自然语言处理技术，将语音转变为文字，从而采用文字进行检索，减少了教师的文本输入过程，提升了检索的效率。例如，智能手机的语音助手，便是采用语音识别进行资源检索；各类搜索引擎也可以利用语音检索，用户语音提问即可检索需要的信息，大大提升了检索效率。

图像检索系统利用图像识别技术，无须教师在检索过程中对所需资源进行概括描述，根据图像或视频信息就可以快速检索、定位和识别所需资源，有效提升检索效率。例如，生物课上讲解内容是动物、植物的分类，学习过程中，师生对教材中的某种动植物不认识，可以利用图像识别技术拍照上网搜索，能够使教师和学生在短时间内精准地检索到自己所需的资源，提升了检索的效率和准确度。

语音检索和图像检索在当前的检索方式中应用极为广泛，上述示例为常见的语音检索和图像检索工具介绍，师生可以尝试用这些工具进行学习资源检索。

💡 **想一想**

你还知道哪些资源检索方式，请与同学们分享交流。

（二）推荐个性化资源

随着个性化学习、分层教学等理念的深入，教学设计过程中资源准备也成为实现个性化学习的重要前提[1]。以往的学习过程中，学习资源更多依赖于教师和学习者本人基于自身经验的积累和学习者的资源检索能力，然而现有互联网中的学习资源大多无序、混乱，质量参差不齐，无法为学习者提供优质、个性化的学习服务。利用智能技术，可以为师生个性化推送学习资源、学习服务、学习工具、学习活动等，满足学习者个性化成长与发展的需求[2]。资源的推送主要体现在基于大数据的个性化学习资源推送和基于学情的习题推送。

借助智能技术，在学习者的学习过程中，基于学生差异化学情及能力，通过自然语言处理、数据挖掘等人工智能技术，通过分析学习者的基本信息和学习风格，可以挖掘并分析学习者背景信息的结构性数据和确定学习者对学习资源和学习方式的偏好，在课前预习场景为学生推送个性化学习知识点，同时还可以帮助老师节省用于预习内容安排的时间与精力。同时，能够通过学习者近期搜索和浏览历史、资源利用行为等，预测学生学习兴趣；通过对学习者知识水平分析，包括教材特定内容的浏览时间、浏览次数、交互方式、教材中试题的完成情况与结果等，判断学生当前的知识水平，从而将学习者的学习偏好和课程内容建立联系，以便适时适当地为学生推荐合适的资源。如在线学习网站等工具，可以根据用户常浏览的内容，对常浏览的内容进行精准推送，且资源种类和数量多，能够满足师生日常教学和学习需求，如图2-12所示。

图 2-12　在线学习网站资源推送

资料来源：中国大学 MOOC 网站，http://www.icourse163.org/

[1] 李宝，张文兰. 智慧教育环境下学习资源推送服务模型的构建[J]. 远程教育杂志，2015, 33（3）：41-48.

[2] 李艳燕，张香玲，李新，等. 面向智慧教育的学科知识图谱构建与创新应用[J]. 电化教育研究，2019, 40（8）：60-69.

除了依据学生的学习风格推荐相关资源外，智能技术支持下的学习平台还可以根据学生的实际学习情况，精准推送学习内容和习题等。系统不仅会自动批阅学生的练习，记录完成情况，还会对知识点进行标注，并识别学生学习过程中的难点内容。基于这些难点，系统会从试题库中抽取相应的习题，生成符合学生学情的个性化习题集，供其练习。同时，教师可以利用学习平台对学生的学习情况进行全面分析，精准锁定学习群体。依据学生的整体学习情况，教师能够确定不同难度试卷的试题知识范围、题型分布和结构。通过综合考虑单元、题型、难度等因素，平台能够生成适应性试卷结构，并从题库中抽取合适的题目来填充试卷，最终生成符合学生实际需求的试卷。

例如，借助数字智能推荐 APP，教师可以在课后使用 APP 为学生布置习题，学生进行练习，系统自动批阅学生练习结果，形成个人学习记录单。学生完成练习后，错题自动一键生成，无须抄写和剪贴，AI 助教分析错题情况，精准归纳错因。错因归纳后，系统为学生量身定制了小灶课，精准推送相关练习，巩固学生学习结果，如图 2-13 所示。同时，系统通过学情数据智能分析、多维度数据展示、精准学情反馈，可以形成学生个人专属学情档案，助力教师精准教学。

图 2-13 数字智能推荐 APP-习题推送

（三）助力教师资源加工处理

教师对学习资源的加工，主要体现在能够获取、甄别有效信息，并对信息进行加工、处理、整合等[1]，形成适合用于自己教学活动的资源。借助智能技术，依据教师的备课进度，结合教师需求，推荐微课、课件、教案、导学案、习题、套卷等相关的资源素材，同时随着教学进度的变化对相关资源内容进行梳理，帮助教师进行个性化备课。同时，能够利用用户在学习环境中留下的学习痕迹，来推测用户的兴趣爱好，并结合实际教学和学习内容，进行智能化的资源推荐[2]。

在资源加工方面，智能技术可以支持快速完成学习资源和学科工具的加工整合，自动生成完整的课件资源。在文字处理方面，可以使用智能转录系统，实现语音转文字、图片转文字/PDF、PDF转Word、表格转文字等。在教育教学中，智能转录工具能够对不同国家、地区的语言文字进行敏锐地感知和识别，并将最新的教育信息转录成师生可识别的数字化文本，这不仅为传统的纸质媒介注入了新鲜血液，使其具备一定的前瞻性，而且帮助教师突破了信息识别的障碍[3]。此类工具可为教师备课、教学评价提供支持，能够帮助教师生成课堂笔记（将课堂语音转成文本便于教学分析）、制作听说类教学资源（将文本转换为音频便于制作教学课件）、快速处理各类数据（将表格内容转换为文本便于教师快速处理教学数据）等。

同时，智能备课系统可以让教师在备课时把语言描述或者书写的内容，通过智能技术进行整理，形成自己的专属笔记和思维导图，分析教学重难点；除查找的共享资源外，还可以制作自己的学习资源，如录制重难点的讲解视频，并利用智能技术直接生成字幕和剪辑加工视频，支持学生课前课后重复观看学习。此外，通过对备课内容、教学需求等的分析，依托智能技术可以进行资源素材、同类资源等的推送。如在制作课件PPT中，能够提供适切的图片、版式模板等内容，助力更加高效的课件制作；在准备教学内容时，依据教师的偏好和兴趣推荐合适类型的文字、图片、视频等资源素材，支持完成课前资源准备。同时，借助智能技术能够对课程内容和学生之前的学习情况进行分析，进而推荐符合学生学习水平的教案、课件、试题、学科工具等，方便快速找到需

---

[1] 陈敏，周驰，吴砥. 中小学教师信息素养评估指标体系研究[J]. 中国电化教育，2020，(8)：78-85.

[2] 郝祥军，王帆，祁晨诗. 教育人工智能的发展态势与未来发展机制[J]. 现代教育技术，2019，29（2）：12-18.

[3] 周琴，文欣月. 智能化时代"AI+教师"协同教学的实践形态[J]. 远程教育杂志，2020，38（2）：37-45.

要的学习资源，减轻备课过程中资源制作的检索压力。

例如，在智能技术支持下的课件制作平台（如图 2-14 至图 2-17 所示），教师可以在系统中进行学科、学段、年级等的选择，系统自动匹配所有相关的资源，教师可以立即获取到与之对应的备课课件及相关学习资源，包括课件、学科工具、网络画板、微课、化学实验、物理实验、多媒体资源、习题/试卷库等，实现一键调用，节省备课时间。同时，系统中嵌入了 AI 助教功能，能够实时反馈课堂数据，并精准追踪课后数据。基于学生们在课堂上的数据表现，AI 助教会智能地布置个性化习题，并进行线上批改，从而帮助学生提升课后学习效果。

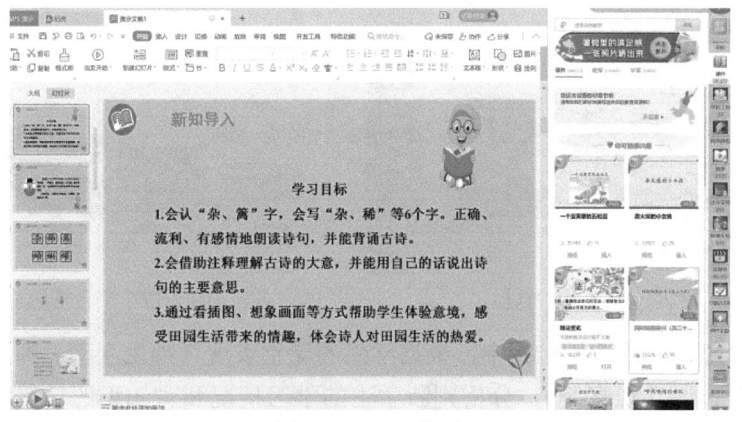

图 2-14　PPT 首页

图 2-15　PPT 制作基本信息选择

图 2-16　平台工具栏　　　　　　　图 2-17　平台资源库

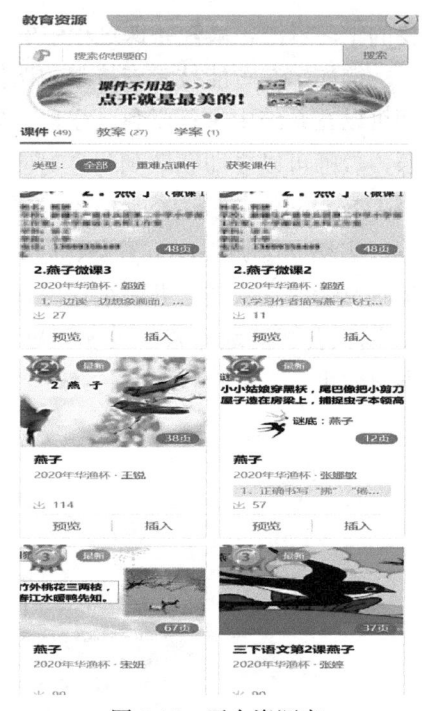

除此之外，在教学过程中，根据学生的课堂表现（师生互动、师生问答、学生练习、课堂观察等），分析判断学生的学习情况和对知识的掌握程度，对学生的学习情况进行分析评价，从而对教学内容和教学资源进行调整或加工。

为了避免教师观察和判断的主观性，可以借助大数据分析技术、智能语音技术、人脸识别技术等智能技术，在课堂教学过程中根据学生的学习状况以及与教师的互动情况，适时而全面地捕捉有助于学生学习的资源素材，并在此基础上经过人类教师的即时判断，将具有教学意义和教学可行性的素材进行二次加工，形成更具适应性的学习资源。基于智能技术的班级管理系统（图 2-18），可以基于人脸识别、语音识别、动作识别、情绪识别、眼球识别等技术构建的监课系统采用"真人教师+AI 助手"的课堂辅助系统，做到课程全覆盖，既能对学生的考勤、课堂表现及专注度进行监测分析，也能对教师的教学质量进行智能评估，即时生成课堂评估报告并快速反馈，教师可实时调整授课内容和方式，从而形成了课上有行为、行为有识别、识别有产出的完整监课闭环[1]。

---

[1] 刘进，钟小琴，李学坪. 教育人工智能：前沿进展与机遇挑战[J]. 高等工程教育研究，2020，（2）：113-123.

第二章 智能技术支持的教学设计 | 65

实时班级光荣榜 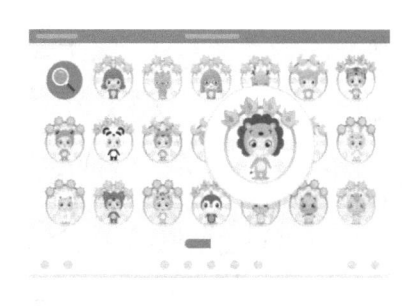　　　　　　　　个性化学生头像

多元化班级评价 　　　　　　　　自动生成班级报表

图 2-18　智能班级管理系统

利用现代智课系统，通过记录并分析学生听讲、读写、举手、师生或生生互动等行为，将学生课堂行为数据与学业成绩进行关联分析，从学生群体中挖掘哪些类型的关注度有助于提高学习成绩，从而帮助学生养成良好的学习行为习惯。系统在归纳分析总结一般性规律的同时，还关注课堂中的特例个体。如课堂高关注度低学业成绩或课堂低关注度高学业成绩的学生，为指导学生自主学习和教师开展个性化辅导提供依据，从而使教师在资源准备时能够有针对性地进行选择，提高资源准备效率，如图 2-19、图 2-20 所示。

图 2-19　智课系统课堂数据分析 A

图 2-20　智课系统课堂数据分析 B

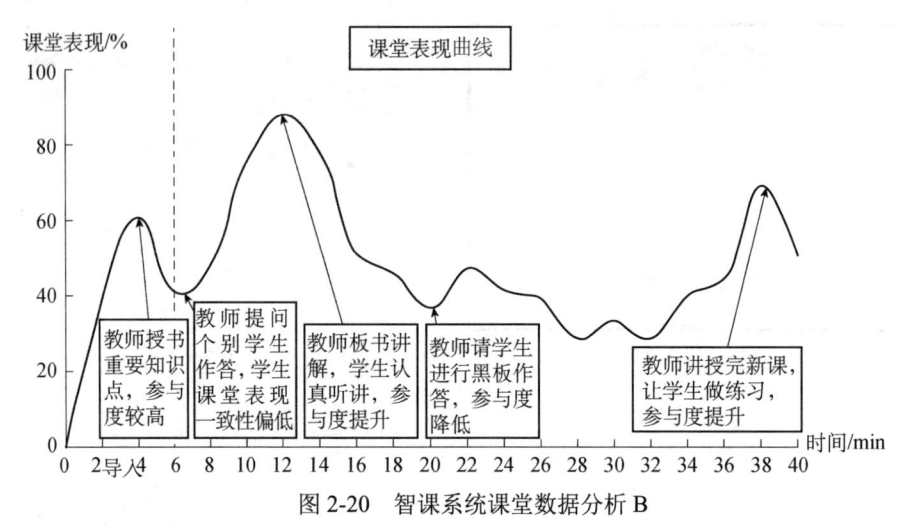

📝【小组讨论】

结合自己学科思考，在教学准备阶段，教学和学习资源应该如何检索、选择、加工和应用，重点体现技术在资源准备过程中发挥的作用。

资源准备环节	学习资源	技术发挥的作用
如：资源检索	查找其他优秀教师的教学设计	可利用语音检索技术，提高教师检索效率

（四）提供智能化学习工具

智能化学习工具是指经过特定设计，用于辅助教师教学以及学生学习的，可以模拟、替代、延伸和扩展人的智力的工具，如以计算机技术为核心的各种智能设备、产品等[1]。结合乔纳森对信息技术学习工具的分类[2]，除资源检

---

[1] 石书奇. 中小学生智能化学习工具使用的限度标准[J]. 当代教育科学，2021，（5）：23-30.
[2] Jonassen D H, Peck K L, Wilson B G. Learning With Technology: A Constructivist Perspective[M]. Merrill：Prentice Hall Inc.，1999.

索、资源推荐和资源加工外，智能技术还能够在提升效能、支撑交流、辅助认知等方面强化传统学习工具（信息技术学习工具）的作用（表2-3）。

表2-3 信息技术学习工具分类

作用类型	主要内容	工具举例
提升效能	能够帮助教师出题组卷、自动批阅、成绩统计等，帮助学习者将学习内容可视化呈现，实现个性化辅导等	➢ 问卷星 ➢ 视频微课
支撑交流	一是能够充当学习伙伴，来完成与学习者之间的协作交流；二是能够充当交流中介，为学习者提供协作交流的平台	➢ 阿尔法蛋智能机器人 ➢ 讨论区
辅助认知	智能技术支持下的学习工具能够帮助学习者表征知识、组织知识、提供作答思路等，有效促进学习者的知识建构	➢ 思维导图 ➢ 希塔助教

1. 提升效能

提升效能是数字化学习的最高学习目标，由于学习不仅仅是对所学知识的识别、加工、理解的认知过程，同时也是对该过程进行积极监控、调节的元认知过程。因此学习工具在这一层面的应用主要体现在将知识经过反复评价、反思与修改进而转化为元认知知识的过程[1]。智能技术的发展为提高教与学效能提供了更多的可能性，在教学方面，能够实现代替教师讲授、出题组卷、自动批阅、成绩统计等工作；在学习方面，智能技术可通过危机干预系统与自适应学习系统帮助学生减负。提供给学生相应的批判性思维能力训练与测试，使得对学生的学习与发展做到精准化、常态化，从"因材施教"走向"可因材施教"[2]。

例如，作业批阅是教学工作中必不可少的环节，教师往往要在批改作业与试卷上花费大量的时间与精力。基于图像识别、智能语音、自然语言处理等人工智能技术的自动批阅系统，可对扫描的试卷图像进行全方位识别、文本转换、内容分析和关键特征提取，帮助老师高效批改客观题、简答题、口算、英语作文等题目，相较于人工批改，智能批改可以即时标注错误部分和错误原因，批改速度更快，批改结果更细致、更客观，并能综合分析学生考试中出现的得分点、失分点、错误原因及提出改进建议等[3]。该系统能够将教师从大量

---

[1] 钱冬明，郭玮，管珏琪. 从学习工具的发展及应用看e-Learning的发展——基于Top100学习工具近五年的排名数据[J]. 中国电化教育，2012，(5)：135-139.

[2] 葛新斌，叶繁. 教师减负的博弈困境及其破解之道[J]. 教育发展研究，2020，40（20）：46-52.

[3] 刘勇，李青，于翠波. 深度学习技术教育应用：现状和前景[J]. 开放教育研究，2017，23（5）：113-120.

的重复性工作中解放出来，替代教师完成出题组卷、批阅作业、诊断学情等工作，甚至还能够为教师提供教学决策支持，如图 2-21、图 2-22 所示。未来，基于智能技术的自动测评系统不仅能够完成对客观题的测评，还能够胜任对主观题的批阅。运用自然语言处理完成语言处理，结合专家评价标准的综合模型，通过大数据训练，能够对诸如语文作文等主观性更强的题目进行测评[1]。

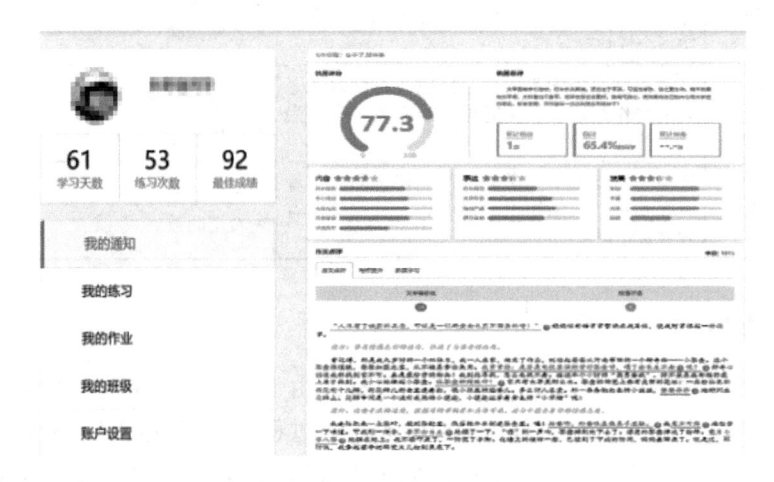

图 2-21　智能作业批阅

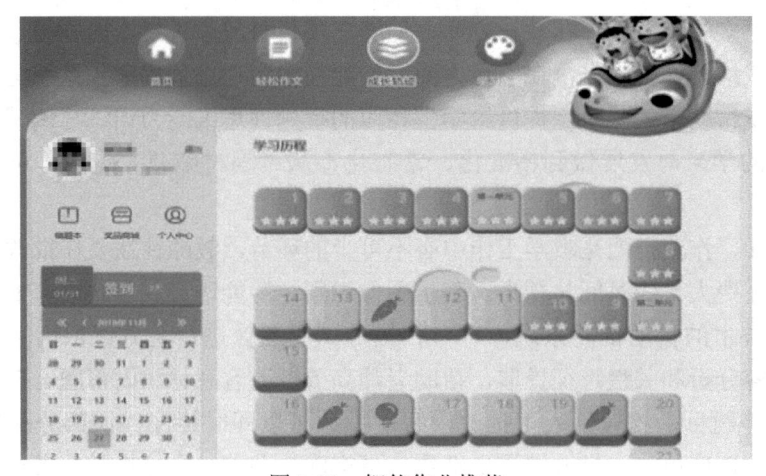

图 2-22　智能作业推荐

2. 支撑交流

协作交流是学习活动中必不可少的环节，智能技术一是能够充当学习伙

---

[1] 杨晓哲，任友群. 教育人工智能的下一步——应用场景与推进策略[J]. 中国电化教育，2021，(1)：89-95.

伴，来完成与学习者之间的协作交流；二是能够充当交流中介，为学习者提供协作交流的平台[1]。当智能技术作为学习伙伴时，它能够进行思维活动，对知识进行表征与呈现，可根据学习者个性化需求与其进行无障碍协作交流，为学习者提供所需学习资源与方向引导，与学习者碰撞出思维火花；当智能技术作为交流中介时，可捕捉协作交流中的过程性数据，能够根据学习者协作交流进度与内容来判断是否需要帮助，并给予学习者个性化指导与反馈（提供讨论脚手架、学习资源等），让学习者根据反馈来调整协作的交流过程，形成学习者实践共同体与知识建构共同体。

3. 辅助认知

当技术作为认知工具时，能够有效地促进学习者建构知识。所谓认知工具（cognitive tools），是帮助学习者进行认知处理的技术支持，即指各种帮助学习者表征已有知识结构、组织新知识、解决问题的工具，以发展批判性思维、创造性思维和综合思维能力的软件系统[2]。在智能技术的支持下，专家系统、导师系统、自适应系统成为有效的认知工具，能够促进学习者高阶思维、认知技能的习得与发展（技能训练），帮助学习者选择适当的路径主动建构知识（学习规划）。学习者是学习的设计者，在学习过程中需要分析现象、获取信息、解释和组织个人知识，并明晰地陈述、表现和反思自己的知识，从而达到主动建构知识的目的。

📋 学习活动

1. 请阅读以下材料，并回答问题。

> 工具的发展极大地推动了人类的进步，而人类的进步反过来又进一步推动了工具的发展。如今，我们可以看到"劳动工具使人手延伸，汽车轮子使人腿延伸，电脑使人脑延伸"。然而，我们也需要警惕：随着科技的发展，这些工具或许会在未来逐步取代人类器官的功能，使我们无须动手、动脚甚至动脑便能够完成事情。
>
> 网络学习工具的智能化发展，确实对提高学生的学习效果有着巨大的作用，但是学生往往会形成做任何事情都依赖于电脑——如不用出家门就可以得到自己想要的学习资料，与朋友会面也可以通过学习工具来解决。那么网络学习工具这些方便学习工作的智能化发展对学生最终的影响是好还是坏

---

[1] 钟志贤，肖宁. 用信息技术促进有意义的学习[J]. 开放教育研究，2009，15（2）：44-49.
[2] 钟志贤，肖宁. 用信息技术促进有意义的学习[J]. 开放教育研究，2009，15（2）：44-49.

呢？或许像电影《终结者》里所述一样：计算机认为人类已经没有存活在这个世界的价值，它们互相制造和修理，来破坏人类的家园，将人类灭亡！虽然后果可能没有这么严重，但确实给我们敲响了警钟，需要反思的是：如何在利用网络学习工具进行高效学习的同时，也能够保证自身的全面发展？网络学习工具的发展究竟何去何从？发展的度究竟在哪里？

阅读上述材料，思考并分析师生应用工具的合理性，以及如何避免技术的滥用以及应用失控？

2. 请你选择具有学科特色的智能工具进行体验并与同学分享交流，说明其功能，并分析该工具在教与学中如何应用？

工具名称	工具功能	在教与学中的应用

三、典型案例

（一）虚拟实验室打破实验空间壁垒

系统平台是学习资源的重要组成部分。基于智能技术的学习场景应用，可以为学生提供全新的个性化学习体验场景，使教育理论与学习场景深度融合，提高学生学习体验的融入感和沉浸感，案例如学习场景1、学习场景2所示。

学习场景1

设计和选用适宜的学习资源是教学设计必不可少的环节[1]。在课程教学设计过程中，教师通常使用图片、文字、动画、视频等资源，以此为学习者提供多种形式的信息展示和更加直观生动的教学内容，促进学习者的理解和学习。

---

[1] 余胜泉，胡翔. STEM 教育理念与跨学科整合模式[J]. 开放教育研究，2015，21（4）：13-22.

但此类资源多以平面化形式呈现,以视听感官为主,难以有效支撑资源、教师、学生之间的深度交互。借助技能技术,可以为学生创设三维立体化的多感官体验、多场景交互的虚实融合资源,为学习者创设丰富的、沉浸式的学习情境,支持探究式、体验式等活动的开展。

在七年级生物课上册第二单元教学中,第一节课需要学生了解显微镜的使用,但是一些乡村薄弱学校缺乏教学环境的设备,显微镜设备有限,无法正常开展教学。Z老师利用虚拟实验室,从中选择虚拟3D交互单目显微镜和双目显微镜,为学生提供实验仪器,支持学生开展显微镜使用的探究活动;虚拟实验室提供了对显微镜分解的功能,在对显微镜结构的讲解环节中,利用虚拟实验室可以支持学生对显微镜的内外部结构进行拆解和组装,了解显微镜的具体构成,同时也降低了实验器具的损耗和实验成本;虚拟实验室还可以提供实验的模拟过程,让学生熟悉实验过程,获得"操作"的技能和"实践"的经验(图2-23、图2-24),同时,在实验过程中保证了实验的安全性。

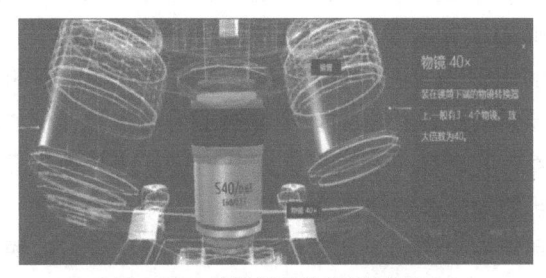

图2-23 显微镜的物镜拆解展示

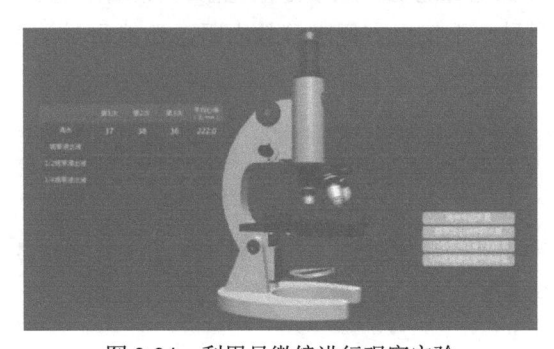

图2-24 利用显微镜进行观察实验

学习场景2

虚拟实验室不仅支持学生实验,还可以辅助教师进行教学内容的讲解。如图2-25所示,物理老师以中央电教馆提供的虚拟实验室为基础,进行"测定电池的电动势和内阻"实验课。

图 2-25　物理课堂实录

教师在课程开始之前，提出问题："我们调节电阻箱的阻值，大家看看现在的电流表示数有什么变化。"课堂上，物理老师打开虚拟实验室中的 3D 交互课件，在电子白板上直接拖动 3D 实验器材，连接电路，带领学生观察不同操作产生的实验现象，并记录分析实验数据，引导学生得出正确的实验结论。

在授课过程中，学生不时惊呼："电流表烧坏了！""电流表冒烟了！"原来，这是物理老师为了提醒学生实验中常见的"错误操作"，特别设计的教学环节。当电阻箱的阻值为"0"时，闭合电键，虚拟环境中的电流表就会被直接烧坏。逼真的场景模拟，让学生直接看到了因为实验操作"错误"而导致的器材损坏。紧接着，物理老师在屏幕上断开电键，选择被烧坏的电流表，点击"修复"，一个崭新的电流表就出现在屏幕上。

物理老师还利用虚拟实验的实验创编系统，进行了新的探究设计。如图 2-26 所示，物理老师在电源边上串联了定值电阻，使滑阻滑动时电压表和电流表的示数变化更加明显，不仅更方便求等效内阻，还能引导学生思考如何进一步对实验进行改进创新。

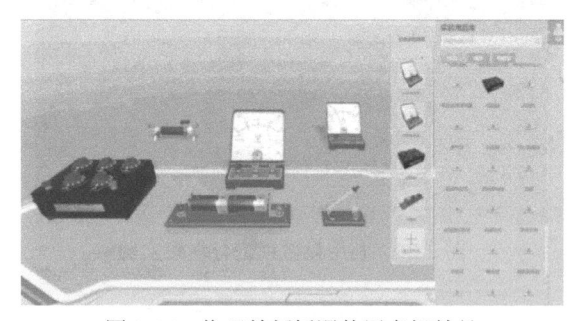

图 2-26　物理教师授课使用虚拟教具

【案例点评】

传统的学习资源存在内容抽象、资源表现形式单一等问题，智能技术支持下的学习资源，可以打破时空和设备的限制，丰富资源的表现形式，辅助教师进行教学活动的设计和开展。在上述案例中，虚拟实验室拓展了学习资源本身，将知识可视化呈现，降低学习者认知负荷，同时能够帮助教师设计丰富的课堂互动形式，为教师备课提供了更加多样化的资源的选择和应用。在虚拟实验资源的应用过程中，教师需要注重各种类型资源的合理应用，避免选择单一虚拟类资源而导致学生真实情境感知与能力的弱化，注重对所获取资源的二次加工与修改，有效整合资源到自身的教学活动中。此外，教师要能够意识到并不是所有的资源呈现都需要智能技术支持，需要充分考虑各类资源的有效整合与应用。

（二）基于图像识别的资源获取

资源获取是资源准备的关键环节，教学设计过程中教师的资源获取主要通过文字检索获得，需要教师对自身所需的资源要素或特征进行抽象描述，进而拟定关键词进行检索。智能技术支持下的资源检索，可以通过文字识别、图片识别等技术实现资源快速检索，极大地提升了检索的效率。

Z老师在"植物的认识"生物课后，布置了课后作业，要求每位同学拍摄自己家附近的5种植物，并对该植物进行介绍。同学们在完成课后作业中，用到了识图软件，用手机拍摄需要的植物，即可出现相应的名称，点击可查看详细信息，学生操作过程如图2-27至图2-29所示。同时，同学们还发现，除了检索植物，使用图像识别软件还可以识别动物、人物及其他物品。

图2-27　学生发现植物　　图2-28　利用软件识别植物　　图2-29　识别植物具体信息

【案例点评】

传统的资源获取方式主要依赖于师生自身的资源获取能力，需要教师对所需内容进行概括加工后，提炼关键词进行检索选择，对师生的信息素养要求较高。智能技术下的资源获取，可以拓展资源检索方式，利用语音检索、图像识别等方式快速检索，降低资源检索的难度，提升检索的效率和准确度。在资源检索过程中，教师需要具备多元化检索方式的意识和能力，转变原有的资源检索习惯，并能够有效辨别和筛选优质资源。同时，可以培养学生的信息意识和信息素养，让学生通过实践掌握资源获取的方式，提升学生的实践能力。

（三）基于大数据分析技术的学习资源个性化推送

在传统教学模式中，学习资源的推送主要依赖于教师的教学经验及学习者自身的资源检索能力，因此，学习资源的选用往往面临诸多挑战。借助智能技术，我们可以实时跟踪并记录学生的学习行为数据，深入分析这些数据与测评结果，从而构建出精准的学习者画像，为个性化资源推荐提供参考和依据。

以英语学习平台为例，Z 老师是三年级的英语教师。上课之前，Z 老师在平台中选择自己上课的内容，平台中包含所有学段课程资源，教师选择自己所需的资源，可以进入相应的课程准备，并可以依据自己的需求对资源的内容进行修改完善，如图 2-30 所示。

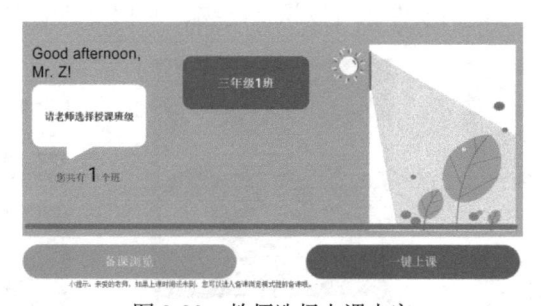

图 2-30　教师选择上课内容

同时，如图 2-31 所示，平台还为教师推荐与课程内容相关的教学指导内容，如活动目的、活动步骤、教师话述、教师任务等方面的具体做法，教师可以依据平台提供的教学方法组织教学活动，也可以根据实际情况进行调整。

下课后，Z 老师利用平台推荐的内容，自由组合作业内容，并通过平台下发作业（图 2-32）。学生完成作业后，教师可以在后台查看学生的作业完成情况，学生做错的内容，平台会自动记录并收录错题本，在下一次练习时系统会优先推荐该类型题目，以巩固知识点（图 2-33）。

图 2-31　平台教学指导内容

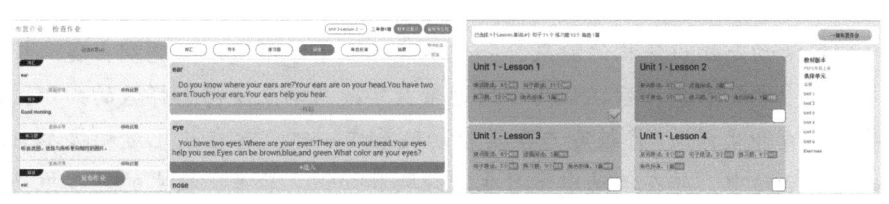

图 2-32　教师利用平台布置作业

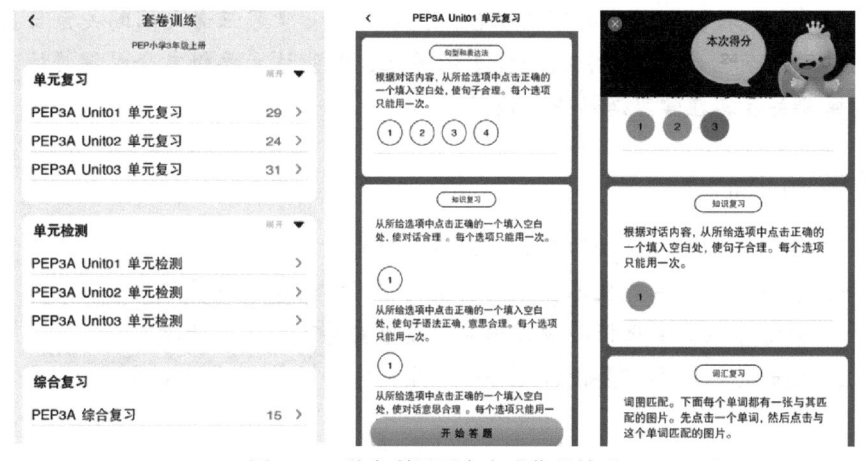

图 2-33　学生利用平台完成作业情况

【案例点评】

传统的学习资源推送，主要是他人推荐和学习者自己检索获取，推送的资源缺乏个性化，不一定适用于所有的学习者。借助智能技术分析学习者特征和需求，根据需求进行资源推送，可以使资源更加具有针对性，提升学习者的学习效率。上述案例中的个性化学习资源推送，既能减轻作为学习资源准备主体的教师的工作负担，也能够满足学习者对学习资源个性化、差异化的需要。但在学习者获取学习资源的过程中，不能完全依赖智能技术的推送功能，教师作为学习资源推送的把关人，需要在智能技术推荐学习资源的基础上进一步对其遴选，为学习者挑选最适合的学习资源。

学习活动

根据以上案例点评内容，结合前期教学设计选定主题，借助智能技术设计准备相应教学资源。

第四节　活 动 设 计

导言

学习活动是知识建构的源泉，知识不能独立于学习活动而凭空出现。杜威倡导"做中学"思想，旨在让儿童通过亲身实践活动来获得怎样做的知识；他倡导"教育即生活"，将教育与生活密切联系在一起，旨在让儿童积极参与到感兴趣的活动中，并在活动中学习生活经验和知识。后来，技术的进步推动着劳动分工的出现，教学逐渐成为教师的专业职能，成为人们获得知识的主要途径。随着智能技术与教育的不断融合，技术、人、学习三者之间的关系日益紧密，学习活动已经引起了相关研究者的关注，智能技术要想充分发挥其技术优势，需要关注其在学习活动中的应用。

学习目标

☐ 能够说出学习活动的内涵、分类及要素
☐ 能够归纳出智能技术在不同类型的学习活动中发挥的作用
☐ 能够根据需要选择并设计出智能技术支持下的学习活动
☐ 能够根据教学需要设计组合以学生为中心的学习活动序列

一、场景描述

学习活动是教学实施中的重要环节，学习活动的顺利开展有助于教学目标的达成，教师需在了解学习活动含义、分类的基础上，明确设计学习活动的几个要素，进而了解智能技术在不同学习活动中发挥的作用，并能设计出智能技术支持下的学习活动。

（一）学习活动的含义

📋 学习活动

在以往的学习过程中，大家都接触或听说过哪些学习活动？请填写至下方横线处。

_____

_____

_____

一般而言，活动是指人运用一定的工具（实物工具或符号性的工具），作用于一定对象以实现某种目的的过程。学习活动，译自于英文"Learning Activity"，可以理解为活动，其本质是为了学习目标的达成，学习者在学习环境中参与的活动总和。虽然"学习活动"一词经常被人们提及，但关于它的概念目前并没有统一、明确的解释，主要流行的观点有下列几种：有学者对学习活动的理解是学习者为了能够达成某种学习目标，和学习群体之间开展的交互活动总和[1]；也有学者认为，以学习目标作为出发点，学习主体会和环境产生交互体验，这种交互操作就是学习活动。这里所提到的学习环境是由活动中的计算机服务系统和其他工具资源和方法组成，这些因素都是真实存在于世界上的实际物品[2]。国内学术界使用较广泛的是杨开城提出的定义："学习活动是指教师和学生为了达成特定学习目标而进行的操作总和。"[3]

（二）学习活动的分类

📋 学习活动

请根据你的理解，从以下五个方面对你所填写的学习活动进行分类。

活动类别	活动内容
测试型	
讲授型	

---

[1] Beetham H，Sharpe R. Rethinking Pedagogy For A Digital Age：Designing And Delivering E-Learning[M]. Oxfordshire：Taylor & Francis，2007.

[2] Mayes T，Freitas S D . Review of e-learning theories，frameworks and models[J]. JISC E-Learning Models Desk Study，2004.

[3] 杨开城. 以学习活动为中心的教学设计理论：教学设计理论新探索[M]. 北京：电子工业出版社，2005：39.

续表

活动类别	活动内容
体验型	
互动型	
自主型	

国内外研究者从不同的角度对学习活动进行了分类（表2-4）。

表2-4 学习活动的类型

研究者	划分角度	类型	内涵
杨开城	内外化	内部活动	➤指学习者的感知、思维和记忆活动
		外部活动	➤某种带有目的性的外显操作的总和（包括阅读、朗诵、写作、绘画、讨论、角色扮演等）
	个体/群体	个体学习活动	➤一般意义上的个别化学习
		群体交流活动	➤松散的小组学习（没有规划的小组讨论）或有规划的协作学习
		自我管理活动	➤学生对于自身的智力资源、时间资源和其他学习资源的分配和管理活动
	学习目标	意义建构活动	➤以获取目标知识点的意义所设计的活动
		能力生成活动	➤以训练学生知识运用能力所设计的活动
李松	在线学习方式	自学型	➤以学习者自主阅读文字教材或电子书为主要学习方式
		讲授型	➤以观看教师讲解的音视频为主要学习方式
		体验型	➤教师创设一种类似科学研究的情境，学生以个人或小组的形式主动获取知识的活动
		探究型	➤在教师的引导和支持下，学生以个人或小组的形式主动体验、应用知识，促进知识技能迁移的活动
		问题解决型	➤围绕现实生活中一些结构不良的问题寻求解决方法的学习活动
佐藤正夫	师生关系	提示型	➤教师提示，学生接受教师提示的内容
		自主型	➤在没有教师指导的情况下，学生能够运用自身拥有的能力和知识，开展将课题及其解决方法相结合的学习
		共同解决问题型	➤由师生共同思考、探求、解决问题、获得知识的学习活动

杨开城提出，站在活动的内外化角度看，学习活动可以区分为内部活动和外部活动；从"个体-群体"的角度看，学习活动可以区分为个体学习活动、群体交流活动和自我管理活动；从活动与学习目标的内在联系角度看，学习活

动可以区分为意义建构活动和能力生成活动[1]。从在线学习活动的方式来看，李松等将学习活动分为自学型、讲授型、体验型、探究型及问题解决型五种[2]。佐藤正夫在《教学原理》一书中，着眼于教师、教材、学生的相互关系，将学习活动归纳为提示型、自主型和共同解决问题型三种基本样式[3]。

不同的学者对学习活动的划分依据也不同，本小节结合不同学者的观点，从学习方式的角度将学习活动划分为测试型、讲授型、体验型、互动型、自主型 5 个大类以及下设的 15 个小类（表 2-5）。

表 2-5　学习活动类型及描述列表

学习活动类型		描述
测试型	课前检测	➢ 课程开始前对学生先验知识进行测试的活动
	随堂测试	➢ 课程开展中通过测试随时了解学生学习情况的活动
	课后测验	➢ 教师讲述结束后，学生通过反复进行某一个操作而使技能得以提高的过程
讲授型	讲解	➢ 教师用言语传递知识、描绘事例、论证事理的一种教学方法，侧重于对知识的叙述
	问答	➢ 教师通过引导学生提问与回答问题，使学生参与课堂学习
体验型	探究	➢ 教师创设情境，学生以个人或小组的形式在情境中以类似科学探究的方式获取知识的活动
	实验	➢ 遵循或设计一系列操作来验证某种科学理论的过程
	游戏	➢ 在教学中加入游戏化元素调动学生积极性的活动
	角色扮演	➢ 学生在教师的指导下布置场景，根据教材内容扮演相应角色
	案例分析	➢ 根据一定的教学目标，选择合适的案例进行教学的一种学习活动
互动型	讨论	➢ 学生在教师的指导下为解决某个问题而进行探讨是非真伪以获得知识的一种教学方式
	辩论	➢ 学生就不同观点分组展开争论的活动
自主型	预习	➢ 学生事先自学将要讲授的功课
	练习	➢ 学习结束后学生自主选择内容进行反复操练达到熟练的过程
	复习	➢ 学生根据自身情况选择知识点自主复习的过程

二、智能技术作用点

💡 **想一想**

智能技术介入学习活动有哪些优势？

---

[1] 杨开城. 以学习活动为中心的教学设计理论：教学设计理论新探索[M]. 北京：电子工业出版社，2005：39-40.
[2] 李松，张进宝，徐琤. 在线学习活动设计研究[J]. 现代远程教育研究，2010，(4)：68-72.
[3] 佐藤正夫. 教学原理[M]. 钟启泉译. 北京：教育科学出版社，2001：289-305.

> 学习活动设计的目的在于促进学生能力的培养，而传统意义上的学习活动在开展的过程中存在诸多问题，如无法关注到学生的个性化发展、无法提供跨越时空的学习环境、无法对学习活动进行精准快速的评价等。基于此，智能技术以其巨大的优势能够为学习活动的开展提供诸多便利，帮助教师开展更为丰富的学习活动，促使学生在创造性的学习活动中产生新体验、收获新知识。

在特定教育目标、有计划的活动，再加之协调者的引导和结构化组织，技术增强学习将产生不同的学习结果[1]。智能技术在学习活动中的介入，对于教学方式、学习方式以及师生交互形式等方面都产生了诸多影响，能够深化和拓展学生的高阶能力，最大限度地丰富学习资源、时空、方式、体验和评价，提高教学成效[2]。本小节将聚焦于测试型、讲授型、体验型、互动型、自学型五种学习活动，探讨智能技术在每个学习活动中发挥的作用。

（一）智能技术支持的测试

教学中进行测试的目的是全面了解学生的学习情况，一方面是以便学生自查学习内容的掌握情况，起到激励学生学习的作用，另一方面是教师通过所提交的试题答题进行分析，以便更好地调整教学方案与教学进度以改进教学。对学生的测试可分为课前检测、随堂测试以及课后测验。

学习活动

1. 请回忆在我们的学习经历中，教师是如何评价学习效果的，你认为评价过程中存在哪些问题？

测试学习效果的方法	存在的问题
如：检查作业	如：费时费力

传统的测试活动一般以纸质试卷的方式进行，开展过程中存在诸多问题：

---

[1] 管珏琪，祝智庭. 电子书包环境下的课堂学习活动分析[J]. 电化教育研究，2018，39（4）：59-65+72.

[2] 钟志贤. 大学教学模式革新：教学设计视域[M]. 北京：教育科学出版社，2008：111.

➢ 教师出题工作量较大
➢ 试卷单一且内容固定
➢ 纸质试题批阅时间较长
➢ 纸质试题回收后，数据难以统计分析
➢ 课堂时间少，课堂教学缺少测试时间

2. 针对以上存在这些问题，你认为如何借助技术进行解决？
（1）_____
（2）_____
（3）_____
（4）_____

基于上述问题，智能技术在测试型活动中的优势主要体现在：

◇ 自动出题

教师可在题库中检索测试主题，由系统一键生成试题包下发给学生，也可根据测试内容对试题进行自由组合，极大地节省了教师手动出题的时间。

◇ 试题推送

系统可根据学生平时的学习、练习记录，针对学生薄弱的知识内容进行个性化的试题推送，增加了试题的多样性，且有助于学生的个性化发展。

◇ 自动批阅

无论是课前检测、随堂测试以及课后测验，学生经由学习平台或系统完成的测试结果均会被自动批阅且立即呈现反馈结果，帮助教师减轻批阅的工作量，使教师能够及时了解学生答题情况，进而对教学进行调整。

◇ 数据分析

学习平台会对批阅结果进行实时的记录与分析，并且直接呈现数据分析结果，方便老师直观了解学生学习情况。

（二）智能技术支持的讲授

讲授型活动是指通过教师的系统讲解而使学生获得大量知识的教学形式。该类学习活动主要用于系统知识、技能的学习。它偏重教师的活动，学生是一种比较被动的接受方式，其功能是能使学生在短时间内掌握大量知识。讲授型学习活动主要借助教师的口头语言来呈现知识，主要通过教师的讲解、提问方式来进行。

📋 **学习活动**

你认为如何借助技术优化课堂讲授？

（1）＿＿＿＿＿＿＿＿＿＿＿＿＿＿＿＿＿＿＿＿＿＿＿＿＿＿＿＿＿＿＿＿＿

（2）＿＿＿＿＿＿＿＿＿＿＿＿＿＿＿＿＿＿＿＿＿＿＿＿＿＿＿＿＿＿＿＿＿

（3）＿＿＿＿＿＿＿＿＿＿＿＿＿＿＿＿＿＿＿＿＿＿＿＿＿＿＿＿＿＿＿＿＿

（4）＿＿＿＿＿＿＿＿＿＿＿＿＿＿＿＿＿＿＿＿＿＿＿＿＿＿＿＿＿＿＿＿＿

讲授型教学主要以教师的讲授为主，需要教师运用通俗易懂、科学准确的语言对教材内容进行解释、说明和论证，对于个别知识，仅靠教师的口头讲解难以让学生深入理解和体会，需要借助智能技术来辅助教师进行教学，才能使教学效果达到理想预期。智能技术在讲授型学习活动中发挥的作用主要体现在以下四个方面。

◆ **呈现内容**

智能技术能够代替传统的板书对课程内容进行呈现（根据教师需求和口令等呈现相关的教学材料），也可通过虚实融合情景、推荐适配的呈现方式和优化材料呈现顺序等辅助教师进行讲解。

◆ **示范讲解**

一是智能技术支持下的"AI教师"类产品能够代替教师进行个性化讲解辅导，二是教师可以根据分析结果针对学生的薄弱点进行因材施教，提高讲解效率。

◆ **精准讲授**

智能技术能够实时采集过程性学习数据（如举手、听讲、回答等），教师可根据采集到的学情数据对教学内容及教学策略进行动态性调整，做到精准讲授。

◆ **答疑解惑**

针对学生在学习过程中遇到的问题，智能技术能够代替人类教师对问题进行解答，在提高学生学习效率的同时，还能进一步扩展学生所接收到的知识的广度和深度。

（三）技术支持的体验型活动

体验型活动即在教学过程中，教师以一定的理论为指导，有目的地创设教学情境，激发学生情感，并对学生进行引导，让学生亲自去感知，领悟知识，并在实践中得到证实，从而成为真正自由独立、情知合一、实践创新的"完整的人"的一种教学形式[1]。探究、实验、游戏、角色扮演以及案例分析等均属于体验型学习活动。

拓展阅读

体验型学习活动的一般流程

（1）创设情境

体验式学习活动要以问题情境或实验情境作为导入，围绕问题或实验现象逐步展开教学活动。教师要以学生的认知起点为基础进行情境的创设。

（2）确定问题

从情境中选择出与当前学习主题密切相关的真实事件或问题，以备学习者去解决，最好由学习者自己发现问题。

（3）探究实践

在确定任务主题之后，学生将以个人或小组的形式以真实情境为依托开展探究实践，教师的任务是向学习者提供解决问题的有关线索或支架，如需要搜集哪些资料、从何处获取有关的信息资料以及现实中专家解决类似问题的探索过程等。

（4）活动评价

体验型学习活动中，学生解决问题的过程便可以直接反映学习的效果，因此不需要独立于教学过程的专门测验，教师只需要在教学过程中随时观察并记录学习者的表现即可。

学习活动

根据体验型学习活动的一般流程，思考技术能够发挥哪些作用？

（1）＿＿＿＿＿＿＿＿＿＿＿＿＿＿＿＿＿＿＿＿＿＿＿＿＿＿＿＿＿＿＿＿＿
（2）＿＿＿＿＿＿＿＿＿＿＿＿＿＿＿＿＿＿＿＿＿＿＿＿＿＿＿＿＿＿＿＿＿
（3）＿＿＿＿＿＿＿＿＿＿＿＿＿＿＿＿＿＿＿＿＿＿＿＿＿＿＿＿＿＿＿＿＿
（4）＿＿＿＿＿＿＿＿＿＿＿＿＿＿＿＿＿＿＿＿＿＿＿＿＿＿＿＿＿＿＿＿＿

体验式的学习活动由于体验性和动手操作性很强，能让学生积极地投入、愉快地学习，从而提高学习效益。而传统的体验型活动由于创设真实情境难度大、书本知识内容固化、学生缺乏体验的时间与空间以及过程性评价数据难以采集等问题，导致体验型学习活动往往无法达到很好的效果。智能技术的介入，能够帮助教师创设丰富的学习情境，进而增加学习的趣味性，拓展学生的

---

[1] 胡尚峰. 体验式教学模式初探[J]. 教育探索，2003，(11)：49.

学习时空，有助于提高学习效率。

在智能技术支持下的体验型学习活动中，智能技术提供的教学支持主要有以下三个方面：

◇ **创设真实情境**

基于 VR/AR/MR 等技术可为学习者创设虚拟实验室、博物馆、图书馆、体育场、游戏场、安全演练场、实训基地等场景，帮助学习者获得与现实世界相同或相近的实践认知，规避在现实情况下潜藏的操作危险。

◇ **支持过程引导**

智能技术可代替教师对学习者的探究实践活动进行巡视与指导。在此期间，智能技术主要通过捕捉学习者的过程性学习数据，来判断学习者是否需要帮助，通过提供学习支架的方式给予学习者个性化的指导与反馈。

◇ **提供优质资源**

基于虚拟技术创设的学习环境能够为实践性教学提供优质的教学资源，使得学习者能够在逼真的虚拟学习环境中尽情感知和体验，有效促进学习者从具体感知经验升华到抽象的概念，满足学习者的体验和参与需求，为教学的顺利开展创设有利的条件。

📖 **拓展阅读**

虚拟实验室支持下的体验探究

利用智能技术能够实现各种虚拟实验环境的搭建，最大限度地模拟真实实验的场景，实验者可以像在真实的环境中一样完成各项实验项目。在虚拟实验平台支持下的探究类实验中，学习者能够使用多种虚拟实验材料、器具等进行探究，每个实验都有实验目的、原理、方法和操作步骤，通过实验场景的真实再现，使学生在进行实验、探索、分析、研究的过程中得出结论，形成科学概念，如图 2-34 所示。

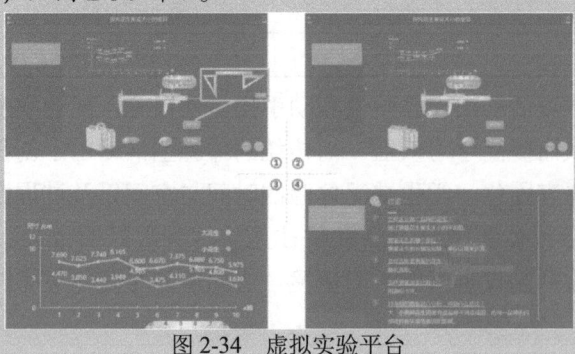

图 2-34　虚拟实验平台

（四）技术支持的互动

教学中的互动一般分为师生互动、生生互动以及学生与学习资源的互动等。本小节将互动型活动限定为生生交互活动，即指发生在单个学习者之间或者是学习者所参与的小组和群体之间的互动，主要包括讨论以及辩论。

在传统的讨论、辩论活动开展的过程中，存在一些问题。例如，学生之间的互动会受到时间和空间的限制，导致学生之间无法随时随地进行交流，且没有充分的时间让每个学生发表自己的观点。同时，对于每个学生观点的记录也较为费时费力。

📋 学习活动

请你思考智能技术能否解决上述问题，如何解决？
（1）_____
（2）_____
（3）_____
（4）_____

智能技术为互动型活动开展中存在的问题提供了解决方案，主要体现在以下三个方面。

◇ **智能分组**

智能技术可以根据学生的学习特征、认知水平等学情对学生进行同质或异质的智能分组，避免因友情团式分组而限制学生的团队合作能力。

◇ **提供交流平台**

智能技术能够根据学生需要创设线上交流平台。一方面，学生通过论坛发帖、评论等方式进行文字交流，能够不受时间限制随时随地展开讨论；另一方面，线上互动的方式能够打破空间限制，实现跨校、跨区甚至跨国的讨论与交流，在提升学生沟通能力的同时，也能扩大学生视野。

◇ **记录交流内容**

学生在线上进行互动的数据均会被智能学习平台采集并记录下来，教师可以通过浏览互动记录来了解学生认知现状，也可以通过生成词云的方式了解学生交流的主要内容，进而为教学重难点的确定以及教学内容的调整提供参考。

基于智能技术的互动讨论活动打破了时间与空间限制，无论学生身处何地都能进行交流，增大了生生交流的概率，同时也提高了学生的参与度。基于智能技术的互动讨论能够激发学生的参与意识和自主思考意识，并汲取他人意见，营造出适合学生学习探究的学习环境和氛围。

（五）技术支持下的自主学习活动

自主型活动是一种现代化的学习方式。在这种学习方式中，学生成为学习的主体，拥有充分的自主权，不受外界的干扰和支配。学生通过独立地进行自我设计、自我管理、自我调节、自我检测、自我评价和自我转化，运用分析、探索、练习等多种方法来实现学习目标（知识与技能，方法与过程，情感态度与价值观）。自主型活动主要包括自主预习、练习及复习等。

学习活动

我们为什么要借助智能技术设计自主型活动？

（1）_____
（2）_____
（3）_____
（4）_____

学生在自主学习的过程中，会面临教材中的概念抽象难懂、辅助学习的资源较少、自学效果无法及时检验以及学生自主性无法得到充分发挥等问题，借助智能技术可以将书本中抽象的知识以动画的形式呈现、提供丰富的学习资源、学习者可自定步调学习并且能够及时检验学生的自学效果等。因此，借助智能技术设计自主学习型活动能够有效提高学生的自学效果。

结合具体的自主型活动，智能技术的作用主要体现在以下方面（表2-6）。

表 2-6　智能技术在自主学习型活动中的作用

学习活动	技术作用点
预习	以动画形式呈现教材知识
	提供丰富的预习资源
	规划学习路径
练习	根据学习过程推送题目
	自动诊断练习结果并记录
复习	根据练习结果推送同类题目
	提供可自主选择的复习资源

自主型学习活动需在教师的指导与规划下开展：一是教师需根据教学内容选择并提供相应的学习资源来降低自学难度，激发学生学习兴趣，智能技术能够根据学生在学习过程中出现的问题以及感兴趣的内容，进行个性化资源的推送以及个性化学习路径的规划，而学生在利用资源自学时，可自行跳转、回看

感兴趣的内容；二是教师需选择或制定相应的练习题，来检验学生的自学效果，在这个过程中，智能技术能够自动对学习成果（口语、作文、习题等）进行批阅，并且能够代替教师进行学习监督、提供学习预警、监测学生学习进度与学习状况，将学习效果及时反馈给教师，供教师进行教学的优化与调整。学生在预习、练习及复习过程中留下的学习数据，均可作为教师进行教学准备以及教学调整的可靠依据。

【方案设计一】

结合智能技术在学习活动中发挥的作用，选择一节课进行活动设计，并将关键的活动步骤与技术作用点填写至下方表格中（可通过浏览器、公众号、书目等进行资料的查阅与检索）。

活动名称	
活动步骤	技术作用点

在设计智能技术支持下的学习活动时应注意以下几点：

◇ **考虑活动任务的驱动性**

活动理论主张学习活动的设计是以培养学习者知识、能力、情感、态度为目标，强调学习者的主体地位，重视学习者相互之间的交互，所以学习活动任务的设计需要考虑学习者的学习动机。随着教育的不断发展，现代社会的要求已不是对知识的死记硬背，而是更看重学生个性的发展，特别是创新思维与能力的水平以及健全人格的养成和发展，因而智能技术支持下的学习活动任务设计需要有一定的新颖性，贴近学习者生活，使其真正吸引学习者，与学习内容有机融合。

◇ **明确活动安排的阶段性**

信息技术环境下的学习活动的本质是学习者通过活动对一定知识、技能的有目的的主动探索、建构，对有别于自身内在认知结构的信息进行同化或顺应的过程。根据皮亚杰的认知发展理论，这个过程有一定的阶段性，从对新信息的感知、分析、联接至同化、顺应到平衡，每一个阶段都是不可跳跃的。因此，智能技术支持下的学习活动需要根据学习者认知发展的规律有序地展开，在不同阶段要设计符合该阶段认知任务的、不同的学习活动，引导学习者对知识、技能、情感的意义建构。

◇ **保障活动交互的易参与性**

参与学习活动是学习者获得发展的必要条件，且学习活动的顺利开展离不开学习同伴的交流互动，因此活动中的交互设计也关系着学习者参与学习活动的程度。在设计不同的师生、生生交互活动时，要保证学习者能够参与其中，这就要求交互活动的易参与性能符合学习者的学习风格及认知特点，最大限度地发挥学习者的主观能动性。从活动理论的视野来看，这就需要充分发挥工具中介的作用。

◇ **注重活动评价的多重教育性**

活动理论早已摒弃了学习就是知识灌输的陈旧观念，注重学习者的社会性交往以及高水平的认知与信息加工。因此智能技术支持下的学习活动评价更多关注学习者在参与学习活动过程中的表现而非学习结果，因此在设计评价方式方法时要进行权衡，综合考虑各方面的因素。多重教育性是指评价本身并非只是目的，同时也是一种手段，是一种让教师了解学习者，让学习者认识自我的方式，以便获得更好的发展。要避免只追求对学习者所得知识的衡量，应该争取赋予这一项活动更多的教育价值（如社会交互性等），从而体现活动学习模式生成性教学的目的。

三、方案设计

根据前期所选定的教学活动设计主题，结合学情分析及资源设计内容，设计一份智能技术支持下的课堂教学方案，并完成下表。

学科		学段	
教材版本		教学单元	
教学过程			
教学活动	教师行为	学生行为	教学资源	工具/技术支持
课后评价				

第三章　智能技术支持的学习服务

叶圣陶指出，教是为了不教，学是为了会学。学生学习的有效发生是教育教学的终极目标，但学生在开展学习过程中存在着目标定位模糊、路径规划不清、困惑解答不及时等问题。从学生学习视角出发，智能技术能够为其提供学习路径规划、学习过程指导、学习管理等支持服务，助力学生更加科学、高效、精准地开展学习活动，获取更好的学习体验与学习质量。

第一节　学习路径规划

导言

我们在生活中常见到"规划"一词，如"发展规划""建设规划""个人规划"等。规划是指个人或组织制定的比较全面长远的发展计划，是对未来整体性、长期性、基本性问题的思考和考量，设计未来整套行动的方案。规划是事情成功的先决条件，任何复杂的任务都需要进行规划以顺利地进行。如果将学习看作是一段美好的旅程，将学习者带向知识彼岸，那么就需要制定科学、系统、合理的规划。一个有序的、结构化、清晰的学习路径直接关系到学习效率的高低、效果的好坏，让学习者轻松、顺利地完成课程也是学习路径规划的价值所在。

学习目标

- 能够说明学习路径规划的概念及内容
- 能够说出智能技术在学习路径规划中发挥的作用
- 根据学习需要，能够借助智能技术生成个性化的学习路径
- 形成合理应用智能技术开展学习路径规划的意识态度

一、场景描述

在传统的课堂教学中，一般由教师为学生制定学习规划。网络的发展使人们踏上了传递信息的"高速公路"，学习者可以接触到各种学习资源。而面对海量的学习资源，如何取舍是一个难题。在自主学习的过程中，学习者每次学习完一节学习内容，都要面临选择下一个学习内容的困境，有时无法抉择，只能直接点开其中任意一节，而认真学完这节后，才发现这部分内容对于自己的学习目标的完成并无太大帮助。由于没有一个阶段性的学习计划，许多学习者总是不能很好地达到最佳的学习效果。

（一）学习路径规划的目的及意义

学习路径规划是在对学习者特征、需求与学情分析和评估的基础上，为学习者提供学习目标、内容、活动、策略与方法等方面的整体学习方案规划，或提供给学生制定有效学习规划的建议与指导，旨在帮助学习者提升他们的学习行动，完成有效的自主学习与发展[1]。也有学者指出，学习路径是学习内容或学习活动的序列，是学习步骤的呈现或指引[2]，体现学习过程的动态信息[3]，是自我调节学习三个基本阶段——计划、执行与反思循环往复的结果[4]，能够直接反映学习者自我调节学习水平。

1. 学习路径规划的目的

学习路径的制定会为学习者后续的学习提供明确的方向与路径，也会产生督促和指引的作用，有利于促进学习目标的实现，形成系统的知识框架。其具体目的可分为三个方面。

（1）为学生明确学习的目标，回答为什么学习的问题；

（2）为学生确定学习的内容，回答学习什么的问题；

---

[1] 李爽，王海荣，崔华楠，等. 在线学习服务师职业标准框架探索[J]. 中国远程教育，2021，(3)：12-23+76.

[2] Smet C，Schellens T，De Wever B，et al. The design and implementation of learning paths in a learning management system[J]. Interactive Learning Environments，2016，24（6）：1076-1096.

[3] 魏顺平. 学习分析技术：挖掘大数据时代下教育数据的价值[J]. 现代教育技术，2013，23（2）：5-11.

[4] Zimmerman B J. Investigating self-regulation and motivation: Historical background, methodological developments, and future prospects[J]. American Educational Research Journal，2008，45（1）：166-183.

（3）为学生制定学习的方式，回答怎样学习的问题。

2. 学习路径规划的意义

从实践层面，学习路径规划的意义可以体现为以下两点。

（1）对学习活动进行积极的监控

制定合理的学习路径规划，有利于学习者在学习过程中对学习活动进行积极的监控，及时发现学习活动中存在的问题并进行相应调整，以减少学习的盲目性和不合理性，为学习者指引学习方向，帮助学习者建立良好的知识体系，优化知识结构，避免知识迷航。突破重难点知识，提高学习效果，使学生最大化地利用学习时间，提高学习绩效。

（2）为学生实现学习目标的达成提供指引

学习路径规划最主要的一个特征就是以目标为导向，在确定目标的基础上将呈现适当的学习内容和学习活动的序列，从而在现实与目标之间建立一座桥梁，支撑学习目标的实现。

（二）学习路径规划的内容

学习路径规划主要是对学习的目标、内容、活动的规划。

1. 规划学习目标

学生的学习路径由有序列的学习目标组成，这些学习目标为学习内容的规划指明了方向。教师依据学生的学情，规划学习目标，包括短期目标和长期目标，这有助于教师开展后续的教学活动，但无法兼顾到学生个体。

2. 规划学习内容

教师依据统一的教学目标，结合当前学生已经掌握的知识水平，规划学习内容。由于学生的学习内容是由群体目标确定的，无法做到个性化的学习内容规划。

3. 规划学习活动

教师依据教学内容，规划每个部分的学习活动类型，设计要达到学习目标需要的活动序列。但由于学生实际的学情在变化，所以预设的学习活动序列也需要做动态的调整。

（三）学习路径规划的方法

对教师来说，在课程学习准备阶段，教师要在对学习者基本信息、学习风格、学习需求、课前基础知识测试等学情分析的基础上，有针对性地与学习者共同制定个性化的学习计划，并在学习过程中根据学习者学习情况进行适度调整。教师应高度重视学习计划的个性化，因每位学习者的学习计划由于空闲时间、原有知识基础、兴趣的不同，学习进度的时间安排、学习方式、资源获取途径等都会有所差异，但都应围绕有效实现最终的教学目标而设定。

对学生来说，在制定学习路径规划时，首先，应进行自我分析，了解自己的优点和缺点，正确客观地面对自己的学习现状，检查自己主要薄弱点在哪里，要学会充分发挥自己比较擅长的地方，强化薄弱的地方；其次，要制定长期目标和分阶段的短期目标；最后，应制定每个学习阶段具体的学习计划。

想一想

无论是在传统学习还是在数字化学习中，教育研究者们要考虑的最重要问题是什么是学习？如何学习？以及如何让学生学得更好？而由于不同类型的学生具有不同的学习偏好、学习进度、学习风格和学习能力，因此为特定学生提供最佳学习路径规划并不容易。为不同的学生设计学习内容对任何教师来说都是非常耗时且枯燥乏味的。在班级集体授课背景下，教师为学生设计学习路径，但教师在教学设计时往往只侧重于对学习者的群体特征做出整体性、概括性的描述，不能根据学生个体特点设计学习路径。除此之外，你认为教师为学生制定学习路径规划还存在哪些问题？

（1）_____
（2）_____
（3）_____
（4）_____
（5）_____

二、智能技术作用点

传统的学习路径规划往往是由教师依据班级学生的整体学习情况和教学经验制定的。这难免带有主观性，不能满足学生科学发展的需求，且随着学习者学习的不断深入，学习路径规划需要进行动态调整。教师依据学生的学情，制定相应的教学规划，为教师的后续教学提供了帮助，但教师制定的教学规划往往是依据整个班级的学生学习情况，无法兼顾到每一位学生，不能依据学生的学情开展个性化的学习路径规划，继而不能达到精准教学的目的。学生虽然可以依据自己想要达成的目标，制定相应的学习计划，但由于学生对自己的学习情况了解得不够全面，无法制定科学合理的计划。在核心素养背景下，学习者在自己独有特质的基础上实现全面发展成为了教育的必然诉求，只有对每个学习者的个性特征进行分析与把握，教师才能了解学习者素养发展的不同需求，从而提供个性化的学习支持。

（一）智能技术支持的学习目标规划

学习路径规划的前提条件是对自身学习状况有明确的自我认知[1]。学习目标规划是学习路径规划的第一步，也是学习路径规划的基石。学习路径规划最主要的一个特征就是以目标为导向，在确定目标的基础上将计划内容具体化，从而在现实与目标之间建立一座桥梁。

智能技术背景下，技术手段的应用有助于确立更加清晰的教学目标。大数据技术作为集世界观、方法论和工具论于一体的新兴技术，将驱动教育研究范式从"始于假设"向"基于数据"的转变。借助数据挖掘技术分析学情与行为数据可以使过程性学习行为考察和个性化发展支持成为可能。借助现代教育技术，依据数据分析，可以有针对性地对学情进行整理归类，精准了解每一个学生的知识掌握与运用状况，将课程标准中空泛的教学目标具体化，形成基于学生现状的个性化目标。

（二）智能技术支持的学习内容与学习活动规划

智能技术的应用可以为学生定制相对合理的学习内容规划。为实现学习目标，学习路径规划需要合理安排学习路径各节点（学习内容）的学习顺序，为学习者找到最优学习路径[2]。教育研究者致力于探索如何依据学习者的个人偏好，量身定制个性化的学习内容。如基于学习画像的精准个性化学习路径生成性推荐模型。基于模型的学习内容推荐一般有两种方式：一是一次性推荐一条

---

[1] 杜艳. 论网络信息环境下成人自主学习的元认知策略[J]. 中国成人教育，2016，（11）：9-11.
[2] 崔萌，穆肃，黄晓地. 基于过程数据及分析的在线学习路径研究：规律与规划[J]. 开放教育研究，2020，26（3）：58-70.

完整的学习路径；二是根据学习者的学习状态，采用个性化的推荐策略，为学习者推荐一个具有优先级的学习元列表（包含学习内容、学习活动及其学习效果）。学习者可根据自身需求，从中挑选最适合自己的学习元进行学习。由于学习元是细粒度的推荐内容，根据学习者更新后的学习画像向其推荐下一个学习元，直到推荐一条完整的学习路径。这种生成性契合了学习水平动态变化的特性，有助于提高推荐的精准度[1]。此外，在完成一个学习内容之后，系统会检查学生是否理解这部分内容。如果学生能够理解，则测试学生对该主题的知识掌握情况，并重新评估其知识水平；如果理解程度较低，则会推荐用来提高学生前一主题的学习内容。

从教学的视角看，合理规划学生的学习内容，尤其是在学校教育中进行规模化的分层教学，教学的方式将变得更为便捷化，个性化的学习和定制学习将成为未来教学的新趋向。在这个过程中，教师的角色也发生了转变。教师不再是基于特定教材、特定内容的教学，而是需要根据学生学情及需求，结合各类资源设计开发主题式、模块化的课程，成为教学的设计者与规划者，能够基于学习者素养培养需求，选择合适的教学内容、规划教学路径。

从学生的视角看，学习内容的规划有助于规避学生在制定学习计划时的不合理性，借助智能技术能够在学习者与学习环境交互时实时地收集数据，帮助学习者制定符合学情的学习内容规划。

美国"2016国家教育技术计划"——《未来学习准备：重塑技术在教育中的角色》在其学习部分中指出，在技术增强的学习环境、学习数据分析、网络与移动终端的支持下，开展个性化学习有了更多现实发展潜力[2]。而个性化学习服务以个性化学习资源推送、个性化学习路径生成、个性化学习社群推荐为主要构成。尤其是个性化学习路径是实现个性化学习的关键。个性化学习路径，是对个体学习者所开展符合其个性特征的系列活动内容的路线总称。

智能技术的介入为学生制定科学有效的个性化学习路径规划提供了便捷，如图3-1所示。学生在制定学习计划之前需要对自身的现状与需求进行综合考虑，技术可以辅助教师分析学生的学习风格与现有知识，帮助学习者明确学习需求，继而生成科学合理的规划，为后续的学习提供帮助。

---

[1] 师亚飞，彭红超，童名文. 基于学习画像的精准个性化学习路径生成性推荐策略研究[J]. 中国电化教育，2019，(5)：84-91.

[2] 王媛媛，何高大. 美国《国家教育技术计划》的创新及其启示——基于五轮（1996—2016）教育技术发展规划的比较与分析[J]. 远程教育杂志，2016，(2)：11-18.

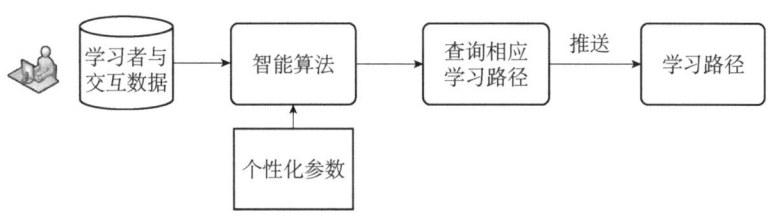

图 3-1　学习路径推荐过程

📋 学习活动

阅读材料——初步感知个性化学习路径

自适应学习系统的个性化学习路径

为了能达到最佳的学习效果，小智通过自适应学习系统进行学习。自适应学习系统中的个性化学习路径是由学习内容与多个学习活动序列组成。首先，系统会使用各种测试解决学习者"冷启动"的问题，快速掌握学习者的学习水平。其次，为学习者设置个性化的学习目标或由学习者自定目标，根据学习目标选择学习内容。然后，采用智能算法（如关联规则挖掘算法）制定学习路径中的活动序列呈现规则。例如，规则1：{学习对象1，论坛1}→{测试1}，即在执行测试1之前，需要先完成学习对象1和论坛1。

当小智确定了学习目标（如"50天攻克C语言"）后，系统会根据小智的能力差距判断能力等级，推送最佳学习路径（学习内容与学习活动序列）。图3-2展示了一个能力等级是"初学者"的学习活动序列，系统会结合考虑其特性（如学习风格）基础上，为其推送个性化学习路径。

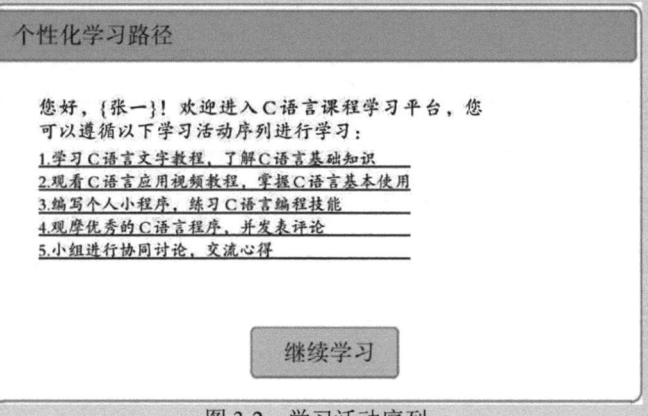

图 3-2　学习活动序列

当小智完成任务且其能力已经提升到相应熟练水平层次，系统会分析小智的学习记录，并向学习者推荐下一步学习任务，如图3-3所示。

图 3-3 学习记录分析

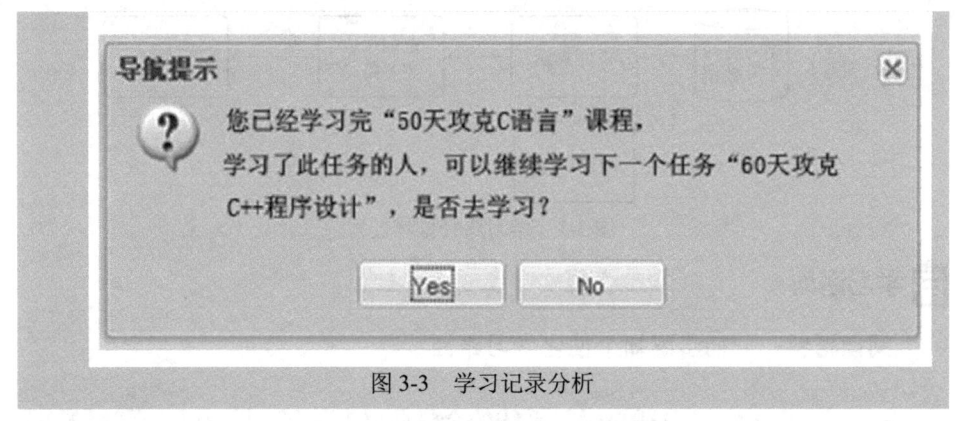

💡 想一想

个性化学习路径是基于学习者个性优势设计满足其学习需求的学习目标，并提供符合其学习偏好的学习内容和学习活动，由学习者自定步调和掌控学习的序列组合。美国高等教育信息化协会（EDUCAUSE）在其对个性化学习的工作定义中，将个性化学习路径作为其构成要素，认为个性化学习路径要满足四个方面要求：①基于个人学习进度、学习动机和目标开展；②基于个性优势的学习计划；③具有不同的学习体验，探索符合学习目标和学习偏好的任务设计和学习策略；④学习者能够调整和管理自己的学习路径。在体验 ALEKS、Lingvist 等提供个性化学习路径的智能产品后，请分析智能技术及其作用点，并思考智能技术路径推荐存在的优势和劣势。

智能技术路径推荐的优势：

_____

_____

_____

智能技术路径推荐的劣势：

_____

_____

_____

学习活动

阅读材料——了解不同学科的学习路径规划

体育学科的学习路径规划

以体育学科为例，由于每个人的身体素质不同，每个人的体育学习都应是定制的。个性化智慧体育学习系统能够根据学生的异质性需求进行教学计划的适当调整，如根据学生的体育学习现状即时生成学习路径。借助大数据与人工智能的个性化智慧体育学习系统能够根据收集到的学生体育学习数据，分析学生对体育锻炼的偏好选择、薄弱环节、特长种类，并以此制定个性化服务决策和学习路径规划。在体育课程中，依据学生对体育课程内容的掌握程度与体育学习能力的精熟度，不再制定统一的体育教学时间，而是根据教授对象的个性化特征制定合理的教学时间。愈加成熟的可穿戴设备和运动APP，让教师能够在学生锻炼时及时看到运动数据的反馈。移动平板终端通过传感器实时接收每位学生在体育运动过程中的心率、血压、体温、最大吸氧量等各项指标，通过智能投屏设备实时显示并更新相关数据，教师可以在学生练习过程中从屏幕上看到他们的生理学数据和运动学数据，并借助强大的数据服务为每位学习者改变学习计划，合理地控制练习强度和密度，及时提醒学生，哪些需要增加运动量，哪些需要适当减少运动量，以此为参考设定接下来的锻炼计划。对于运动能力薄弱的学生，教师还会根据他们的具体情况，为他们定制低难度的训练计划，帮助他们克服体能障碍。通过该系统，教师无须再做复杂繁琐的测试与成绩逐一登记工作，便能够借助智慧体育学习系统分辨出学生的差异化需求，使体育教学过程更加科学。

智慧体育学习路径规划系统可以借助大数据为学生的体育运动制定合理的规划，教师只需在学生体育练习的过程中进行监控，数据可视化的呈现方式能够使得教师实时地了解到学生的运动数据，打破了教师无法面面俱到的窘境，很大程度上减轻了教师数据记录的工作负担。同时，也对教师素养提出了新的要求，教师应具备人机协同的教学规划能力。教师通过对学习数据的分析，了解学生的运动需求，制定合理的学习强度，为教师规划教学时长和教学内容提供重要依据。

想一想

除了材料中给出的体育学科案例，还有哪些学科工具能够提供个性化学习路径？

（1）_____
　　（2）_____
　　（3）_____
　　（4）_____

▶ 小贴士

知识图谱与个性化学习路径

　　知识图谱一般由学科教师、领域专家基于对知识结构的理解人工构建而成。知识图谱以图示化的方式展现网络化的知识关系，能够以显式的、网络化的方式呈现出知识点之间的内在逻辑，具有知识管理、学习导航和学习评估等功能。知识图谱可以成为学习方式规划的工具，通过智能算法产生最优化的知识路径，使教师帮助学生用尽量少的时间成本，达成学习目标，实现教学效率最优化。知识图谱还可以构建个性化的学习路径，适应不同学生的个体需求。教师应重视基于知识图谱的学习路径规划能力，构建以学习者为中心的教学路径。教师通过学生的学习过程数据，借助于知识图谱技术，发现个人或群体未直接表现出来的学习路径模式。在学习过程中，学习者依据知识图谱展开学习，能够迅速找到知识点所在位置，搜索到所需要的学习资源，避免知识迷航，解决信息过量的问题。不仅如此，教师还帮助学习者利用知识图谱建立起从一个知识点到下一个知识点之间的连接，促进其对知识结构的理解，促进学生概念的形成及解决问题能力的发展。与传统文本形式的资源结构相比，知识图谱能够帮助学习者获得更多关于信息处理、问题解决以及学习策略方面的内容。

📋 学习活动

　　阅读材料——了解自我调节学习

学习路径规划与自我调节学习

　　借助智能技术，小智同学能够规划出个性化的学习路径，但是他却逐渐感受到学习自由被剥夺的困扰。他发现自己总是被软件牵着鼻子走，有时他不喜欢软件推送给他的学习内容，就故意跳过，不能跳过的就乱写一通，以便快速进入到下一节的内容。一天，他向老师表达了自己的困惑。老师告诉他，如果过度依赖软件推送的学习路径，可能会导致他的自我调节学习能力受到限制。自我调节学习是从元认知过程的角度来定义的，即自我调节学习者必须设定目标、自我监控、自我评价，并在学习过程中具有知识性和决性。一些软件厂商也注意到了这点,在软件产品中建立了协商机制,由学习者和系统共同决定下一步的学习内容,以避免学习者被软件的规划机制所限制。

💡 **想一想**

阅读材料,想一想智能技术在开展学习路径规划时可能会出现的问题,以及利用智能技术开展学习路径规划应该坚持哪些原则?

针对智能技术在学习路径规划中出现的问题,应注意学习者对学习路径的主动权。数字化学习肖像特征分析和个性化学习路径的内涵都强调以学习者为中心,其目的不仅是围绕学习者开展设计和分析,也强调学习者能够对学习路径和内容进行掌控,让学习者感受到其主体地位的存在。在实践中,可以通过让学习者选择所感兴趣的学习活动和学习资源以及参与学习评价来实现,而不是被动地接受活动和内容。在整个路径的设计和规划中,也允许学习者根据个人时间和能力对学习序列做出调整,以最大化改善其学习体验。

三、典型案例

(一)自适应学习系统

自适应学习系统(adaptive learning system,ALS)由研究者根据脑神经测试和数学算法的相关知识研发出来。它运用相关的学习理论,通过一系列问题测试学生对问题的理解程度,并为学生提供自适应的学习指导,包括个性化学习路径。自适应学习系统已普遍应用于国外公立小学的课堂,在高等教育中的使用率也逐渐上升。

自适应学习系统的工作原理如下:

1)明确每个学生当前的知识状况。ALS 的人工智能的特点在于其对学习者状态的学习和评估,不仅是提供一个学习者能力倾向的得分或成就水平,还提供了一种知识状态,描述学习者在某一特定学科(如代数 1 或普通化学)迄今掌握的所有技能和概念知识。一个给定学科的所有可行的知识状态都被组织成一个学习空间，这个学习空间提供了一个数学结构，规定了这些知识状态之间的优先关系，即在学习过程中哪些知识状态可以先于其他知识状态，或在其他知识状态之后。图3-4描述了一个由五个标记为 a、c、g、h 和 i 的主题组成的微型学习空间。该微型学习空间中共有16种可行知识状态，每个椭圆都表示其中的一种知识状态。底部的空白圆圈表示空的知识状态（即学生没有掌握这五个题目中的任何一个）。学生从下到上，按照顺序依次掌握每个主题。

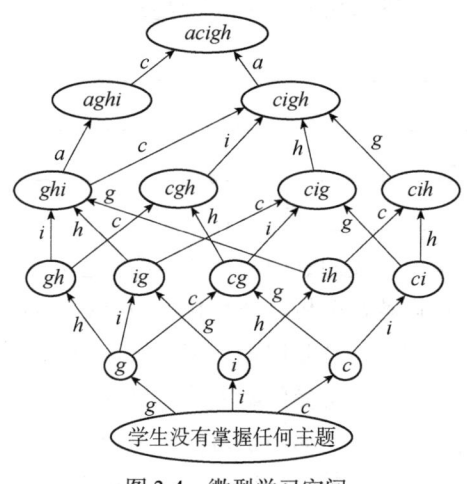

图 3-4　微型学习空间

2）个性化评估。个性化评估的任务是通过有效的提问来揭示学生的知识状态。ALS 中强大的评估功能可以在 20~30 个问题之后就精确地确定学生的知识状态。具体来说，ALS 首先要求学生解决一个问题，这个问题是根据所有知识状态的初始概率选择的，内容尽可能丰富。学生将所有有用的信息（包括之前所做的所有答案）为参考，大约有 50% 的概率做出正确答案。假设第一个题目是 a，学生的回答是正确的。然后，ALS 将增加所有包含 a 的知识状态的概率，并降低所有不包含 a 的知识状态的概率。如果下一个题目是 f，而答案是错误的，那么 ALS 会降低包含 f 的知识状态的概率，增加不包含 f 的知识状态的概率。最后，ALS 将选择包含主题 a、c、g、h 和 i 的状态作为学生的当前状态。在实际的评估过程中，ALS 将从大量可行的知识状态中筛选出概率最高的一种知识状态。

3）学习路径推荐。在评估结束时，学生进入 ALS 学习模式。在该模式中，学生将得到准备学习的主题列表。在学习的过程中，学生掌握了一个新的主题，即创造了一个新的知识状态。ALS 学习模式是按照顺序一步一步地进行的，每次一个主题。它通过学生当前的学习路径引导学生进入一个主题，或者允许学生在 ALS 学习模式中选择一个主题。ALS 监控学生在尝试解决问题和理解解释时的成功和失败的顺序,由此指导学生的进步。每当学生成功掌握一个主题时,ALS 会迅速更新学生的知识状态,并通过智能算法精准地分析学生与课程的互动情况,为学生提供一个新主题列表。系统随时利用收集到的数据信息不断调整学生的学习路径,并能够选择出最适合学生需求的学习路径。二十多年来,数百万学生的经验数据反映出,ALS 系统发现学生"准备好学习"某个特定主题的成功率超过 90%。如图 3-5 所示。

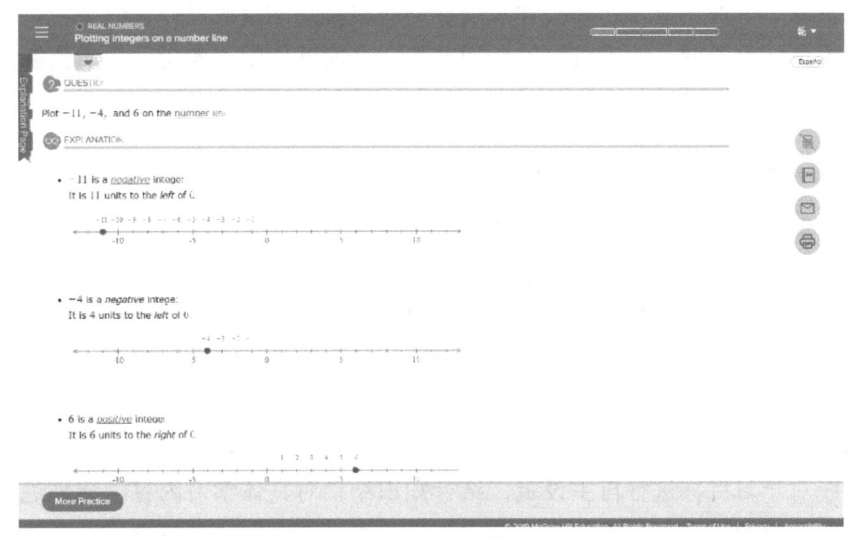

图 3-5 ALS 系统

【案例点评】

个性化学习路径推荐是解决信息超载和信息迷航的有效方法和手段,在很大程度上促进了信息时代个性化学习的发展。个性化学习路径推荐系统包括三大核心模块:学生模型、知识模型和学习路径推荐算法。ALS 平台采用了"知识空间理论",能结合个性化的评估测试题,准确地描述学生的知识状态。而推荐算法是连接学生模型和知识模型的桥梁,决定着适应性推荐的效率与效果,从具体应用来看,ALS 的推荐算法能有效地为学生推荐学习主题,并取得了很好的效果。

(二)基于在线学习的个性化学习路径推荐系统

个性化学习路径推荐系统能够提供满足学习者学习需求、符合学习者学习偏好的学习目标与计划、学习内容和学习活动,支持由学习者自定步调,自主设定和掌控学习序列。在开展在线学习的过程中，应用个性化学习路径推荐系统可以使个性化学习路径推荐的优势得以充分体现，有效改善在线学习的学习效率。

1. 合理配置学习资源，改善资源运用效率

基于在线学习的个性化学习路径推荐系统能够筛选、融合海量的网络资源，向学习者提供适切的学习资源，便于学习者结合自身需求个性化地运用和选取资源。个性化学习路径推荐系统能够对质量高的资源进行有效整合，实现优化配置学习资源，改善资源的运用效率，并能够使学习者借助优质资源更好地开展个性化学习活动。

2. 推动个性化学习，提高学习效率

基于在线学习的个性化学习路径推荐系统具有较强的交互性，而且拥有丰富的学习资源，能够有效满足学习者的个性化学习需求。系统能够参考学习者的行为数据、反馈信息，对学习者的学习需要、学习偏好进行研究，进而设定有针对性的学习方案、学习内容，将个性化学习路径推荐给学习者，确保学习路径与学习者的认知能力相统一，帮助学习者明确学习方向，构建出系统化的知识框架体系。在开展学习活动的过程中，学习者可以依据个性化学习路径推荐系统对学习目标进行自主设定，结合知识结构对具体学习内容、计划进行自主选取，有效提升学习者的学习能力与学习水平。系统还支持学习者开展分享和沟通活动，提高在线学习的参与度与沉浸度，使学习者能够在协作学习、交流研讨的过程中实现知识掌握与能力增长。

3. 提供学习分析的依据，实现精准教学和科学决策

基于在线学习的个性化学习路径推荐系统可以对学习者的学习状况、进程进行实时性地跟踪，并对学习内容、学习时间、学习成绩、学习水平等各方面信息进行有效的记录，在整体性研究行为数据的基础上，向教师进行信息反馈。教师借助系统提供的反馈信息能够科学预测、评价学习者的学习表现，了解学习者在学习过程中存在的问题，并对教学工作、策略进行优化调整，提高教学的针对性和效率。管理者也能够参考系统汇聚的数据信息，进行教学质量评估、精细化管理与科学决策等。

【案例点评】

在学习过程中，个性化学习路径推荐系统将依据具体学习结果对路径内容

进行动态调整，以实现学习路径在流程和内容上的自适应。基于在线学习的个性化学习路径推荐系统最大优势是支持个性化学习，使学习者能够高效获取适切的学习资源，支持学习者自主调整和管理学习路径，改善学习体验，提高学习效率。系统还可以提供学习分析的依据，帮助教师和管理者实现精准教学和科学决策。

💡 动手练练

1. 上网检索更多的有关智能技术支持的学习路径规划的资料，分析智能技术在其中发挥的作用和价值。

2. 结合自身的经验和了解，理解智能技术在学习路径规划领域中的发展。

3. 请你找一些和你的学科背景相关的智能技术工具，借助这些工具设计方案帮助学习者实现学习路径规划。

第二节 学习过程指导

📖 导言

长期以来，学校、家庭、社会都以学生学习的结果能否满足应试的需要论"英雄"，却忽视了对学生学习过程的指导和支持。然而，学习过程中的指导恰恰是影响学习结果的重要因素。许多学生因不能时刻得到学习过程中持续的指导而使学习处于被动状态。改变学生的被动状态需转变教育过程中重视结果而不重视过程的观念，但在教学层面也不是无所作为的，我们能做的"文章"之一便是实现对学生的过程指导。

🎯 学习目标

☐ 能够说明学习过程指导的概念及内容
☐ 能够说出智能技术在学习过程指导中发挥的作用
☐ 分析智能技术在学习过程指导中的作用点，并评析其优势和劣势
☐ 形成合理应用智能技术开展学习过程指导的意识态度

一、场景描述

学习是一个复杂的过程，是从点到线、从网到面的过程。在学校教育活动中，学习过程指学生在教学情境中通过与教师、同学以及教学信息的相互作用

获得知识、技能和态度的过程。学习过程包括预习、听课、作业、复习等多个环节，其复杂性不言而喻。因此，教师的持续性指导显得尤为重要，它能够帮助学生合理把握学习内容，从而收获良好的学习效果。

（一）学习过程指导概述

有经验的教师在设计教学过程时，往往要研究一番学情，了解学生是怎样把知识学到手的，学习过程是如何展开的，是怎样发展的，然后根据学生的学习过程安排教学过程。在实施教学过程中，反过来又影响学生的学习过程、指导学生的学习过程[1]。如本书前面章节所述，教学过程是一个动态的过程，它呈现出来的步骤一般是教的顺序，即教学过程对教师来讲，是教的过程，但对学生而言，应是学的过程。通过把信息技术的资源、工具和解决问题的方法融入到学生学的过程中，辅导学生完成课下自主学习，是学习过程指导的重要内涵。

1. 学习过程指导的目的

在学习过程对学生进行指导，其具体目的可分为以下三个方面。
（1）为学生提供学习内容的指导，帮助学生掌握知识；
（2）为学生提供学习支架，帮助学生学会解决问题；
（3）为学生提供学习方法与策略的指导，帮助学生提高学习能力。

2. 学习过程指导的意义

从实践层面，学习过程指导的意义可以体现为以下两点。

1）调动学生学习的积极性。为学生提供合理的学习过程指导，有利于学习者在学习过程中对问题的解决找到合适的学习支架，使更多的学生得到学习成功的体验，在保持学生有较高积极性的情况下，向教学目标靠拢。学习过程指导成功的重要标准之一即是否提高了学生学习的积极性。

2）提高学生学习的科学性。在学生学习过程中，只靠自己去经历、摸索显然不是一种最佳方案。要使学生成为一个成功的学习者，必须要使学生掌握学习的规律、原则和方法。学习过程指导为学生提供过程性的指引，帮助学生提高学习的科学性。

---

[1] 陈天金. 学法指导中学习过程的指导[J]. 课程·教材·教法，1994，（4）：26-27.

（二）学习过程指导的现实需求

开展学习过程指导是重要的学习支持服务，是教学活动开展过程中存在的现实需求。这些需求具体表现在以下几个方面。

1. 学习过程的内在需要

学习者的学习过程是在有计划、有目的、有组织的情况下进行的特殊活动。为了使学习过程得以顺利开展，教师需要结合所教知识的内在特点，结合学生学习过程的特点，帮助学生学会学习，完成掌握前人经验和建构自己的认知结构，用各种方法来培养和激发学生的学习动机，提高其学习的主动性和积极性。

2. 学习者问题解决的需要

学习者在自主学习过程中遇到的问题往往是无法被课程设计者、教师和管理者提前预测的，或者尽管被预测，却因为不知道会发生在哪位学生身上而无法提前预防。学习过程指导的必要性在于，它的主要服务对象不是学生大众，而是个别学生。对于个别学生，问题可能是特定的，但却非常重要，解决不了这个问题将导致学生放弃课程的学习，甚至退出整个学习项目。学习过程指导从单一问题解答的支持，拓展到问题解决思路的指引等内容，为学习者提供更加个性化的学习支持。由此可见，为了帮助学习者克服各种学习障碍，顺利完成学业，必须提供学习过程中的指导。

3. 适应学习的社会性的需要

社会建构主义学习理论认为知识的发展是通过社会建构而激起的，这种社会性的建构是通过两个或两个以上的人通过谈话形成的，是在社会环境中进行的。由此可知，社会交流和社会环境在认知结构的形成中或在学习中起关键作用。早期的教育将独立学习作为主要的特征，因此，开发优良的课程材料成为教育部门主要的职责。然而，随着理论和实践的发展，人们认识到社会性交互在学习中的重要作用，于是，除了开发课程材料之外，还应提供各种基于面授或媒体的人际交互。

（三）学习过程指导的类型

当前教育实践中，最受学习者关注的学习过程指导类型包括提示、答疑、作业辅导等。

1. 提示

提示是向学生提供学习指导的重要形式，提示常常承载着学习支架的功能。在学生无法继续任务或出现错误时，应为学生提供提示指引信息。在此过程中，这些提示就像一个个支架，支撑着学生逐渐发现和解决所遇到的问题，深化对知识的理解和掌握，通过体会支架的作用，掌握问题解决的策略与规律，成长为一个能够自动"产生"支架的独立解决问题的学习者。而在传统教学过程中，教师难以为全班学生的学习及时提供指导信息，而师生分离的情况下更是如此。

2. 答疑

课后辅导答疑是课堂教学的重要补充，是完善、充实课堂教学内容，实施因材施教，提高教学效果的重要环节。可以帮助学生解决学习中的疑难问题，指导学生自学，启发学生思考，帮助学生改进学习方法。学生在学习过程中，不可避免地会遇到难题和困惑，而在传统的教育过程中，教师难以及时为每个学生提供反馈，从而影响学生的学习效率。即使借助网络同步/异步交流工具，教师也难以全面掌握每个学生的状况。

3. 作业辅导

家庭作业是对课上教学内容的检验和评估，科学、合理的作业可以促进学生的发展。考虑到中小学生的心理和智力特点，在完成家庭作业的过程中，学生需要辅导支持，但在很多情况下不得不由家长对学生进行辅导。由于部分家长缺乏经验和科学的指导方法，不恰当的辅导对学生的学业水平的发展并没有帮助。

（四）学习过程指导的要求

在新课程理念中，彻底地摒弃了传统教学中只重视教学结果的教学方法，特别强调学生在学习过程中去理会和感悟，更加注重对学生学习过程的指导。对教师而言，需注意以下两点。

1. 突出课堂教学中学生的主体地位，把教与学统一到师生互动的双边活动中

在课堂活动中，教师应确保有效地传递信息，并灵活调控教学行为，同时

展现出学生积极阅读、认真听讲、主动思考、联想拓展的积极学习倾向和成果。师生的言行是互为因果，有机结合的统一体。在教学中，教师应该充分激发学生的学习欲望，善于引导，学生才能积极主动参与学习。教师应该淡去主要角色，教师的作用只是组织学生学习，引导学生思维，而最终解决问题该交给学生来完成。

2. 把教学过程当成引导学生自动更新认知结构的方法来实施

认知学习理论指出：学生个人的目的、要求、信念不同，知识状况、心理活动也有差异，同样的刺激对不同的对象会引起不同的反应。因此，注重过程的教学就是有效地激发学生探求知识，引导他们自觉参与、自我体验。在对学习内容的理解和自身学习过程的体验中，应做到不断调控学习状态，主动地发现、选用和探求适宜的学习方法，形成会学的能力。从而使学生为探求知识而努力学习，把学习当成自己的事，自然地学生就形成自己新的认知结构与能力了。"授人以鱼不如授人以渔"，我们教学的目的不是给学生灌输知识，而是让他们懂得学习，只有拥有了自己的认知体系，学习才真的"活"了起来。

二、智能技术作用点

随着信息技术的高速发展，学生在网络环境下进行学习逐渐成为现实。一方面，新课程改革在学校全面实施，加速了学校教育信息化的进程，信息技术在学校教育教学中的应用已显得越来越普遍。另一方面，信息技术在改变着人们日常生活的同时确实也在悄然改变着传统的学习方式。传统的学习方式是以教师授课为主，学生在集体化的环境下进行学习，缺乏个性化的学习体验；在网络教学模式中，学生的学习以自主性、探究性学习为主，且富于个性化。然而，目前学生在网上的自主学习效果并不理想，普遍存在着放任自流的现象。对此问题，很多学者专家进行了研究，取得了一定的突破，如华东师范大学庞维国教授总结出了自主学习教学指导模式，突出了自主学习过程中教师的指导作用，强调了教师的引导、启发、反馈与评价[1]。

传统学习过程指导存在诸多问题。如在教学中，教师受限于时间与精力，对每个学生的关注度不够，不能在学习的全过程中对学生进行跟踪指导、答疑、辅导。借助大数据、人工智能技术可对学习过程指导进行变革。借助智能技术，替代教师为学生提供个性化的练习提示、帮助学生解答疑惑、辅导学生

---

[1] 庞维国. 中学生自主学习的教学指导模式研究[J]. 心理科学，2003，（2）：285-288.

课后作业，极大地减轻了教师辅导的压力，让教师有更多的时间去关注关键的教学问题，也提升了学生学习的质量。因此，在学习过程指导中，智能技术的作用主要体现为以下几个方面。

（一）提供个性化的练习提示

智能技术让学习过程指导的开展变得更精准，在此基础上对学生提供个性化练习提示，有利于支持学习者的自主学习。具体来说，借助人工智能的数据算法，对学生的学习数据进行智能化处理，生成学生的知识图谱；根据学生的练习行为，定制从形式到内容适合的提示，解答学生疑惑，支持学生自主学习能力发展。

💡 **想一想**

为什么要为学习者提供个性化的练习与提示，它们的优势是什么？

_____

_____

_____

_____

_____

（二）基于智能技术的自动答疑

由于人工智能技术的不断发展，虚拟教师已经可以模拟人类教师对学生进行答疑。借助强大的知识库支持，虚拟教师可以回答学生提出的学科问题。由人工智能机器为学生答疑或交流时，学生会处于相对封闭不受别人评判的情境，不会出现传统上与教师沟通的压力，更不会产生惧怕感和羞愧感。因此，智能技术有利于让那些原本不善与人沟通或者内心害怕教师的学生卸下负担，敢于并乐于向智能教师发问，进而促进学习过程指导的高质量完成，提升教学效率。

（三）智能作业辅导

针对学习者在完成课后作业时遇到的各种困难，智能技术支持下的作业辅导通过计算机视觉识别、知识图谱等技术对学习者的作业涉及的知识点进行分析，并给出解答建议或解答步骤。自动高效地辅导,节省了教师及家长的大量精力。

学习活动

以小组为单位,以上述提到的练习提示、自动答疑、作业辅导为例,分析智能技术还能对学习过程的哪些方面进行支持。

学习过程的方面	智能技术的支持

阅读材料——智能导学系统中的学习过程指导

智能导学系统的教学应用研究

Tärning 等[1]在数学教学游戏中引入可教(Teachable)智能代理,通过可教智能代理与学生进行交互,学生担任"教师"角色(图3-6)。通过教导可教智能代理完成任务,而掌握数学知识。可教智能代理的使用可以让学生花更多精力在学习任务上,这种效应被称为"门徒效应",即学生将可教智能代理视为一种社会认知实体,与其分担失败的责任(学生意识到学徒表现不佳是因为他们没有教好)。采用可教智能代理的教学软件实现了一种教育理念,即教别人是一种自学的好方法,这一理念已被研究人员反复论证。

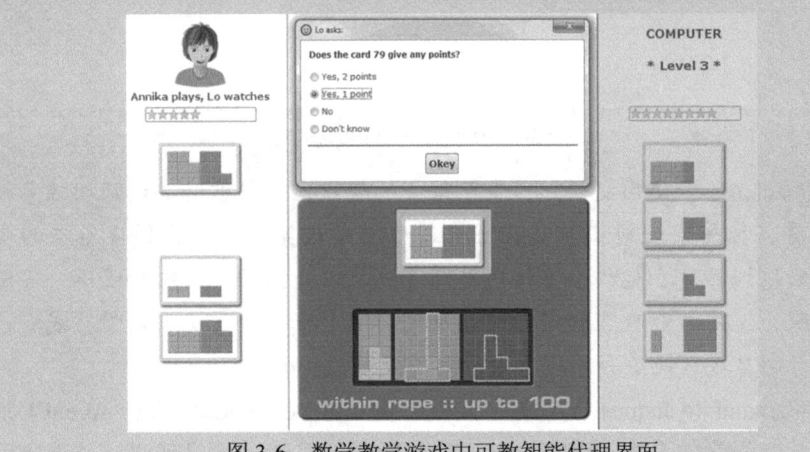

图3-6 数学教学游戏中可教智能代理界面

---

[1] Tärning B,Silvervarg A,Gulz A,et al. Instructing a teachable agent with low or high self-efficacy – does similarity attract? [J]. International Journal of Artificial Intelligence in Education,2019,29(1):89-121.

Betty's Brain 是一个吸引学生学习科学主题的计算机学习环境。学生们负责教授一个名叫 Betty 的计算机代理，通过构建一个因果关系模型来模拟构成科学主题的系统或进程（如生态系统、气候变化、体温调节）。要做好这一点，学生必须成为一个负责任的学习者和教师。而要成为一个好教师，学生们需要了解 Betty 学了多少东西。他们可以通过让 Betty 回答问题和做测验来做到这一点。例如，在下图中，学生们可以要求 Betty 解释寒冷的气温是如何影响人的体温？Betty 会用其学过的因果关系图来回答问题。Betty's Brain 中的每个科学主题都包含一个专家模型，学生使用该系统的总体目标是学好科学主题的课程内容，以足以教授 Betty 这个专家模型，如图 3-7 所示。

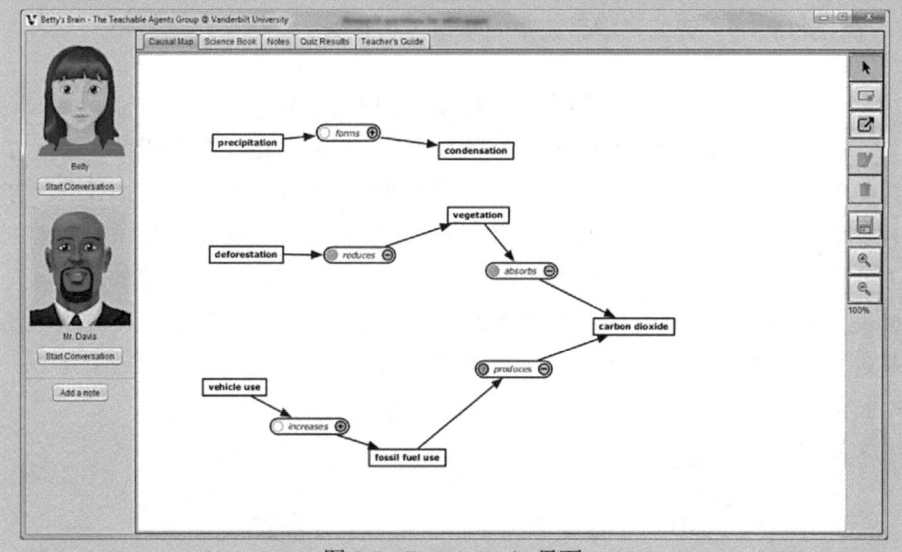

图 3-7 Betty's Brain 界面

Damacharla 等使用交互式、基于语音的智能代理等辅助培训师训练急救队的学员，智能代理纠正学员在医疗过程中所犯错误并指出错误所在的步骤，帮助培训师建立起严格监控的培训系统，以提高急救训练的效率。实证研究表明，使用智能代理的实验组在每次训练中报告错误的次数明显减少，且学习者的自我效能感和学习表现得到了显著提高[1]。

Kautzmann 和 Jaques 将动画智能代理（Animated Pedagogical Agent）集成到数学智能导学系统 PAT2 Math 中自动分析学习者的学习过程，并进行元

---

[1] Damacharla P, Dhakal P, Stumbo S, et al. Effects of voice-based synthetic assistant on performance of emergency care provider in training[J]. International Journal of Artificial Intelligence in Education, 2019, 29（1）: 122-143.

认知指导[1]。教学实验结果显示，受到元认知指导的学习者在元认知知识监控能力上有很大提升，并正确完成了较多的公式练习，如图3-8所示。

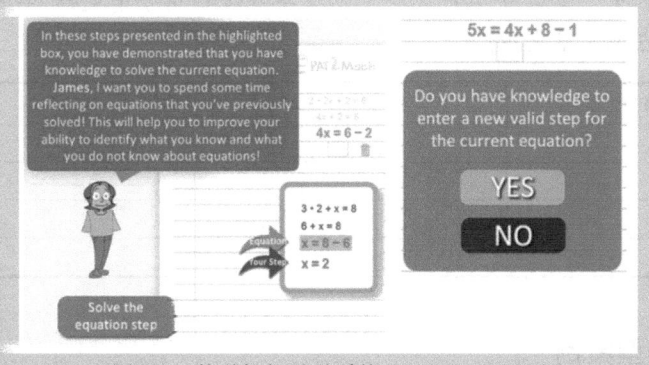

图3-8　数学智能导学系统PAT2 Math界面

Dinçer等设计的指导学习者学习计算机知识的教学软件中，包含不同形式可供学习者自由选择的教学智能代理，如卡通型、拟人型、文本型、语音型等。该教学软件可为学习者呈现计算机知识教学视频，智能代理则会适时出现，与学习者进行交互，如向学习者介绍教学软件的使用方法，说明如何查看学习任务、呈现学习主题，在学习过程中向学习者提出问题并给出解决问题的线索。研究者通过实验对比使用教学智能代理和不使用教学智能代理的教学软件的教学效果，发现智能代理对学习者学业成就、学习动机和认知负荷等都有积极影响[2]。

孙发勤等设计的对K-12学生进行编程教育的智能导师系统，在课前预习与探索阶段，帮助学习者通过前期已学的知识，对要解决的问题进行初步分析建模，并在编程导师系统中探索解决问题的路径。在课中答疑与辅导阶段通过编程智能导师系统，系统可以根据学习者的具体情况，进行智能化的答疑和辅导，从而大大降低教师辅导工作量。在课后分享与提高阶段，编程导师系统帮助学习者将其解决思路或系统记录的解决问题的步骤分享在共享区，在分享的同时，他也可以学习到其他学习者的解题思路。学习者通过对比回放其他学习者的解题及实现思路，来学习多角度分析问题、解决问题的方式，以达到提高自身编程水平的目的[3]。

---

[1] Kautzmann T R，Jaques P A . Effects of adaptive training on metacognitive knowledge monitoring ability in computer-based learning[J]. Computers & Education，2019，129：92-105.

[2] Dinçer S，Doğanay A. The effects of multiple-pedagogical agents on learners' academic success, motivation, and cognitive load[J]. Computers & Education，2017，111：74-100.

[3] 孙发勤，冯锐. 编程教育中的智能导师系统：架构、设计与应用[J]. 远程教育杂志，2020，38（1）：61-68.

112　智能技术教学应用

💡 **想一想**

以上案例中，智能导学系统还可以在学习过程指导中发挥哪些作用？小组讨论，将观点填入下表中。

学习过程	作用描述

三、典型案例

（一）智能助教

智能助教能为学生提供个性化学习服务，也能帮助教师对班级进行管理。该产品界面提供一个卡通虚拟教师的形象，以文字交流的形式为学生提供学习指导。该产品采用个性化技术，让不同的学生在同一道题上也能听到完全不同的讲解。智能助教一般拥有学生端、教师端、家长端三个不同的接入端口，分别拥有不同的界面。学生端可以提供随堂练、助教答疑、私教课等功能，还能记录学生成长数据，如图3-9所示；教师端可以完成布置作业、查看班级学情、查看个人学情等功能，如图3-10所示；家长端主要是帮助家长了解学生在学校的学习情况，如图3-11所示。

图3-9　智能助教学生端界面（APP）

图 3-10 智能助教教师端界面（网页）

图 3-11 智能助教家长端界面（公众号）

【案例点评】

  智能助教具有全面的功能，与智能技术结合紧密。对于教师来说，个性化讲评、组题组卷与作业批改减轻了教师的负担；可视化的数据统计让教师更为直观地对比班级与个人的学情，方便教师的管理。对于学生来说，题目详解为学生提供了一套清晰的解题思路与相关知识框架，培养解题逻辑与习惯；AI私教课可随时响应学生的个性化辅导需求，便于学生及时解决学习问题；错题本为学生梳理出知识的薄弱点，帮助学生规避错误。智能助教虽然在一定程度上能够重塑学生的个性化辅导方式，但它却不能完全取代教师。未来有望与云端资源结合，如依据课堂学习数据，为学生提供量身定制的练习，让个性化学习成为可能。

（二）虚拟教师自动答疑

借助于即时通信软件，教师可以在课后方便地和学生沟通以进行辅导答疑，但这会占用教师大量的业余时间，人工智能正在改变这种情况。Pearson集团和IBM公司合作，在沉浸式学习工具平台上，内置虚拟教师界面，如图3-12所示。虚拟教师可以以自然语言交流的方式帮助学习者解答疑惑，24小时不间断地与学生聊天，了解他们对阅读材料中关键概念的理解。不同于一般的辅导答疑库，该虚拟教师能分析学生的问题，准确理解，模拟真人给出解答。借助于深度学习技术和大数据技术，向学生指出新知识与旧知识的联系，还能向学生提问，以检测学生是否理解了问题[1]。

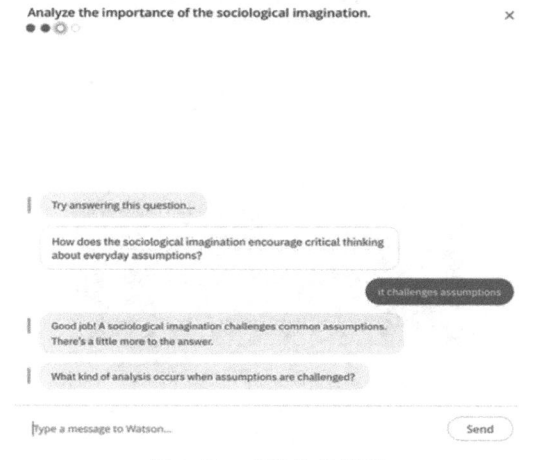

图 3-12　虚拟教师界面

新西兰奥克兰学校的学生拥有数字虚拟教师，能为该校的学生教授可再生能源科目的知识。在教学过程中，数字虚拟教师可以做到与每一位学生互动，不仅可以对学生的回答做出反应，甚至学生对虚拟教师微笑，其也会做出相应的脸部动作来回应，给学生的感觉是"像一个真正的人类"。该数字虚拟形象运用"人工神经系统"，可以通过网络摄像头和麦克风对用户情绪做出反应，并对这些反应进行编程，如图 3-13 所示。

---

[1] Bloomberg. Pearson Taps IBM's Watson as A Virtual Tutor for College Students[EB/OL]. [2019-08-05]. https://www.bloomberg.com/news/articles/2016-10-25/e-learning-enters-bot-era-as-pearson-taps-ibm-s-watson-as-tutor.

图 3-13　虚拟教师

【案例点评】

从当前的技术发展趋势来看，虚拟教师虽然不会完全取代人类教师，但将能够辅助人类教师完成部分教学工作，包括为学生提供答疑指导。借助于深度学习技术和大数据技术，虚拟教师能够针对个别学生的学习状况，提供个性化的学习建议，深度解答学生的疑惑。同时，通过对学生疑惑的分析，虚拟教师还能有效判断学生的知识掌握情况，为后续的精准指导奠定基础。我们必须认识到，教师与学生的互动不仅仅是教学知识的传输过程，更是学生与社会进行深度交互的过程。更重要的是，学生在这一教学过程中所体验到的情感共鸣与成长。尽管数字虚拟教师可以对学生的情绪反应进行编程，并模拟出相应的脸部动作来回应，但它无法真正体会学生行为动作背后所蕴含的情感意义。在这方面，虚拟教师仍逊色于人类教师。

（三）作业解题分步辅导

新一代的知识搜索引擎是学生作业辅导平台（图 3-14）。学生通过该平台可利用人工智能自动识别习题文字和图片，平台使用内建知识库直接给出答案及其详细的解答步骤，实现一站式地解答学生的疑惑，不仅便于信息的检索，也有助于知识的查询。

图 3-14　知识搜索引擎界面

【案例点评】

由于学生对作业辅导工具有较为强烈的需求，国内外"搜题软件"以破竹之势在学生群体中广泛推广和使用。"搜题软件"以强大的在线搜题、在线辅导、在线练习、视频讲解等功能，成为学生自主学习的好向导，帮助学生跨越作业过程中的各种障碍。但是科技的发展是把双刃剑，"搜题软件"的解题功能被一部分自我约束力较差的学生所利用，成为他们不劳而获的捷径，也滋生了学习的惰性。因此，这类工具对学生的帮助效果，还需要进一步地研究确认。

（四）人机协同答疑

为落实北京市大中小学幼儿园2020年春季学期延期开学相关工作要求，响应教育部"停课不停学"的决策部署，有效解决延期开学期间全市初三和高中年级学生的学习需求，北京市教委依托北京师范大学未来教育高精尖创新中心基于《北京市中学教师开放型在线辅导计划（2018-2020年）（试行）》已有的平台资源和运行机制，研制了《2020年春季北京市中学教师开放型在线答疑实施方案》，组织全市中学教师开展对16个区（含燕山）618所学校24.3万余名初三和高中年级学生的在线答疑工作，为面临升学压力的学生提供了便捷优质的学习途径，切实解决了全市中学生特别是初高三毕业班学生居家学习期间的个性化学科问题。

为保证答疑质量，平台（"智慧学伴"）内嵌答疑向导，以引导教师在解答学生问题时遵循从思路到方法的演讲方式来进行辅导，给予相应知识补缺和策略引导，做到通过解答一个问题来启发学生对于这一类问题的思考。平台支持多文本传输，教师通过提供解题思路和方法（或手写稿照片），帮助学生加深对问题的理解，切实解决学生的个性化问题。平台还开通答案互评功能，鼓励与支持教师以跟帖回复的方式对其他教师提供的答案进行有益补充，不仅丰富了解题思路，也促进了教师间的相互学习，提升了答疑质量。

同时，运营方成立监督检查专家组，设立监督机制，对在线答疑的各环节工作进行全程监督。监督主要借助智能化与人力相结合的手段开展对学生问题的全面核查，重点监督教师的各种不规范答疑行为，对行为不规范的师生进行提醒引导，及时对低质问答进行删除，并依据不规范行为的性质与严重程度，进行处理。经提醒后再次出现类似情形的，通报区教委并按照"对于在实施管理和监督检查中出现严重问题的教师，将取消其在线辅导资格"进行处理。

【案例点评】

随着智能技术的不断发展，智能学伴、智能助教等要素进入教育教学活动之中，使得原有教学要素向人技混合的方向发展。如今，教学活动的参与者已不仅仅是人类师生，智能技术作为独立个体在教学活动中发挥着重要作用。借助智能代理的形式，智能技术为教学的开展提供了更多可能性。同时，智能代理的应用相比较人类师生具有更好的自适应性。它可以根据学生的特殊需求量身定制即时服务，自动适配学习者的学习需求，并提供个性化的学习服务支持，助力学习者解决学习障碍、促进深度学习的发生等。此外，智能代理在教育教学中的应用为教学活动提供了更多的要素间的关联与互动，这就要求我们创新教育服务提供模式，充分发挥人技优势，打破固有的学习组织形式，推动教育创新发展。

动手练练

1. 上网检索更多的有关智能技术支持的学习过程指导的资料，分析智能技术在其中发挥的作用和价值。

2. 结合自身的经验和了解，理解智能技术在学习过程指导领域中的发展。

3. 请你找一些和你的学科背景相关的智能技术工具，借助这些工具设计学习过程指导方案。

第三节 学 习 管 理

导言

学习管理是指利用管理学的方法，通过计划、组织、领导、控制等手段，把学习程序化、流程化、规范化，创建并更新最佳方案，从而达到高效学习的目的。教师对学习的有序管理，仅有助于维持良好的课堂教学秩序，约束和控制有碍学习的问题行为，而且有助于激励学生潜能的释放，引导学生从事积极的学习活动，提高学习效率。因此，教师在学生的学习管理中，需要充分结合学生的实际情况，把学生当作课堂的主角，关注每位学生的学习情况，教师才能够真正"站稳讲台"，营造良好的课堂氛围。这就要求教师需要明确学习管理的内涵，能够借助合适的技术进行课堂管理，并对课堂中出现的问题进行及时干预，保证课堂教学的顺利进行。

🎯 学习目标

☐ 能够说出学习管理的内涵和主要功能
☐ 能够选用合适的智能技术进行学习管理
☐ 能够借助智能技术采集师生课堂行为数据，并对数据进行解读
☐ 能够根据师生课堂行为数据进行及时的干预反馈
☐ 能够评析智能技术在学习管理中的典型应用案例

一、场景描述

学习管理是课堂教学顺利进行的基本保证，也是提高课堂教学质量的有效途径。作为教师，应深入理解学习管理的内涵，及时发现当前学习管理中存在的问题，并熟练掌握有效的学习管理方法，以优化学生的学习体验和提高学习效果。

📋 学习活动

> **案例一**
>
> 我听 Z 老师上了一节八年级英语课，老师按照步骤完整地进行了教学，可是我发现，一开始有 4 个学生趴在桌上，后来是 6 个，再就是 8 个、12 个……，下课前我数了数，这个 50 人的班级，居然有 21 个人睡倒了！下课时，Z 老师一味强调这些学生如何如何差。我问，针对这样的"差生"，我们上课有没有特别去关注他们？针对这些学生，我们有没有应对措施？还有，我们按部就班地上完一节课，到底哪些学生掌握了？针对这些问题，我和 Z 老师进行了深入讨论。

在上述案例中，Z 老师应该在课堂管理中关注学生哪些方面的内容？她为什么要关注这些内容？

学习管理主要内容	学习管理的意义与价值
◇ 关注学生上课是不是注意力集中	◇ 能够及时发现学习不专注学生，并对学生进行重点关注
◇	◇
◇	◇
◇	◇
◇	◇
◇	◇

1. 学习管理的目的

"学习管理"顾名思义就是对学习的管理[1],是教师通过计划、组织、领导、控制等手段,协调课堂中的人与事、时间与空间等各种因素及其关系的过程。学习管理的实质就是对整个课堂教学过程的管理,通过对学习者学习行为的统计、过程监督和预警提醒,管理者或教师帮助学习者制定计划、指导学习者学习策略、监控学习者学习过程、评价学习者学习结果[2]。也有学者把课堂管理理解为教室管理,也就是处理课堂环境中的人、事、物等因素之间关系的活动。还有学者认为课堂管理就是一种过程,是"教师通过协调课堂内的各种教学因素,有效实现预定教学目标的过程"[3]。

2. 学习管理的主要内容

学习管理是开展教学活动的基石[4],主要体现在课堂中教师对于学生学习行为的管理[5],主要包括学生的学习过程监督和教师对学生学习过程干预反馈两个方面。在教学过程中,教师可以通过记录学习过程信息,对学生的学习进行及时评价和反馈,并为学生提供基于证据的过程性评价。同时,能够根据学生学习情况,深度融合教学内容,灵活调用资源与工具,组织多样的测评活动,并提供及时客观的分析数据与有效的课堂管理方式,使课堂教学由经验走向科学,使各项教学活动能够顺利开展[6]。

3. 学习管理中存在的问题

学习活动

回忆你上课的过程中,教师都遇到了哪些学习管理方面的问题?请填写在下面横线处(例如,关注对象是否能够全面?如何个性化辅导学生等?)。

_____

_____

_____

---

[1] 王春霞. 学习管理:从传统走向现代[J]. 河北广播电视大学学报,2014,19(3):73-76.
[2] 冉隆锋. 课堂管理的走向:超越纯粹的确定性[J]. 现代教育管理,2009,(7):64-66.
[3] 田慧生. 李如密,教学论[M]. 石家庄:河北教育出版社,1996:332.
[4] 佚名. 释义"有效学习"[J]. 中国远程教育,2004,(20):72-73.
[5] 施良方,崔允漷. 教学理论:课堂教学的原理、策略与研究[M]. 上海:华东师范大学出版社,1999.
[6] 韩后,王冬青,曹畅. 1∶1数字化环境下课堂教学互动行为的分析研究[J]. 电化教育研究,2015,36(5):89-95.

传统的教学过程记录和评价主要是以总结性评价为主。许多教师对课堂教学评价所要求的内容及其教学意义还是仅限于对该概念表层的认识理解上，部分教师认为课堂教学评价就是在学生回答问题后，教师能给出一些语言上的鼓励性评价。一些教师认为自己本身的教学工作已经非常繁忙了，如果又要在教学中实施一些新的教学评价方法，会给繁重的工作又增添了许多负担等。这些不了解、不配合导致考试、测验这种单一的教学评价一直在中学课堂评价中占主导地位。课堂评价的重心应该在于课堂教学，是为了调节、激励、促进教学，更是为了育人而形成的评价体系，包括对教学过程中教师、学生、教学内容、教学方法手段、教学环境、教学管理等诸多因素的评价[1]。

传统的课堂学习干预和预警，教师主要依靠学生的学习成绩或者上课表现进行主观判断，不能兼顾所有学生。对于传统的课堂学习来说，由于学习者在学习过程中的认知、行为、情感方面的数据采集不便，并且缺乏有效的方法进行数据分析与处理。因此，忽视了传统课堂学习过程中学习者及时有效的学习干预反馈[2]。

二、智能技术作用点

智能技术支持下的学习管理，核心是对课堂教学的数据采集、分析及反馈等，促进课堂教学效率的提升。目前，采用考勤及课堂表现评价等多种手段的人工管理模式存在效率低下、评价不够全面等缺点。这种管理模式难以做到因人施教，无法及时调整教学计划与方法，从而无法有效促进教学质量的提升。利用大数据、人工智能、云计算和互联网等前沿技术，我们能够在不需要人工干预情况下，利用计算机视觉、数字图像处理和视频图像分析等技术手段，对摄像机拍摄的内容进行自动分析。这一技术能够精准识别并判断场景中的学生行为，从而有效实现学生学前的考勤准备情况监测、课堂组织管理的优化、学习过程性监督与干预反馈等功能。这不仅有助于我们全面了解学生的课堂学习情况，更能帮助教师准确把握学生的学习状态和进度，特别是对特殊学生给予更多关注，并即时调整教学进度，以提供更加精准的教学服务。

[1] 刘光军，梅超. 新课改背景下初中数学课堂教学评价实践探究[J]. 西安文理学院学报（社会科学版），2017，20（2）：79-81.

[2] 黄庆双. 智慧学习环境下基于多模态数据的学习预警系统设计与分析[J]. 软件，2019，40（11）：52-56.

学习活动

阅读材料——感知分析智能技术支持下的课堂管理

Z老师所在的班级安装了智课系统，清晨第一节课，同学们陆续走进教室，Z老师开始上课。Z老师通过智课助手拖入了云端的课件并发布到大屏幕，一个知识点讲解完，Z老师用手机给大家推送了关于这个知识点的测试题，结果很快从学生Pad反馈回张老师的手机，只有3个同学没有答对。Z老师说道："看来大家掌握得不错，可以继续下一个环节，这3个同学课后我单独辅导他们，或者请教一下回答对的同学。"课堂还在继续，摄像头在安静地录制课堂视频，智课终端也在默默进行学生学习行为数据（如表情、动作等）的处理，专注授课的Z老师和同学们都没有感觉到其在工作。

下课的铃声响起，这节课结束了吗？好像并没有，Z老师匆匆回到办公室，打开了手机，一组组的课堂教学数据出现在手机里，有课堂整体数据、教师行为分析、每个学生的行为数据等，班里有几个孩子的学习总是上不去，Z老师也一直在找原因，看看数据能不能提供帮助。打开学生课堂行为数据，Z老师查看学生在课堂教学活动中因心理变化而导致面部表情差异的模型，通过表情分析、采集肢体关节、面部表情和手部位置动作，结合学生的行为，系统已经为学生个体贴上了相应的行为和心理状态标签，输出每个学生个体在一堂课中的行为统计。Z老师对比一下课堂中行为的节奏发现，这节课中他的授课行为比例是25%，有几位学生的听讲行为比例远远低于这个数字，肯定是没有专心，"仔细观察这些数据还真可以发现学生的学习问题，以后要有针对性地对这几位同学进行关注了"。随后，Z老师看了自己的课堂教学行为数据，打开教学行为数据库，Z老师收到了专属于他的精准教研报告，报告中包含了教师授课精彩瞬间、教学模式分布、课堂行为分布、讲授巡视、课堂参与度、教师教学能力矩阵等行为的变化，他仔细思考课堂中自身讲授、提问、板书……，不同的数据反映出哪些教学问题？并点击其中行为标签回看教学过程。Z老师想起，学科组长L老师也刚刚上完同样一节课，我可以和他对比一下。Z老师调出了L老师的数据，通过雷达图进行对比。Z老师发现，"L老师的课中互动那么多啊，这是不是就是我和L老师的差距？"听说学校还在安排教研员利用这些数据开展教研，教研的时候一定要问个清楚。

结束了对数据的思考，Z老师想到还要把课上拍的照片分享至家长群。他刚进入微信，就收到了小明家长发来的微信，说是手机收到预警通知，提示孩子上课总是打瞌睡。他希望老师在课堂上能够多加留意并提醒小明,同时家长也会让孩子早些休息,确保良好的作息。这时,Z 老师才想起了智课教室的人工智能系统具有家长推送功能,能够自动拍摄孩子的个性化学习瞬间,并经过筛选后推送给家长,让家长能够及时了解孩子的学习状况。"这个功能真好,家长终于可以同步配合我们的教学工作了。"Z 老师这样想着。Z 老师回复了家长的信息后,便结束了今天的教学工作。

1. 在以上案例的学习管理中,Z 老师是如何进行学习管理的?

学习管理内容	技术辅助作用
◇ 例如,学生上课专注度	◇ 例如,通过采集学生的表情、动作等,系统进行数据处理,判断学生是否专注
◇	◇
◇	◇
◇	◇
◇	◇

2. 在该案例的学习管理中,教师主要依据哪些数据对学生的学习进行干预反馈的?

学习管理内容	技术辅助作用
◇ 例如,学生上课的练习题作答	◇ 例如,统计学生作答数据,对回答错的学生进行针对性指导
◇	◇
◇	◇
◇	◇
◇	◇

(一)智能技术支持的学习过程监督

学习过程监督是教师了解学生课堂学习发生状态的重要方式。基于智能技术,对学生学习全过程的数据采集,可以为教师的授课情况分析提供依据。学习过程监督既要考虑学生个体行为,也要考虑学生群体情况,但在传统的教学实施过程中教师无法通过自身观察全面了解学生学习状态,利用智能技术可以实现学习者学习过程数据检测、学习者学习行为数据记录、学习者学习进度跟踪记录、学习者讨论互动内容记录、实时课堂监控等。

在学习者学习过程数据检测方面，通过采集师生镜头图像并结合语音识别技术，跟踪并记录每个学生的课堂任务完成情况、参加答疑讨论情况等多项学习考核指标。在此基础上，综合评估实时教学行为，输出详尽的教学行为分析统计数据，以全面记录师生课堂学习过程表现。在学习者行为数据方面，基于智能技术采集学生课堂上的肢体语言、面部表情和手部位置动作等信息。通过分析这些数据，我们能够有效判断学生的课堂专注度等，为教师分析学生课堂学习情况提供数据支撑，帮助教师更有针对性地关注并辅导个别学生。在学习者学习进度跟踪方面，基于学习时间线对学生学习情况进行统计，同时结合学习者学习过程记录数据，为个性化讲授提供了有力的课堂数据支撑。在学习者讨论互动方面，通过全面数字化记录师生互动、生生互动的次数、内容和频率等，实现互动数据的精确捕捉。例如，龙猫数据-课堂专注度分析系统，通过高清摄像头的方式对课堂进行实时监控，能够准确识别学生的脸部朝向（判断学生是否面向讲台正前方，分析脸部上下左右角度、正面的时间占比）、五官及情绪变化（对学生五官及微表情进行检测分析，如点头示意、微笑代表注意力集中）、课堂行为（监测学生使用手机、交头接耳、低头不看黑板、伏案睡觉、举手等行为）、非学习物品携带等（检测学生课堂中是否有非学习相关的物品，如饮料、零食、玩具、手机、Pad等），进而对单个学生专注度、班级瞬间专注度及班级整体专注度等进行分析，从而为教师的讲授策略的调整提供了数据支撑。

智能技术支持下的学习预警系统，具备课堂学习智能诊断预警功能。它通过分析学生的上课表现、考试成绩和考评结果等数据，能够精准诊断学生的学习能力和学习态度，并对成绩不佳的学生发出预警。同时，该系统能够有效监控学生在课堂上的学习行为，包括出勤率、听课注意力、中途离开，教室后排是否存在睡觉、走神行为等行为数据，并应用大数据技术预测和干预学生的学习过程，从而为学生的自适应学习环境提供数据支持。

基于人工智能、大数据、云计算等智能技术，学生的学习过程得以全面记录，并转化为直观的可量化数据和可视化图表等。教师通过这些过程性数据能够深入分析学生的学习状态、专注度以及课堂活跃情况等，为精准了解和分析学生的课堂行为提供了依据。

（二）基于数据分析的学习干预反馈

干预是学习分析技术改善、提升学习者学习成效的最直接环节，对保持学习状态至关重要[1]。根据干预的性质，干预可以分为教学干预和社会干预。教学干预指一切教学元素的干预，如学习路径建议、学习资源推荐等；社会干预指学习心理疏导、伙伴推荐等。根据干预的规模，干预可以分为个人干预和班级干预。根据干预的主体，干预又可以分为人工干预和自动干预。人工干预主要应用于传统课堂教学，教师发现问题后，直接对学习者进行教学干预，如增加练习、谈话，调整授课方式和学习活动等；自动干预主要指非正式学习或混合学习中技术支持下的干预，如个性化学习系统或自适应学习系统实施的干预，教师利用设备对学习者移动终端进行干预等[2]。

学习者学习状态的准确识别是干预策略准确选择且有效实施的必然前提[3]。利用智能技术可以记录师生课堂的行为、教学进度和学习情况等方面数据，这些记录中隐藏着有关学习者的大量的多维信息，借助技术手段对这些数据进行聚类与分析，可以获得、跟踪和掌握学习者的不同学习特点、学习需求、学习基础和学习行为等不同类型的数据，从而能够为学习者的状态识别提供依据[4]，判断学生注意力是否集中、学生学习行为是否异常等，引导教师关注重点学生。

三、典型案例

1. 技术支持下的课堂学习过程记录

课堂录播系统以常态化录播为基础，应用人脸识别、行为识别、语音识别、表情识别、文本识别等技术，对课堂教学过程数据进行深度挖掘。以行为识别为例，根据教学行为理论，系统自动捕捉课堂中教师教和学生学的有效行为数据，以此为基础进行常态化、伴随式采集和即时分析（图3-15），为改善教育管理以及教与学提供数据参考，在精准教研、学生数据采集和教育管理中发挥了重要的作用。

---

[1] 张超. 教师远程培训的学习干预研究[D]. 华东师范大学，2010.

[2] 李彤彤，黄洛颖，邹蕊，等. 基于教育大数据的学习干预模型构建[J]. 中国电化教育，2016，（6）：16-20.

[3] 李彤彤，黄洛颖，邹蕊，等. 基于教育大数据的学习干预模型构建[J]. 中国电化教育，2016，（6）：16-20.

[4] 姜强，赵蔚，王朋娇，等. 基于大数据的个性化自适应在线学习分析模型及实现[J]. 中国电化教育，2015，（1）：85-92.

课堂提问类型

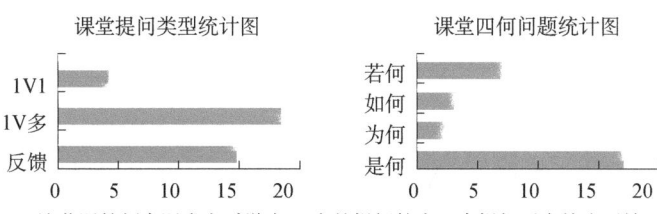

课堂提问类型统计图

类型	数量
1V1	约4
1V多	约19
反馈	约15

课堂四何问题统计图

类型	数量
若何	约7
如何	约2
为何	约2
是何	约18

● 该节课教师在课堂上对学生1V多的提问较多，在提问后会给出反馈
● 是何类问题较多，该节课教师以强化基本概念和原理为主

图 3-15　教师上课数据采集分析

在学生数据采集方面，Z 系统通过记录并分析学生听讲、读写、举手、师生或生生互动等行为，将学生课堂行为数据与学业成绩进行关联分析，从学生群体中挖掘哪些类型的关注度有助于提高学习成绩，从而帮助学生养成良好的学习行为习惯，如图 3-16 至图 3-17 所示。在做归纳分析总结一般性规律的同时，Z 系统还关注课堂中的特例个体，如课堂高关注度低学业成绩或课堂低关注度高学业成绩的学生，为指导学生自主学习和教师开展个性化辅导提供依据。

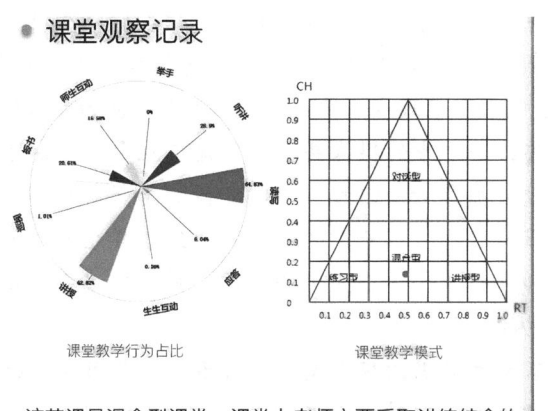

● 课堂观察记录

课堂教学行为占比　　课堂教学模式

该节课是混合型课堂，课堂上老师主要采取讲练结合的方式。

图 3-16　课堂观察记录分析

在教育管理方面，基于人工智能的录播系统，能帮助教育管理部门快速积累和分析所需数据。通过课堂大数据采集，从区、校、年级、学科、学段、教师等多个层面进行数据分析，为教育决策提供数据参考。目前的应用集中在教学常模的建立和课堂类型的分析。前者主要是对不同学科、学段建立教学、学习常模，形成教学测评和成果检验标准。后者可按照教育需求跨区域、跨学校，对不同学段、不同学科师生课堂行为进行研究，发现规律，寻找差异，进而得出不同学段不同学科最优化的课堂行为构成。

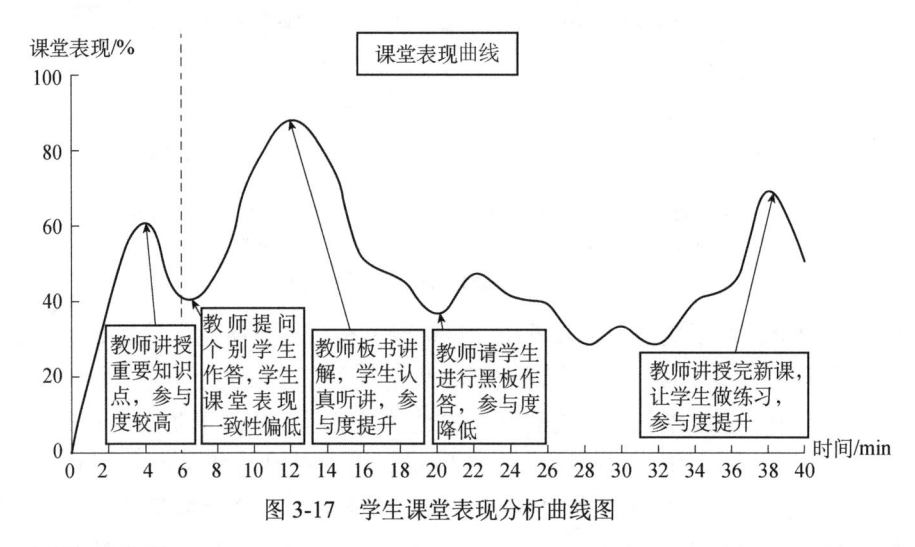

图 3-17　学生课堂表现分析曲线图

【案例点评】

Z 课堂录播系统以课堂为核心，聚焦人工智能、大数据、云计算、物联网等技术，通过数据采集与分析，并深度挖掘所形成的师生行为数据、教学内容数据、环境数据等，经过智能分析后服务于现场教学、教研和学生个性化学习，满足教师、学生、家长、管理者以及社会公众等多角色的立体化的教育需求。

对于学生而言，课堂中的摄像头会记录他们在每一节课中的注意力、行为表现等情况。通过数据分析，教师可以判断他们是否积极有效地参与教师所设计的各种教学环节，这些数据长期的积累，再结合学生的作业以及考试成绩等资料，有利于教师分析学生学习变化的原因，并与班级平均值进行比对，从而更全面地了解学生的学习状态。

对于教师而言，大数据的应用使得教师专业成长目标变得更为清晰。通过与优秀教师授课数据进行比对，或者回看自己的课堂视频，又或者观摩其他教师授课，能够及时发现教师自身的不足以及学生的问题，从而及时予以纠正及改进。

2. 基于数据分析的个性化学习

某市目前正在积极推进人工智能教学应用，借助智能技术支持下的教学系统，对学生的学习轨迹进行伴随式数据采集，分析学生学习偏好、兴趣爱好、学习趋势、教学情况，进而全面评估学生的学习能力等。基于这些分析数据，系统能科学地预测学生所需的学习资源，并为学生精准推荐优质教育资源，规划最佳的学习路径，实现个性化学习。借助空间"人工智能及大数据个性化教与学系统"，实时伴随式采集学生在学习中遇到的各种问题，实现动态数据采集。通过深入挖掘这些数据的价值，构建以学习者为核心的学业评价体系，助力学生的个性化学习需求。如图 3-18 至图 3-19 所示。

图 3-18 课堂教学实践

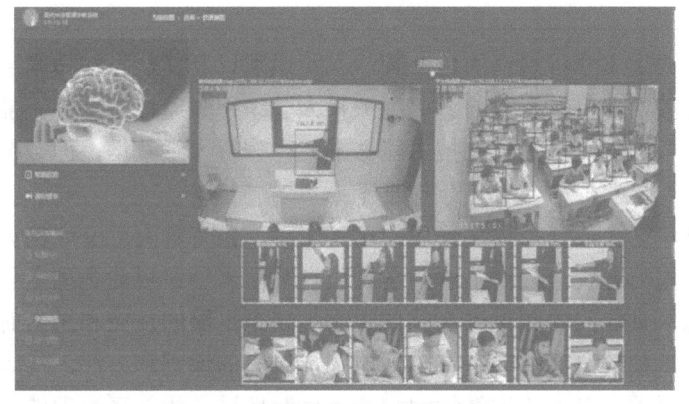

图 3-19 智慧教育平台课堂录制

【案例点评】

某市智慧教育平台，基于人工智能技术，通过监控摄像头采集人脸数据，实现了智能考勤、课堂行为分析、教学质量分析、教学过程数据采集等应用。平台对日常教学过程进行全面督导，并能够根据监测数据进行深度分析，协助教师根据学生的课堂表现、课堂专注度、学生互动表现、成绩趋势等制定个性化的学习指导方案，实现真正意义的个性化教学与管理。智慧课堂已逐渐从传统依赖教师头脑中的教学经验转向深度分析海量教学数据的新模式。如今，一切靠数据说话，依靠直观的数据对学生的学习行为进行判断和制定教学决策。这种基于数据的课堂教学模式，为整个学校的教育教学过程和管理决策提供了"智慧"元素，推动教育向更加精准、高效的方向发展。

学习活动

讨论交流——学习数据监控是否合理

借助人工智能监控学生在课堂上的一举一动，可以识别学生举手、玩手机、听课、睡觉等行为。有人觉得，让高科技走进课堂，辅助教学，是好事；也有人认为，"学习数据监控"系统侵犯了个人隐私。对于这个问题，你有什么看法？请大家将自己的观点写在下面的横线处。

_____
_____
_____
_____
_____

从数据采集分析整理的角度看，人脸识别以及其他一些技术手段的引进对促进教育教学评价是有益的。单纯依赖人脸识别和监控技术并不能完全适配教与学的复杂需求，虽然这些技术能够采集和分析课堂数据，但数据的深度理解和应用还需要学校和老师的专业处理。

同时，这些数据指标从管理的角度来看，也有重大意义。例如，通过分析课堂中的提问方式，我们了解到学校所有数学老师在提问类型上普遍倾向于识记类问题，且提问的频率过高，导致学生缺乏足够的反应和思考时间。针对这一数据，学校教研者能够有针对性地制定研究的课题和方法，与老师们共同探讨问题的根源，寻找改进教学的方法，以此促进现代教育治理的落地实施，实现从行政管制向数据驱动的服务转型。

总的来说，人脸识别等先进技术确实能从课堂视频数据中提取出丰富的信息，但要深入挖掘这些数据，以揭示学生认知、情绪、情感和核心素养的发展变化情况，还需要大量的研究和实践。如果不能站在学生发展、教师发展及教育发展的角度去思考，而仅仅依赖单一、粗暴的指标数据进行判断，这不仅不会对教育质量的提升有任何帮助，反而可能对整个教育行业和产业的健康发展造成损害。因此，我们必须注重教育的证据化、科学化，避免盲目和片面的数据应用。

第四章　智能技术支持的学习评价

学习评价是衡量教师教、学生学的重要依据。当前课程改革、教学创新中所提出的表现性评价、过程性评价、增值性评价、综合素质评价等内容也对学习评价提出了更高的要求，单纯依靠人类教师难以落地实现。当前智能技术的应用能够为学生学习评价提供知识诊断、技能评估、过程评价等支持，助力学习评价走向个性定制、数据驱动、证据导向，同时也为教师减负增效、学生学习反馈提供了一定的支撑作用。

第一节　知识诊断

导言

随着互联网的深入应用，知识产生和淘汰的速度日益加快，越来越多的人意识到学习不是识记知识，而是掌握知识；学习不是获得高分，而是为适应社会做准备，应用所学知识解决未来的实际问题。恰当地评价学生的知识情况是一种具有潜力的有效机制，可以鼓励与回馈学生的意义赋予过程。如同医生对病人的诊断一样，知识诊断与教学质量、学习效果息息相关。知识诊断不仅告诉我们学生"掌握了什么"，还有助于回答学生"还需掌握什么"。有效的知识诊断能够帮助教师的教学做到因材施教，进而提高教学效率，提升教学质量。

学习目标

- □ 能够说出知识诊断的概念、内容、目的以及方式
- □ 能够说出技术在知识诊断中发挥的作用
- □ 根据教学需求选择合适的技术产品，设计技术支持下的知识诊断方案
- □ 根据知识诊断结果调整优化教学
- □ 理解技术应用于知识诊断的边界，注重学生数据隐私及安全保护

一、场景描述

学习活动

阅读材料——初步感知知识诊断

> **Z老师的"忧"与"喜"**
>
> Z老师是新来的教师,这学期学校安排他教初二的数学课。在简单了解了班里的情况后,Z老师很快投入到备课、上课的紧张工作中。然而,不久他就发现,他的课出了问题——上课提问无人回答,学生作业错误百出。Z老师陷入了深深的烦恼中,该讲的自己都讲了,重点、难点也反复强调过了,教学方法也没什么不得当,可教学效果就是不好。一番思索之后,Z老师突然意识到,他不了解每个学生的学习情况,只是想当然地备课、上课,犯了无的放矢的错误。接下来,Z老师马上组织了一次数学测验,不测不知道,一测吓一跳,自己讲过的知识,学生掌握得很少。再仔细分析,问题出在不少学生对初一学习的知识没有完全理解和掌握,所以影响了现在的学习。发现这个情况后,Z老师既惊又喜,惊的是原来班里学生的情况和自己想象的完全不一样,上初二了,初一的知识还没掌握,喜的是幸亏发现得早。针对班里学生的学习情况,Z老师及时调整了教学计划,改变了教学策略,扩充了教学内容,通过查缺补漏,适时补充了初一应掌握的知识。一段时间之后,Z老师发现,课上主动回答问题的人多了,学生作业中的错误也减少了很多,数学课的整体效果有了很大改观。
>
> 在诊断学生的学习情况之后,Z老师设计出了满足学生起点水平和不同学习风格学生所需的教学目标与方案,并将学生置于有益的教学程序中,使课堂教学达到了预期目标。
>
> 资料来源:李玉芳.多彩的学生评价[M].北京:教育科学出版社,2009.

结合以上阅读材料,想一想教师为什么要进行知识诊断?可以通过哪些手段完成诊断?

_____
_____
_____
_____
_____

如果说学习评价是检测课程目标是否得到落实、落实到何种程度，并以此矫正课程教学活动的重要方式，那么知识诊断则是学习评价的起点与基础，是促进学生掌握知识的重要策略。

1. **知识诊断的概念**

要了解知识诊断，首先要了解知识。知识存在的方式多种多样，作为素质教育的"学校知识"应包括三个方面：一是作为认识事物与现象之结果的"事实性知识"；二是掌握信息与知识的"方法论知识"；三是为什么而学习的"价值性知识"。事实性知识是关于客观事实定义、规则、原理等的描述与认识，通常能够用词汇或者符号系统表述出来，是关于"是什么"的知识；方法论知识是基于已有的事实性知识在问题情境中进行推理、决策以解决问题的知识，是关于"如何做"的知识；价值性知识是有关知识意义的知识，是知识对于学生个人及其生活世界的意义，是关于"为什么"的知识[1]。

"诊"即探察对象的情况，"断"即断定对象的因果发展及即将实施的干预措施[2]。日常生活中，"诊断"总与医学领域密不可分，医生在看诊时可通过"望、闻、问、切"等专业素养来进行经验化诊断，也可通过"化验、扫描"等技术手段进行精准化诊断。同理，教师若想了解与分析学生对知识的掌握情况，也需要根据自身专业技能与借助技术手段来完成对学生知识的诊断。那么，在教育领域中"诊断"如何定义呢？

所谓"知识诊断"，即教师对学生所学实质性、方法论与价值性知识的内容、进程与问题进行探查，并预判其状态、性质、类别、原因及发展趋势，以制定出适当可行的干预措施或教学方案[3]。知识诊断是以针对学习目标达成为根本目的，运用一定的方法和技术所进行的一种问题分析与判断。这种分析判断的基础是对问题的发现，把握客观现象与事实及背后的原因。分析判断的目的则是在于找出防治措施，提出问题的解决建议。

2. **知识诊断的目的**

知识诊断主要是指向学习中的问题或毛病，重点是分析病状，追查病因，阐明病理，其目的主要是防治与补救。具体来说，知识诊断是在学习评价之后进行的更深入地针对问题与病症进行分析、研究和处理的活动。知识诊断同心理治疗中的诊断不一样，知识诊断侧重于实践活动本身的问题分析，而不过多

---

[1] 钟启泉. 课程的逻辑[M]. 上海：华东师范大学出版社，2008：57.
[2] 胡志金. 远程教学学情诊断研究[J]. 中国远程教育，2009，(8)：41-46+79.
[3] 胡志金. 远程教学学情诊断研究[J]. 中国远程教育，2009，(8)：41-46+79.

考虑先天的遗传因素、生理心理特征与心理疾患。它也不同于心理教育或心理辅导，因为知识诊断的任务主要是提供对病症和病因的判断，指出防治的方向和思路，它不可能完成"辅导"或"干预"的具体工作。

》小贴士

通过知识诊断，我们能够发现学生学习中存在的困难。皮连生教授提出了一个学习公式，从内部的、直接的因素方面揭示了导致学习困难的原因，这一公式是：学习成绩=f（IQ水平，原有知识，动机）[1]。在这一公式中，影响学生学习成绩的主要因素有三个——智商水平、原有知识基础、动机水平。根据学习困难的定义，可将智商水平排除在导致学生学习成绩不良的因素之外。于是，导致学生学习困难的原因就剩下原有知识基础和动机水平这两个内在的直接的因素。

> 知识基础。这里所说的"知识"是广义的知识，包括：陈述性知识，如事实、现象概念和原理等"是什么、为什么"的知识；程序性知识，如智力技能、动作技能和认知策略等"怎么做、用什么方法"的知识。

> 动机水平。包括内在需求、外在诱因以及自我调节等动机模式中相互作用的变量。

3. 知识诊断的方法

知识诊断，一是需要教师探查学情，就要借助相应的技术与方法；二是需要教师断定结论，就要有断定的数据与依据。在传统的教学情境中，教师若想诊断学生的知识状态，往往需要借助练习、作业、考试等基于文本的载体，但不同的知识类型其诊断的具体方式也不尽相同[2]。

对于事实性知识，主要学习方式为记中学。根据智力系统的特点，记忆与知识系统密切相关。所以其诊断目的为"加强记忆"，对应的诊断方式则为默写、抄写、填空、辨析、问答等，以帮助学生加强对知识的记忆与理解。对于方法论知识，主要学习方式为做中学。若要判断一个人是否掌握了方法，则要看其会不会使用方法。往往通过分析、综合、总结、提炼、解释、推理、运用与拓展等方式进行诊断，以巩固学生使用方法。对于价值性知识，主要的学习方式为悟中学。它是一个人的精神面貌与精神支柱。一般经由反思、比较、权衡、取舍、借鉴、建构等诊断方式，来促进学生形成个人与社会的行为准则和信仰系统。

知识分类的目的是让教师能够针对不同的知识类型采取不同的教学行为与

---

[1] 皮连生. 智育心理学[M]. 北京：人民教育出版社，1996：385.
[2] 吴刚平. 知识分类视野下的记中学、做中学与悟中学[J]. 全球教育展望，2013，42（6）：10-17.

方法，进而优化学生在学习过程中所获得的知识结构。从以上的分析可知，三种知识的诊断方式有所不同。在人数众多的班级授课制中，如何根据不同的知识类型精准设置不同题型，如何做到对学生了解的全面化、分析的科学化和反馈的个性化是教师亟待解决的难题。

拓展阅读

学生数学作业中的错误分析

对学生的数学作业或者课堂练习中出现的错误进行系统的分析，可以找到学生学习中存在的各类问题。以下述四则混合运算的错误为例。

28+13×2−15	28+13×2−15	28+13×2−15
=41×2−15	=38+26−15	=28+26−15
=82−15	=64−15	=54−15
=73	=49	=49
（A）	（B）	（C）

通过分析上述三类运算错误，教师一般可以断言：（A）为没有掌握运算规则类型的错误，这类学生的问题比较严重，需要重新进行指导，使其掌握运算规则；（B）为基本的事实错误，表明学生虽已掌握了运算规则，但是对解题过程的监控不够；（C）为基本的运算错误，学生可能还没有熟练掌握借位的减法运算，需要进行教学补救。

学习活动

想一想

为学生进行知识诊断时，应遵循怎样的流程？请填入下方表格中。

流程序列		教师行为描述
课前		
课中		
课后		

4. 知识诊断的流程

知识诊断是教师日常教学过程的组成部分，也是教师评价学生学习效果、改进自身教学的一种重要途径。其对教师教学与学生学习均有着促进与改善的作用。通过知识诊断的应用，以更好地促进学生和教师的发展。知识诊断作为教学过程的一个环节，自身的流程正是在这个教学过程的环节中展开。知识诊断的一般流程如图 4-1 所示。

第一步：梳理知识内容，建构知识体系；
第二步：确定诊断目标；
第三步：围绕知识点编制诊断题目；
第四步：实施测验，分析作答结果；
第五步：根据分析结果，得出诊断报告；
第六步：输出的报告以不同的形式、不同的信息分别向学生、教师、学校进行反馈；
第七步：学生及其家长、教师、学校都可以从知识诊断报告中得到相应信息，借以改进学习和教学，促进学生学习和教师教学的进一步发展。

建构知识体系 → 确定诊断目标 → 编制诊断题目 → 分析作答结果 → 得出诊断报告 → 进行反馈 → 改进学习和教学

图 4-1 知识诊断的一般流程

一般来说，知识诊断的关键环节是编制诊断题目、改进学习和教学，因为整个诊断都是建立在测试题的基础之上，题的关键在于适合于测验目标的达成，因而出的题目应该直接切合教学目标。当然，除了通常的测验之外还有问卷式诊断、访谈式诊断、作品式诊断、过程性诊断等不同的诊断方式。知识诊断的最终目的是提升教育教学的质量，因此需要教师主动分析知识诊断结果，改善教学方式，而学生则需要积极反思，不断改善自己的学习习惯。

二、智能技术作用点

学习活动—头脑风暴

以小组为单位思考技术在知识诊断各环节中能够发挥的作用，填入以下表格中：

知识诊断的流程	技术作用点
建构知识体系	
确定诊断目标	
编制诊断题目	
分析作答结果	
得出诊断报告	
进行反馈	
改进学习和教学	

在智能技术的作用下，出题组卷、作业批阅、诊断分析与教学决策等工作将由技术代替，将教师从繁重的批阅压力中解脱出来。为学生提供更加个性且全面的诊断报告，为教师提供更加科学精准的教学决策支持。

想一想

在为学生出题组卷时应当遵循哪些原则？请在案例后进行补充。

- 组卷必须全面反映考试大纲的广度和深度。
- 组卷要有利于对学生能力进行考核，并能够促进学生智能发展。
- 组卷要有层次性和难度台阶，分数上要拉开距离，不能出偏题、怪题，但要有深度，能评测学生的不同知识水平和智能差异。
- 组卷注重发挥试题对学生学习方法的启发和引导作用。
- 试题语言表达要清楚无误，以提高考试的信度。

_____
_____
_____
_____

（一）智能出题组卷

出题组卷是知识诊断的关键一步，也是学习成果的检验标准。在传统出题组卷环境下，考试在命题内容、评分标准以及阅卷等方面受到人为因素影响比较大，教师命题所花费的时间成本较高且主观性较强，试题也难以体现针对性，考试可信度和效度较低[1]。而智能出题组卷系统，能够有效地避免人工组卷命题与评分标准的主观随意性、降低人力物力的消耗，建立规范的教学质量

_____
[1] 余胜泉，何克抗. 网络题库系统的设计与实现[J]. 中国远程教育，2000，（9）：53-57.

监控体系。智能出题组卷可根据学习者情况，智能匹配与其水平和先验知识相当的练习测评任务，让测评过程既具有挑战性又具有成就感[1]；在题型设置方面，智能组卷系统能够根据不同知识类型，为教师提供题型、知识点、难度系数等参数的选择空间，可供教师随时对系统生成的试题进行修改、替换或调整，制定出更加适于班级情况的试卷。

题库是实现智能化出题组卷的重要前提。命制足够多的试题是题库建设的初期工作，接下来需要对试题进行分类和表征编码。在题库中，每个试题都有对应的考查目标，同一考查目标的试题有多道，它们需要等值。题库建设的难点在于如何让计算机识别试题，如何根据用户的需要搜索试题并组成符合要求的试卷，这涉及智能识别技术，智能识别的前提是以适当的方式表征试题。在表征试题的基础上，题库建设的关键是构建一个搜索系统，包括规则库、综合数据库和控制系统[2]。

对于一套试卷来说，需要先建立一个框架，明确各道试题在全卷中的作用及试题之间的关系。例如，可以用命题双向细目表作为基本框架，将该框架以计算机可识别的方式存入规则库，使系统实现智能化组卷。关于智能组卷的算法已有很多，如随机抽取法、回溯试探法、遗传算法和粒子群算法等；还有一些基于这些算法的优化算法，如层次分析法、人工鱼群算法，以及根据蚂蚁觅食等群体行为提出的蚁群算法等[3]。层次分析法与人工鱼群算法是根据试卷的总分、考试时间、题型结构等建立多目标、多约束组卷模型，利用层次分析法确定试卷各部分的权重，通过线性加权求和将多目标规划模型转换为单目标规划模型，然后用人工鱼群算法求解模型得到最优的组卷方案；蚁群算法是通过蚁群参数初始化、设置试卷目标函数、路径信息浓度初始化和蚁群进入试题库进行迭代找到最优的组卷方案。在题目数量较多时，这些算法能实现较高的组卷效率。但是，目前已经投入实际使用的组卷系统的效果仍不理想，还需要人工判断和调整才能得到一套合适的试卷。

》小贴士

层次分析法，是美国运筹学家托马斯·塞蒂（T. L. Saaty）于20世纪70年代提出的一种系统分析方法。它将定性的方法与定量的方法相结合，将复杂问题分解为若干层次和若干因素，在各个因素之间进行两两比较，最终得到不同

---

[1] 赵向东, 赵湘慧, 曾凡林, 等. 在线测评系统的研发实践与试题库核心要素分析[J]. 中国编辑, 2020, (7): 54-57.

[2] 蒋培杰, 熊斌. 人工智能赋能大规模教育考试五步曲[J]. 中国考试, 2020, (12): 66-70.

[3] 任剑, 卞灿, 全惠云. 基于层次分析方法与人工鱼群算法的智能组卷[J]. 计算机应用研究, 2010, 27 (4): 1293-1296+1300.

的解决问题方案的权重，为最佳选择提供理论依据。此方法具有简单实用的特点，适合多目标、多准则、多时期的系统评价。

人工鱼群算法，是2002年由李晓磊等人提出的基于动物自治体的群智能优化算法。它来源于自然界水域中鱼群总是聚集于富含食物最多的位置的特点，模仿鱼群觅食、聚群、追尾和随机4种基本行为。以每条鱼的位置坐标为参数，将参数代入目标函数所求得的适应度值作为该位置的食物量，通过迭代更新每条鱼的位置，实现食物量最大的位置聚集最多的人工鱼[1]。

蚁群算法，是由马尔科·多里戈（Marco Dorigo）等人为求解著名旅行商问题提出的一种启发式算法，是一种模拟自然界中蚂蚁搜索食物行为的路径优化概率型算法。在蚁群算法搜索过程中，蚂蚁首先以随机方式对蚁巢周围区域进行搜索，一旦一只蚂蚁找到食物源，它会对食物的数量和质量进行评估，并搬运一些食物回到蚁巢，该蚂蚁在回程地面上留下一种被称为信息素的分泌物，留下的信息素数量取决于食物的数量和质量。对于某条路径来说，如果选择该路径的蚂蚁数越多，在该路径上蚂蚁留下的信息素的强度就越大，这样就可以吸引更多的蚂蚁来选择该路径，从而形成一种良性的正反馈。通过正反馈机制，最终蚂蚁可以找到一条从食物到蚁巢最短的路径。

（二）自动作业批阅

想一想

在批阅作业过程中会遇到哪些困难？思考并填写下表。

维度	具体存在的困难
时间	
精力	
准确性	
……	

作业批阅是知识诊断的重要手段。传统的作业批阅方式以全批全改和精批细改为主，无论哪种批阅方式都将耗费教师大量时间精力，教师难以对学生的作业进行过程性评价与个性化反馈，学生也不能及时地获知批阅结果。久而久之，恶性循环，便衍生出教师批阅压力大、作业反馈不及时、过程信息无法有效记录等问题。基于智能技术的自动批阅系统能够有效地减轻教师的压力，并

---

[1] 李晓磊，邵之江，钱积新. 一种基于动物自治体的寻优模式：鱼群算法[J]. 系统工程理论与实践，2002，22（11）：32-38.

为师生提供更加精准全面的判断分析。自动批阅系统在选择题、判断题、填空题等客观题的应用较为普遍，主要依赖系统题库以及题目、答案和详解之间的关联进行匹配反馈。而主观题因缺乏语料库与算法的支持则很难取得较好的批阅效果[1]。智能阅卷技术主要包括文档图像识别技术、基于深度神经网络建模的评分模型训练和多维度计算机智能评分算法三个方面。

智能阅卷是利用机器深度学习算法，让计算机对评分标准和以往的人工阅卷大数据进行深度学习，使计算机能够模拟并超越专家的阅卷行为。智能阅卷是考试全过程智能化的重要环节，建立在智能化的题库基础上。人工智能赋能考试的阅卷和反馈是智能识别和深度学习在考试应用研究中的难点。为使计算机能够智能阅卷，阅卷规则要用适当的形式表示出来，才能保存在计算机系统中并在必要时被调取应用。通常来说，符号和表达式只要能够输入计算机系统就能被识别。由于关键符号和推理的表征形式可能多样，应在计算机系统中提前设定好所有可能涉及的内容，同时要考虑计算机本身的语言特点。有研究指出，对于证明题，人类给出的解答未必是最好的，机器给出的智能解答甚至比题干还短，但在可读性上还需要提高[2]。

目前，已有学者针对基于人工神经网络的主观题判别进行了深入研究，机器的工作步骤如下：首先对存储器中的作业数据集进行提取，其次对机器进行基于作业数据集的批阅规则和模型的训练，最后则利用训练的规则和模型对新的作业进行批阅并输出评价反馈[3]。研究旨在将自然语言理解的问题转化为数据训练问题，以实现批阅系统对简答、翻译、问答、阅读理解、作文等开放性试题的科学批阅。

≫ 小贴士

文档图像识别技术。包括手写体识别、公式识别、图形识别等，最终将识别后的文字、字符、公式等转换成文本格式，用于评分分析，要求识别准确率在95%以上，从而满足辅助评分的需要。

基于深度神经网络建模的评分模型训练。这类自然语言技术用于评测算法，具备了处理文本信息的能力，并且可以科学全面地挑选样本用于人工专家定标集合、学习和拟合人工专家评分，以训练机器评分模型。

多维度计算机智能评分算法。在该算法中，各个评分维度建立在海量数据

---

[1] 王琦，余胜泉. 作业社会化批阅工具的设计、开发与评估[J]. 开放教育研究，2017，23（3）：96-104.

[2] 蒋培杰，熊斌. 人工智能赋能大规模教育考试五步曲[J]. 中国考试，2020，（12）：66-70.

[3] 余胜泉，王琦．"AI+教师"的协作路径发展分析[J]. 电化教育研究，2019，40（4）：14-22+29.

分析处理的基础上，并综合考虑课程标准、评分标准、不同学科知识图谱等多方面因素，以提高评分的准确性。

推荐阅读：何屹松，徐飞，刘惠，等.新一代智能网上评卷系统的技术实现及在高考网评中的应用实例分析[J].中国考试，2019，(1)：57-65.

（三）诊断报告生成

学习活动

比较分析——学习诊断报告

通过观察学习诊断报告（图 4-2），比较分析其与我们日常学习中的"学习成绩单"存在哪些异同？下图中的学习诊断报告具有哪些优缺点？这样的学习诊断报告是如何生成的？

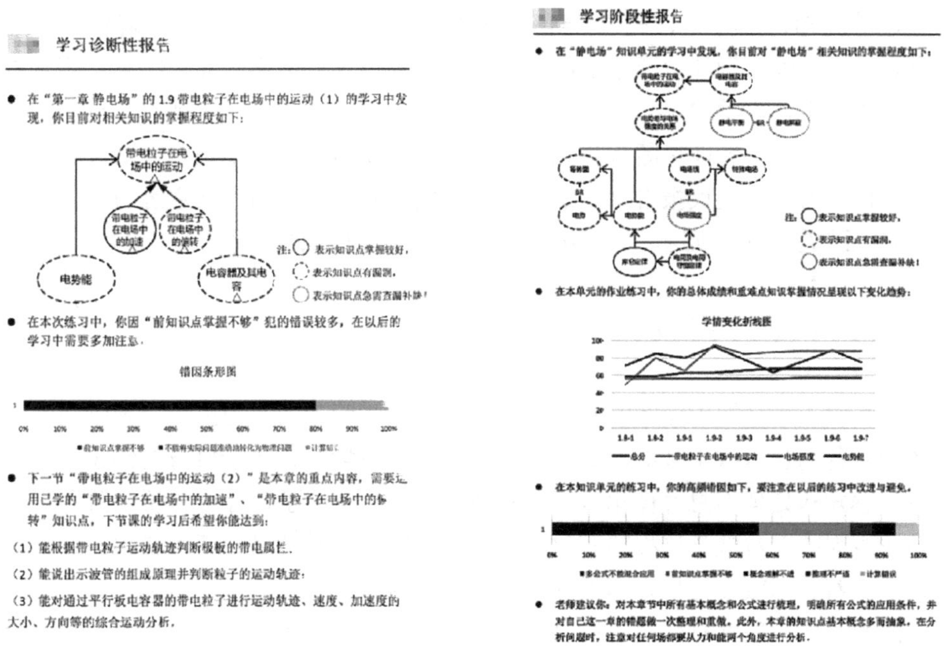

图 4-2　学习诊断报告截图

诊断报告是知识诊断的反馈途径，也是教学反思的关键依据。练习诊断性报告以单次测验或练习为单位，从练习中挖掘学习者在当前课时的学习情况，定位当前学习状态，并为下一阶段的学习提供方向。在传统课堂学习环境中，由于受到学生人数多、教学任务重、分析难度大等问题的限制，诊断反馈存在时效性差、教师主观性强、反馈参与面窄等弊端，对学习常态化反馈内容也以学生的考试成绩、排名为主，学生较难深度了解自身的学习问题，更难以摸索有效提高学习效果的方法[1]。

智能时代的知识诊断反馈，不仅仅是对题目内容对错的简单评判，而是基于学科特性和个人学习表现，对学生在知识点掌握、错题难度、成绩退步、偏科情况方面形成诊断报告，并通过可视化形式（统计图、表格、学生画像、个人知识地图等）呈现给师生。诊断报告可分为个人报告与群体报告，个人报告汇聚了单个学生的学习风格、成绩波动、知识点掌握情况等信息，使教师能够精准地掌握学生个体的学习需求。群体报告能够呈现整个班级或学校的学习状态、薄弱知识点分布、成绩分布等信息，使教师能够全面地掌握群体学习需求。对于教师，智能诊断报告能够全面有效地反馈当前学生知识状态、规划教学资源、重构教学内容、设计教学策略、优化师生活动等，实现教学过程精准化。对于学生，智能诊断报告能够根据学生知识薄弱点与知识掌握情况，为学生提供学习补救建议报告，并结合推荐系统从知识点学习、自主练习、考试测验等方面提供内容推送，实现从精准分析到精准干预的转化[2]。

（四）教学决策支持

教学决策是知识诊断的最终目的，也是教学管理的有力抓手。教学决策是教师必备的基本教学技能，是教师在特定教学情境下，基于自身的知识技能储备，感知和处理信息并做出选择的过程[3]。在传统的学习评价与反馈阶段，教学决策因缺乏对教学进程的有效评价工具和方法，教师易犯感性错误。此外，还存在着教师较多地以知识达成为倾向，较少关注学生发展等问题[4]。智能时代的教学决策能够有效地解决以上问题：①干预更加个性化，利用大数据为教

---

[1] 陈明选，王诗佳. 测评大数据支持下的学习反馈设计研究[J]. 电化教育研究，2018，39（3）：35-42+61.

[2] 牟智佳. "人工智能+"时代的个性化学习理论重思与开解[J]. 远程教育杂志，2017，35（3）：22-30.

[3] 冯仰存. 数据驱动的教师教学决策研究综述[J]. 中国远程教育，2020，41（4）：65-75.

[4] 黄小莲. 教学决策水平：教师专业成长的标志——初中教师教学决策水平实证研究[J]. 课程·教材·教法，2010，30（3）：78-84.

学决策提供适应性信息，能够关注到学生在不同阶段的需求及变化，为作出差异化的教育干预提供参考；②管理更加科学化，基于物联网、大数据等技术的数据采集，采用人工智能算法，对学习系统中的数据进行有效的管理、储存和分析，并将分析结果进行清晰而又个性化地呈现，形成学生、班级、学校多级数据体系。该数据体系能够创建分析、度量、诊断、预测等各类模型，生成可视化分析图，最终为学校管理者提供基于数据与模型的决策建议，以实现数据驱动管理过程的科学化[1]。

有效教学基本等同于合理的教学决策，认识学生学习数据的重要性，让评测数据、学习行为数据、学习情感数据、学生生理数据等为教学决策提供参考，成为提升课堂教学有效性的重要途径[2]。基于已有研究与实践，从数据地位、数据规则强弱、人员参与度、决策方式等方面区分数据驱动的智能决策与数据启发的教学决策两种类型（图4-3）。

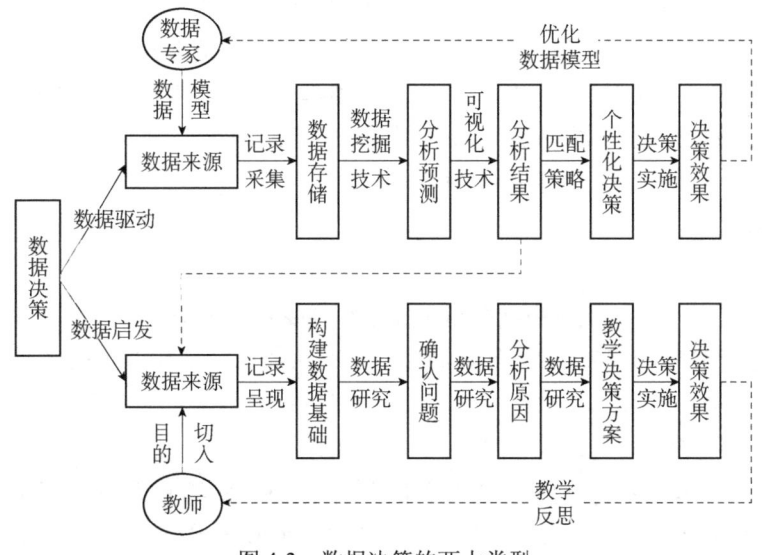

图4-3 数据决策的两大类型

1. 数据驱动的智能决策

此时的"数据"为与学生学习相关的可收集到的所有数据，需要借助机器智能的优势处理，采用机器化的流程解析复杂数据的相关关系，挖掘数据的潜在价值，为教与学提供适应性服务。数据驱动的智能决策，即尽可能地收集学

---

[1] 吴晓如，王政. 人工智能教育应用的发展趋势与实践案例[J]. 现代教育技术，2018，28（2）：5-11.
[2] Schildkamp. K，Kuiper W. Data-informed curriculum reform：Which data，what purposes，and promoting and hindering factors[J]. Teaching and Teacher Education，2010，26（3）：482-496.

生学习相关数据，通过分类、聚类、关键词提取等过程处理收集的数据，经分析与可视化建立学习者特征模型，再根据学习者数据特征与数据库特征的相似度匹配自动生成个性化决策方案，如基于学生学习风格、学习兴趣的推送，基于学生学科学习能力的推送，基于知识情境的推送。在此过程中，机器对数据的收集、处理、分析、决策较少有人员参与，基于数据模型已建立的规则，由机器自动提取数据特征、挖掘学生模式，提供智能化的决策服务。

2. 数据启发的教学决策

此时的"数据"可由计算机获取记录，也可由教师通过观察、交谈获得，需要借助人的智慧优势处理，在技术辅助下采用人工化流程分析数据间的因果关系，服务于学生个性成长。数据启发的教学决策是由教师事先确定哪些数据的获取与分析是必要的；对于教学得到的数据，借助统计分析技术可直观呈现学生知识掌握情况、学习变化趋势等，由教师结合个人经验从数据中提取见解并基于见解制定优质决策方案。例如，教师可根据评测数据、学生提问数据等深度分析学习过程中存在的知识缺陷、思维模式，支持教师快速决策。整个决策过程是教师构建数据基础，开展数据研究以形成信息、生成知识，并采取行动的过程，需要且依赖于教师的参与。

📖 拓展阅读

大数据时代的教师教学决策的新样态

大数据介入教师教学决策也必然会衍生出新的时代样态，包括决策思维方式、决策关注点、决策支持主体等，都需要教师重新进行认识与践行。

1. 从"为什么"到"是什么"：决策思维的转变

长期以来，广大教师通常持守着"观察现象-发现问题-分析原因-做出对策"的基本方式。在大数据时代，这种传统的教学决策思维方式将被颠覆。大数据时代的教师教学决策不再仅仅热衷于对"为什么"的执着追求，而是转向对"是什么"的深入考究，更多地从反映相关教学问题的多个数据集中发现其间的相关性，进而理解问题、探索规律和预测趋势，并做出科学的教学决策。

2. 从"群体"到"个体"：决策关注点的变化

在传统"基于经验"的教师教学决策范式中，由于数据获取以及时间、精力等条件的限制，教师的关注点往往是学生的整体水平，或者某类学生的一般特点等相对宏观的状况，也即教师难以做到在全面了解每一个学生详细情况的基础上，因材施教式地进行个性化决策。所谓个性化决策，是指"为不同的受教育者量身打造不同的教育目标、教育计划、辅导方案并加以执行，帮助受教育者实现自我成长、自我实现和自我超越"。

3. 从"个人"到"集体"：决策支持主体的拓展

教师基于经验进行教学决策，可能会造成教师对教学产生一种畸形的、窄化的理解，并对自己教学的成败做出错误的诠释。大数据的介入无疑为超越教师教学决策过度依赖于自我经验的自然循环这一困境提供了一条切实可行的路径。教师、教育管理者、专业数据工作者等教学决策相关者通力协作，以"共同体"的姿态，聚焦具体的教学实践问题，通过科学化的数据挖掘、分析、交流与评估，共同探寻合理、有效地应对、解决各种问题的教学决策。

资料来源：邹逸，殷玉新. 从"基于经验"到"数据驱动"：大数据时代教师教学决策的新样态[J]. 教育理论与实践，2018，38（13）：52-56.

学习活动一 方案设计

以小组为单位，基于知识诊断的流程，设计技术支持的知识诊断方案。

知识诊断的流程	技术支持的知识诊断方案
建构知识体系	
确定诊断目标	
编制诊断题目	
分析作答结果	
得出诊断报告	
进行反馈	
改进学习和教学	

技术支持下的知识诊断的方案设计注意事项

根据知识诊断过程中反馈的数据，教师可以检验教学目标的达成情况，并对目标未达成的原因进行认知和知识等方面的统计分析，对不同班级、学生实时地进行教学调整与改善，使得教学能够得到持续的改进。但在知识诊断的方案设计时，应关注以下注意事项。

1. 诊断反馈的必要性

在整个教学过程中起到调节作用的，就是"反馈"。它与学生的学习效果、教师的教学效率有着密切的联系。为了了解教学效果如何，教师需要对学生即时反馈的学习情况进行分析，适时地进行教学调整。反馈结果的科学性能够帮助教师了解学生的学习情况，如学生个体所存在的差异性。依据真实的反馈结果，教师还可以就学生呈现出的共性问题对课堂教学进行具有针对性的改善和调整。

2. 诊断反馈的即时性

日常教学活动中，根据学生课堂上出现的面部表情、回答问题的情况，经验丰富的教师就能够了解到自己在课堂教学环节中是否已达到预期设定的教学目标。传统的知识诊断方式，学生在拿到测验试卷时已经是测验结束几天后的事，可能已经不记得自己当初考试时是用怎样的思路进行答题的。这对于学生的自主学习是不利的，得到的反馈效果同样也是不佳的。尤其是对于数理化这样的理科学科，知识点不仅零散，而且数量级可谓庞大，学生要达到强化巩固的目标就需要经过反复、多次的练习或考试，而这恰恰给教师带来了繁重的批改负担。借助智能技术支持知识诊断，教师不仅能够及时地得到反馈信息，同时也把教师从繁重的工作中解放了出来，极大地提高教学效率。

3. 学生数据隐私及安全保护

以数据和算法为技术支撑的人工智能技术，能够在较短时间内生成学习诊断结果，并进行精准反馈。因为智能技术会全方位地收集学习者数据，生成的诊断报告如果被随意分发，就可能涉及侵犯学习者隐私，给学习者带来较大的精神负担。在此情况下，教师应遵守技术伦理，在诊断数据收集和数据分析的过程中，保护好学生的数据隐私及安全，防止数据泄露及篡改。

💡 **想一想**

如何根据知识诊断改进教学，对此你有哪些建议？

基于知识诊断结果改进教学的原则

1. 重视基础知识，关注高阶知识

知识诊断结果通常能反映出学生的知识水平结构，而基础知识是高阶知识的前提，掌握高阶知识是能力发展的前提。鉴于此，教师在新课教学时应该有意识地引导学生重视基础知识的学习，关注高阶知识的学习。只有这样，才能在新课上最大幅度地提高学生的整体掌握情况。教师除了在平时教学中有意识地引导外，还可以利用好教材，在平时教学中加大教材的使用，引导学生重视课本、回归课本。

2. 关注学生各个方面的差异

不同的学生有不同的情况，无论内在还是外在的因素都会影响学生的学习，所以教师在教学时一定要注意因材施教。根据知识诊断结果，要留意学生的差异，在上课时关注不同学业水平学生的学习情况，有针对性地提问不同学业水平的学生，在作业和练习时也要关注不同学业水平学生方法上的差异，可以有意识引导高学业水平学生对低学业水平学生进行带动。但同时需注意，保护好学生的学习隐私，不宜公开对比学生的各方面差异。

3. 布置个性化练习与作业

平时大量重复的练习可能会使学生感到学习疲惫，所以在布置作业和练习时，教师一定要有针对性。"学生做1道题，教师要做10道题"，教师要根据知识诊断结果，有选择性地从大量的题海中去选择适合学生水平的题目来练习，避免题海战术。对于题目的选择可以采取知识点分类，按照知识掌握水平分层的模式进行分类，然后根据学生对知识掌握的水平和思维能力选择最适合的题目，这样既避免了学生因为太多的练习占用大量的时间，也能减少学生的学习疲惫，提高其学习效率。在习题讲评时也要避免一刀切的模式，可以采用分组模式，根据学生错题分类、分组，有针对性地讲评。

三、典型案例

（一）英语作文智能批改系统

英语作文智能批改系统主要是基于语言智能和大数据分析与挖掘技术来研发的在线智能学习服务系统，致力于减少教师的烦琐工作。

1. 班级管理

教师可任意创建班级，并自定义班级名称。教师可以对该班级进行隐藏、编辑、删除、踢出学生、导入学生、导出学生、发公告等操作，也可以在班级列表中修改学生密码、与学生沟通、隐藏学生等，如图 4-4 所示。

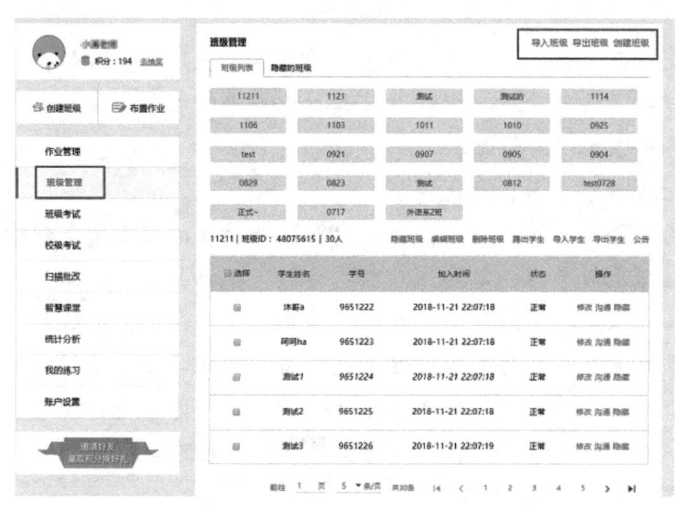

图 4-4　班级创建与管理

2. 出题组卷

教师可选择班级，进入班级设置布置作业。组题方式有两种，一种为教师自定义组题，另一种为题库选题布置，如图 4-5 所示。

图 4-5　题库分类

3. 作业批阅

作业批阅形式分为三种，分别为机评、师评与互评。机评为系统自动批阅；师评为教师批阅，系统可为教师提供相应的批阅提示；互评为学生之间互相评价，教师勾选学生，为每位学生指定批阅对象。作业批阅主要从词汇使用（词语辨析、易错词汇）、语言表达（精彩句型、固定搭配）、文章结构（文章逻辑、段落分布）、内容相关四方面进行，如图4-6所示。

图4-6 批阅界面

4. 诊断分析

诊断分析主要从数据概况、句评概况、作文分析、成绩统计、数据对比方面进行可视化分析。

（1）数据概况

系统会对学生在写作中出现的错误类型进行统计分析，可显示错误类型的犯错学生数量以及该错误占全部错误的百分比（如拼写错误、用词错误、单复数错、时态错误、主谓不一致、搭配不当、指代错误等），如图4-7所示。

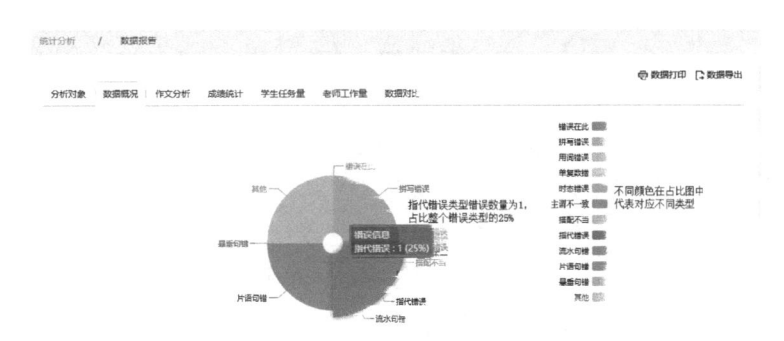

图4-7 数据概况

（2）句评概况

以文章和学生分类统计句评数据，主要对好句子、差句子、需要反思的句子、可以被作为范文的单句进行统计分析，如图4-8所示。

作文标题	赞	差	思	范文
Knowledge and diploma	0	0	0	0
The early bird catches the worm	0	0	0	0
The early bird catches the worm	0	0	0	0
30分	1	0	1	0
Craze for civil service examinations	0	0	0	0
School trip	2	0	0	0
How to be successful in a job interview	1	0	0	0

各篇文章所获得的赞、差、思、范文数据

图4-8 句评统计

（3）作文分析

以作文或以学生作为参考主体，统计了作文词数、句子数、平均句长、最长句长等的平均值与最高值，如图4-9所示。

作文标题	作文词数	Unique词数	类_形符比		句子数		平均句长		最长句长	
Knowledge and diploma	86	172	58	116	0.34	0.67	5	10	8.6	17.2	11	22
The early bird catches the worm	93.5	187	55.5	111	0.3	0.59	6.5	13	7.2	14.4	13.5	27
The early bird catches the worm	88	176	59	118	0.34	0.67	5	10	8.8	17.6	12	24
30分	147	147	94	94	0.64	0.64	7	7	21	21	35	35
Craze for civil service examinations	64.67	194	41	123	0.21	0.63	2.67	8	8.1	24.3	23.33	70
School trip	198.75	208	124.25	131	0.63	0.63	16	19	12.93	17.7	29.25	48
How to be successful in a job interview	56.67	170	38	114	0.22	0.67	2.33	7	8.1	24.3	10.67	32

图4-9 作文分析

（4）成绩统计

统计师评的平均分、最高分与最低分，如图4-10所示。

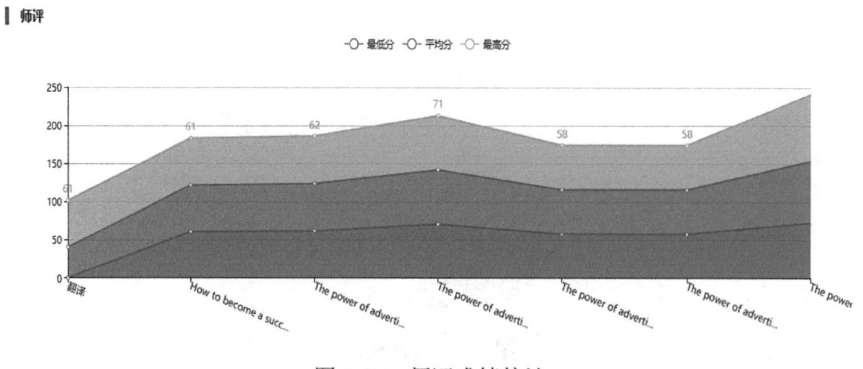

图4-10 师评成绩统计

（5）数据对比

教师可选择列表中的 PK 学员和被 PK 的学员后进行数据对比（错误对比、提交次数对比、用词对比、排名对比等），如图 4-11 所示。

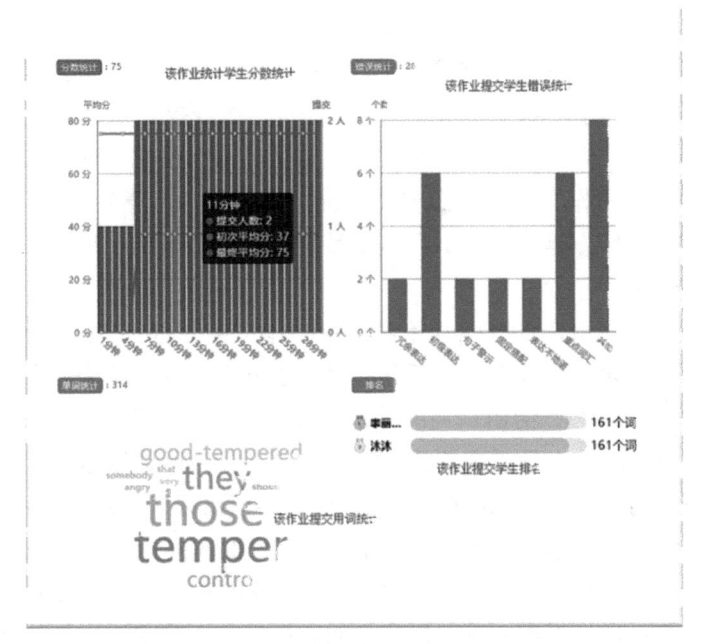

图 4-11　数据对比

英语作文智能批改系统作为一种智能批阅系统，能够代替教师完成班级管理、出题组卷、作业批阅、诊断分析等繁杂重复性工作，在一定程度上改善了教师在重复工作中产生的厌倦心理。其便捷的作业管理方式能够提高作业的收发效率，避免了纸张的浪费；写作错误提醒为学生提供了丰富的写作支架，提高了学生的写作准确率；可视化的数据统计也便于教师直观科学地了解学生作业详情。但该系统仍存在评价维度不广泛、准确率不高，仅停留在对作文词汇与语法检测的层面、对文章结构与思想情感的评价还不够准确深入等问题。因此，教师应当具备一定的人机协同的能力，在使用的过程中主动充当"监督者"的角色，对机器评阅结果加以监督与管控，规避机评产生的错误，并根据班级实际情况对机器批阅与分析的结果进行调整、修改与完善。

（二）批改网——智能导师系统[1]

批改网是一款基于语料库和云计算的英语作文自动批改在线服务系统。通过计算学生作文和标准语料库之间的差异即时生成学生作文的得分、评语以及内容分析结果，学生根据批改网的提示自主修改作文，可以多次提交，直至达到满意程度为止，通过这种方式帮助学生提升写作能力。提示分为宏观提示和微观提示，宏观提示主要给学生提供整体评价，微观提示则是逐句提示。

批改网通过"内容相关、篇章结构、句子、词组搭配、词汇和流畅度"等六个维度对学生的作文进行全面智能评价，并给教师和学生提供"按句点评""按段点评""论坛"等功能，供师生在系统智能评价基础上进行人工评价，确保评价的准确性。

学生提交作文后，批改网开始对学生的作文实时进行"按句点评"，并对作文进行评分（含"总分""词汇分""句子分""篇章结构分"和"内容相关分"以及"评语"），给出"句酷提示"和"体检报告"。其中"作文评分"和"按句点评"功能对学生完善作文非常重要，批改网通过这两个功能指出学生作文存在的问题。"按句点评"内容包括"句子错误"提示、"拼写错误"提示、"疑似中式英语低频警示"、"学习提示"、"批改提示"、"高分短语"、"搭配统计"和"语法检查"等（图4-12）。学生依据提示完善作文并提交，系统再次进行批改，学生再次完善并提交，如此重复直至作文达到最佳状态，然后接受"教师点评"或者"同伴互评"。

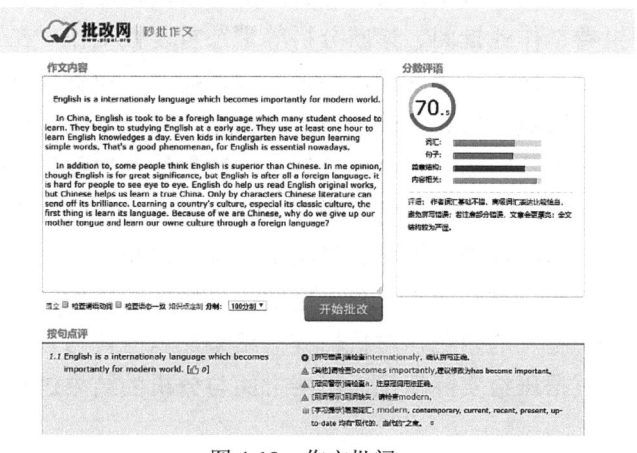

图 4-12　作文批阅

---

[1] 蒋艳，马武林. 中国英语写作教学智能导师系统：成就与挑战——以句酷批改网为例[J]. 电化教育研究，2013，34（7）：76-81.

批改网将学生作文视为一个学习者语料（learner corpus），每篇作文的成绩由 192 个维度构成。通过对比学生的作文和标准语料库，将测量出来的距离通过映射转化成学生作文的分数、评语和反馈。整个过程就像教师从多个维度对学生的作文进行批改，给出一个整体反馈，并进行"按句点评"，指出每个句子存在的问题。该系统基于 Web2.0，支持教师通过网络在线批改学生作文，教师可在系统提示的基础上进行进一步的批改。

"语料库"相当于智能导师系统的"专家模块"，"作文"等同于智能导师系统"学生模型"，"评语"、"句评"和"分数"相当于智能导师系统"教师模型"。192 个维度相当于智能导师系统"诊断规则"。学生提交作文后，系统自动通过 192 个维度的"诊断规则"将学生作文与专家模块目标语的"语料库"进行匹配，给出相应的作文分数及评语，并将学生的作文进行逐句分析，指出问题所在。

批改网打分引擎是综合自然语言处理技术、语料库分析技术和教育测量技术研发的英语作文自动打分系统。该系统能够自动提取作文中反映英语写作水平的数据指标。目前批改网有 15 个不同类别的语料库，其中语段库有 33 亿个，而且所使用的语料库每天更新。学生通过"完善作文"的功能，按照"逐句分析"的批改提示对文章进行修改，修改完成后再次向系统提交作文，系统再次进行即时分析，通过"按句点评"给出修改建议，如此反复，指导学生进行写作，直至最好。在整个写作批改过程中，批改网扮演着写作教师的角色，是一个比较典型的智能导师系统。

批改网对学生作文进行批改时参考了篇章结构、词汇、句子等维度，然后在维度下面又包含平均词长、平均词长均差、平均句长以及学术词汇所占比例等子维度。通过分析学生作文的这些属性并与标准语料库进行对比后得出相应的成绩和批改提示。

【案例点评】

在智能技术的支持下，批改网可代替教师的批阅工作，并能在批阅过程中为学生提出个性化写作建议，便于学生后续根据建议完善自己的作文；为混合式写作教学模式搭建了训练平台，能够实现机器批阅与人工批阅的结合，打破了以往机器批阅与人工批阅无法较好整合的弊端，取两者之长，优势互补；有助于优质资源的共建共享，通过提供资源网站与教师个人网站，实现了优秀作文与精批作文的共享；帮助学生养成良好的写作习惯，通过不断地提示与反馈，学生能够养成对作文进行精细化加工的习惯。当然，由于语言自身的灵活性与发展性，机器有时无法实现精准诊断，例如，无法判断内容错误、无法提供正确示例、无法判断文章逻辑结构等问题。这就意味着机器不能完全取代教师，教师应当在此过程中发挥主导作用，选择性地将智能技术融入写作教学，将课堂讲授与线上训练有机整合，不盲目过分依赖，以避其弊端。

（三）智能语文作文评分系统[1]

智能语文作文评分系统是针对汉语作文研发的机器智能批改系统。系统实现流程包括两个步骤。首先，教师设置一套通用的作文质量评估方案。该方案包括但不限于字迹工整度、句子通顺度、篇章结构、词汇丰富性及立意等多个层次。其次，让机器学习这套方案是智能语文作文评分系统的核心环节。教师先批阅少量试卷后，系统利用机器学习算法进行训练，逐渐学会如何根据评估方案对作文进行评分。该系统借助深度语言分析技术，实现对作文表达、内容结构、语法修辞等不同层面的评价分析，拓展了传统作文评分系统考察的评分维度，构建了相应特征有助于提高评分模型的鉴赏判别能力和评分准确性，并为评分提供了更好的可解释性。

【案例点评】

阅卷是教师工作极为重要的一环，尤其对语文作文的批改更是费时费力。智能语文作文评分系统基本实现了对主观题批阅。在深度学习技术的支持下，能够评判作文的题意、内容、语言、文体等基础模块，还能够考察作文的深刻、丰富、文采、创意等创意模块。实现了部分代替或辅助教师对作文的评分与分析，减轻了教师的负担。但机器要想真正达到人工评阅的水平，如具备鉴赏与批判写作的能力，依然是极为困难的。例如，对文章的立意思辨、文章结构、新奇创意等方面的理解还极为初级；对修辞手法的识别目前也主要限于数据驱动的方法，而没有考察这些语言运用手段背后的认知原理。因此，如何提高机器的审美能力与鉴赏能力也是有待攻克的难题。所以，教师应当在作文批阅的过程中承担"鉴赏"与"批判"的工作，弥补机器无法胜任的工作，以更好地实现教育的总结性评价、过程性评价和个性化"因材施教"。

人工智能赋能知识诊断，其优势在于能够基于数据学习机器重复活动的规则，进而高效、准确地处理繁琐且重复性强的机械工作，帮助教师完成出题组卷、作业批阅、教学决策等知识诊断活动，成为教师有价值的工具与伙伴。但其中诸如开放题批阅、情感交流、价值判断等富有创造性、情感性、启发性的工作仍是机器无法完全胜任的，教师应当在机器批阅的基础上做好对学生的综合性评价，注重学生在人文底蕴、责任担当、国家认同、跨文化交往、审美等

---

[1] 刘勇，李青，于翠波. 深度学习技术教育应用：现状和前景[J]. 开放教育研究，2017，23（5）：113-120.

核心素养的培养，帮助学生挖掘潜质，成为学生的精神导师，启迪学生心智[1]。只有将人类擅长的事交给人类做，机器擅长的事则让机器做，才能达到人机优势互补的新生态[2]。

第二节 技能评估

导言

技能是指人的各种心智或身体的行动以及对观念、事物和人所做出的反应。学生的技能主要区分为智力技能和动作技能。智力技能主要是思维技能，动作技能主要是心理动作技能。技能评估有助于对学生身体、心理的应激反应把控，依据技能评估的结果实施合理的教学干预对学生的发展至关重要。这就要求教师能够明确本学科中技能评估的主要内容和目的，掌握技能评估的方法，并能够对学生的技能进行有效评估。

学习目标

☐ 能够说出技能评估的内容、目的以及方式
☐ 能够说出技术在技能评估中发挥的作用
☐ 根据教学需求选择合适的技术产品，设计技术支持下的技能评估方案
☐ 分析技能评估数据，调整优化教学
☐ 理解技术应用于技能评估的边界，注重学生数据隐私及安全保护

一、场景描述

技能评估作为学生学习能力评估的重要组成部分，反映了学生的技能发展水平和学科实践能力，有效的技能评估可以帮助教师了解学生的技能目标达成情况，并及时关注特殊学生，调整教学进度，促进学生的全面发展。

（一）技能评估的内容

学校教育作为学生关键能力培养的主阵地，学生的各项关键能力都要在各

---

[1] 余胜泉，王琦. "AI+教师"的协作路径发展分析[J]. 电化教育研究，2019，40（4）：14-22+29.
[2] 祝智庭，彭红超，雷云鹤. 智能教育：智慧教育的实践路径[J]. 开放教育研究，2018，24（4）：13-24+42.

门课程的实施和各种教育、教学活动过程中逐步培养形成。在学生的学习过程中，由于有些技能在具体应用情境中具有重复性，因此按照在不同问题情境中对技能应用和认知参与程度的不同，可以将技能分为再生性技能和创生性技能[1]。再生性技能指的是常规的、通常在学习过程中反复或循环使用的技能。它由学习规则来驱动，应先了解规则，然后学会使用这些规则来支配自己的行为，如物理学科中的串并联电路实验。创生性技能指对一个新的问题"产生"新的解决办法。它以学生认知的发展为导向，它不是一套固定的技能，而是学生运用所学知识和经验，探究问题解决的方法，进行决策，采取行动并解决问题的能力，如化学学科探究性学习金属钠的性质。

在 K-12 阶段，结合各学科的学科特点，可将学生的技能评估主要分为口语技能、实验操作技能、体育技能和艺术技能。

（1）口语技能评估

口语技能评估是指教师通过与学生面对面或线上交谈，依据学生的语言发音，对学生的口语表达技能进行评估。如英语中对学生的词汇或者语句的拼读水平进行评估。一般而言，教师只是单方面对学生的拼读进行评估，这种评估较为耗时，且教师评估的标准不同，无法给出较为全面准确的评价。

（2）实验操作技能评估

实验操作技能评估是指教师通过观看学生的实验过程，对学生的实验操作中的实验规范、实验步骤、实验结果等给出评价。如物理实验中，教师对学生操作电路的熟练度、正确性等进行评估。由于教师难以把控所有学生的每一步实验过程，实验操作技能的评价同样比较耗时，教师无法面面俱到，且危险实验往往难以展开。

（3）体育技能评估

体育技能评估是指通过学生参与体育课程和体育活动，教师依据一定的标准，对学生的体育运动技能进行评估。如教师对学生在篮球运动中的投篮动作标准度、命中率等进行评估。体育技能的发展需要不断的练习巩固，因此需要给学生即时的、准确的测评反馈，帮助学生提高技能。

（4）艺术技能评估

艺术技能评估是指针对学生的绘画、唱歌、演奏乐器等艺术技能的评估。艺术技能评估通常由较为专业的教师进行，主要引导学生形成对所学艺术种类的专业技术和技法的认知。

---

[1] 盛群力，马兰. 面向完整任务教学，设计复杂学习过程——冯曼利伯论四元培训与教学设计模式[J]. 远程教育杂志，2010，28（4）：51-61.

（二）技能评估的目的

技能评估在学习评价中至关重要，技能评估的目的在于让学生明确自身在参与学习过程中习得的技能以及认知的程度，从而改善师生对于技能的培养和学习。它既能为学生的发展起到"指挥棒"的作用，又能在一定程度上为教学设计提供建议与指导。技能评估的目的主要包括以下几方面。

（1）通过技能评估帮助学生锻炼口语表达能力；
（2）通过技能评估帮助学生熟练掌握实验探究技能；
（3）通过技能评估帮助学生有目标地练习体育运动技能；
（4）通过技能评估帮助学生提高审美能力；
（5）通过技能评估帮助教师合理设置教学评价的维度。

（三）技能评估的方法

对学生进行技能评估的方法多种多样，在满足学科要求的技能水平基础上和教师正常教学需求的基础上，还需要考虑学生的能力差异和发展特点，对技能的评估应该围绕学生对技能习得的自主性、主动性、独创性，动态选用技能评估方法。

📋 学习活动

结合你所学学科，讨论交流在该门学科的教学过程中，需要测评学生的哪些技能，如何对这些技能进行评估？（可以从不同学科出发，分别梳理不同的技能和评估方法）

评估学生的具体技能	如何评估技能
例：（体育学科）评估学生的热身是否到位	例：可以通过测量学生的心率、血压等，并和标准值进行对比

评估技能学习的方法是对个体一段时间内的绩效水平进行记录。人们在技能学习过程中，首先表现为在持续的一段时间内的绩效提高，如操作速度提高，错误率下降。常用的方法就是通过绘制绩效曲线（或称为学习曲线）对绩

效进行评估，如图 4-13 所示。以测得的绩效水平为纵轴，以绩效所用的时间为横轴。

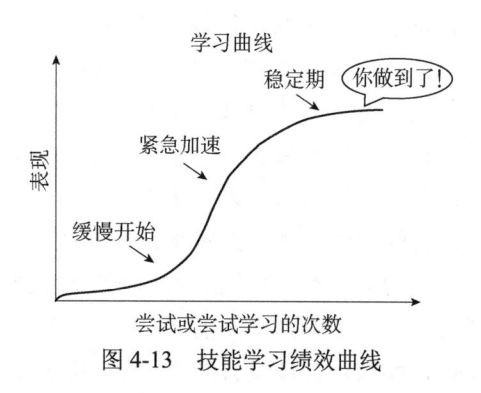

图 4-13　技能学习绩效曲线

通过记录每段时间内的绩效曲线可以反映出技能学习的进程。技能学习强调绩效水平提高的相对持久性，让学习者练习一项技能，然后让他们休息一段时间，重新操作该项技能，测试该技能操作的保持量。如果保持测试的绩效水平比初始练习时有显著的提高，那就可以确信学习已经发生了。通过迁移测试评估技能学习，设置新情境，在变化条件下测量行为绩效，以测试学生所学技能适应新环境的能力。

教学技能评价往往多以学生评价量表为依据，教师先将学生需要掌握的技能分解成不同的子任务，并对每个子任务制定评价标准，通过设置不同的权重，最后得到能力评价的总分数。有些评价量表中还包括教师评语，通过给予学生正、负向内容的评语，对学生的技能进行评价。由于学习需求的不断发展，这种评价方式暴露出了很多不足，脱离了技能发展的需求。首先，评价的主体限制了评价的客观全面性。传统的技能评价主体为教师，主要依靠教师的课堂观察和学生的作品对学生进行评价，技能学习的评价标准往往带有教师的主观色彩，尤其是针对创生性技能。其次，技能评价的评价方式不够精准。传统的技能评价中，教师很难兼顾到班级中的每一位学生，由于过程性数据不好采集与分析，教师往往针对学生的某一技能操作点进行评价，忽视了技能的整体性。最后，不是所有的技能都可以通过外显的行为进行测评，学生内隐的能力可能无法得到精准的评价。

二、智能技术作用点

学习活动

阅读以下案例，并思考案例后的问题。

小明同学在完成今天的英语作业后，想起来 Z 老师还布置了学习新单词的作业，需要掌握下节课中新单词的发音。因为自己还不太会读音标，于是小明拿起学习小词典，查询相应的单词，跟着小词典进行学习。在小明跟随示范进行朗读练习时，小词典能及时给出反馈，指出小明模仿发音动作时出现的错误。除此之外，小词典还向小明提供了音标发音时口腔内牙齿、舌头等动作的分步详细示范，并提供相应的文本类动作要领和技巧讲解，帮助小明体会不同发音的动作要点。

同时，小词典能够记录小明的练习过程、错误内容，并能够记录练习时长和次数、发音准确度等。老师和家长能够通过小词典深入了解小明的练习情况。同时，小词典还能够模拟多种练习情景（如运动与健身、就诊、景点参观等）。在学习完单词后，小词典作为口语练习对象和小明进行口语对话，在结束自主练习后，指出小明在口语练习过程中所犯的错误，小明的家长和老师还可以根据记录的过程性数据对小明给予进一步指导。

学习活动

思考并交流，在以上案例中，"小词典"测评了小明的哪些技能？测评过程中技术发挥了什么作用？

评估技能	技术发挥的作用
例：评估单词发音是否正确	例：录制小明读音，进行语音识别，将小明的读音和标准读音进行对比并评分

智能技术的介入为评价对象和评价方式提供了多种手段。例如，自动测评相关技能并生成技能评估图表，实时视频监视功能可以自动实现对学生操作技能的评估及信息管理，能够对学生的训练科目和考点内容进行客观评价与分析，降低了教师评价学生学习效果的工作量。同时，通过技能评估图表分析，教师可以有针对性地对学生进行专项训练和辅导等。智能技术在学生技能评估方面可以应用在下列几方面。

（一）口语技能测评

口语技术是一种再生性认知技术，具有迭代性、迁移性等特点。针对再生性认知技能的评价，如语言学习中的"说"，智能技术可以对语言学习中的发音进行测评，它可以弥补人工评测主观性强、费时费力效率低等不足，帮助教师对学生的口语能力进行快速、高效、准确的测评，为教学的评价提供有利支持。同时它以智能学伴的身份参与学生课后练习与自测，帮助每位学生实时检测自己的口语能力，更高效地开展口语学习。

随着深度学习的算法和卷积神经网络的发展，语音识别的准确度不断提高。口语技能测评主要运用了语音识别技术，需要先对学生的语段进行截取，将发音转换为文字，接着对内容进行分析，获取特征，接着从音质、音色、音调等方面比较与标准答案的差异，对学生的口语表达进行多维评价。它可以准确地指出跟读者的发音错误，并对跟读者的发音进行评估，并就难点对跟读者进行针对性强化训练。个体能够独立完成整个语境训练。

就英语口语技能而言，测评的主要维度有发音准确度、流利度、完整度和重音准确度，从单词音素发音准确度、单词末尾升降调准确度、单词爆破音等多维度进行细致打分。针对英语口语场景中的词句连读特点，测评学生在句子和段落表达中的流利程度。根据学生英语口语表达中的句子及段落的完整性，高精度测评学生口语表达的完整程度。针对英语口语场景中语音语调训练的难点问题，对口语中单词重音准确度以及句子中单词重读准确度提供高精度测评。就汉语口语技能而言，可以从语速、流利度、声调、声母韵母等对中文的字、词、句、段的发音进行测评。此外还可以通过任务型情景提供的有限选择，以人机对话的方式评估学生的语言运用能力。

（二）实验操作测评

实验操作技能是一种创生性认知技能，具有程序化、外显性等特点。针对创生性认知技能的评价，如探究性实验操作技能，智能技术可以通过采集实验探究的过程性数据对探究性实验操作技能进行评价。基于智能技术所构建的虚拟实验室能够在学生进行实验操作时记录全程的操作数据，出现错误操作时给予及时反馈，并在其完成实验后进行操作评价，提供相应的改进建议。在探究性实验操作过程中，智能技术作为诊断者，根据学生个人的迁移应用数据进行个性化诊断。

在实验操作技能方面，借助虚拟实验平台可以采集实验过程的数据、实验试错的次数、实验时长、实验的标准程度等数据，并通过智能技术进行可视化呈现，以此来评价学生的实验探究技能。在探究解决问题的过程中，智能技术可以判断问题是否得到解决以及问题解决的现状（简单的问题和难度较大的问题是否都已得到解决）。智能技术还可以通过聚类来分析学习者问题解决时使用的策略，不需要再对学习者进行画像，就可以预测学习者下次实验探究时解决问题的策略。此外，智能技术还可以通过活动的不断开展判断学生是否改进自己的实验探究策略。

（三）体育技能测评

体育技能同样也是一种再生性技能，具有程序化、自动化等特点。针对再生性动作技能的评价，如体育学习中的动作技能和美育学习中的乐器弹奏，智能技术可以对体育练习的过程进行记录并生成评价。基于大数据、机器深度学习和强化学习模型等智能技术对学生练习过程中的练习时长、练习次数、动作完成度、动作流畅度等数据进行全程记录和分析，为学生提供详细的学情报告，以调整学生的练习方式、提高练习效率。在智能技术的支持下，动作技能类的评价能够从传统依靠教师的肉眼观察升级为人机协同练习中的技术介入的评价，由智能技术对练习全程进行数据采集、分析与反馈，学生能够获得更加精准的指导。此外，智能技术还支持个别纠错，借助技术在学生自主练习过程中可及时判断学生的动作技能是否标准，并及时以动作要点提示等形式给予练习反馈。在乐器练习方面，智能技术可以随时随地帮助学生纠正错音、漏音、节奏、力度等问题，实现实时评价。

（四）艺术技能测评

针对创生性动作技能的评价，如美育学习中的美术绘画，智能技术可以自动辨别出学习者在美术绘画时需要绘制的形状，并形成较为标准和流畅的图形供学习者使用。在颜色的填图方面，智能技术有望对填色类软件中的学生作品的色调和谐度、统一度进行评价，并提供智能配色方案，引导学生逐步形成对美的认识。

在艺术类技能发展方面，智能技术在技能评价中的应用，使得教师可以动态化调整教学设计，也有利于对教学整体的审视，更加切合智能技术时代下美育技能的培养。如智能书法教室（图4-14），学生可以把临摹台当成平板电脑来使用，可以任意选择自己想要临摹的字帖，系统对学生的临摹作品进行评分，给出问题和修改建议。同时每一张临摹台都配有一个高清摄像头，教师端对学生端具有控制功能，如屏幕控制，教师端可以调取学生端书写画面，并同步直播到大屏，进行点评。讲台上也配有两个摄像头，通过直播教学，90度示范老师书写的结构，45度观察老师写字的笔锋走向，达到书法示范教学的作用。

图 4-14　智能书法教室

智能技术的介入确实为技能评价带来了新的思路，然而，在创生性技术，特别是在艺术技能的评价方面，智能技术仍面临一些挑战和局限性。现代教育评价将美育提到新的高度，学习者也迫切需要对美的认识与体验。因此，智能技术应该着力于学生对所学艺术种类的专业技术和技法的认知培养，以美育技能评价为导向，发展学生对美的认识。

学习活动

1. 结合自己的学科或任选你感兴趣的学科，设计一份技术支持的技能评估方案（学科、学段和教学内容自选，评估内容可参考拓展阅读中的内容，如表 4-1 所示，并依据学科特色进行确定）。

学科		年级	
章节/内容			
评估的具体技能		技能评估工具	技术在评估中发挥的作用

2. 小组讨论交流，在选择技能评估工具时，依据哪些原则？（如需要有示范功能、技能拆解示范、技能分步示范、技能组合示范、技能要领讲解、能够记录数据等）

___

___

___

___

___

拓展阅读

表 4-1 技能评估具体内容列表

技能学习环节	技能评估具体内容	
	类型	内容
示范	组织教学	➢ 学生分组
	原理讲授	➢ 阐述教学目的与意义 ➢ 技能及操作原理讲授
	整体示范	➢ 语言发音示范 ➢ 实验操作示范 ➢ 体育动作示范 ➢ 艺术技能示范
参与性练习	详细示范	➢ 技能拆解示范 ➢ 技能分步示范 ➢ 技能组合示范
	要领讲解	➢ 讲解技能要领（动作使用环境、时机等） ➢ 推荐讲解类型（文本、语音、多视角视频类讲解）
	练习指导	➢ 技能模仿引导 ➢ 技能练习反馈
自主练习	过程记录	➢ 练习者生理数据 ➢ 练习时长记录 ➢ 练习次数记录 ➢ 动作完成度记录 ➢ 动作流畅度记录 ➢ 动作失误次数记录
	辅助练习	➢ 模拟练习 ➢ 对抗练习 ➢ 分解练习 ➢ 慢动作练习 ➢ 发现错误练习 ➢ 提供练习场景、内容

续表

技能学习环节	技能评估具体内容	
	类型	内容
自主练习	个别纠错	➢ 正误动作判断 ➢ 动作要点提示
迁移应用	情景提供	➢ 语言技能应用情景 ➢ 体育动作应用情景 ➢ 实验操作应用情景 ➢ 艺术技能应用情景
迁移应用	迁移诊断	➢ 记录过程数据 ➢ 提供迁移反馈 ➢ 提供操作提示 ➢ 评价迁移结果 ➢ 提供改进建议

三、典型案例

1. 技术支持下的乒乓球接发球教学

发球机器人基于人工智能技术、机器人控制、人机交互等智能技术，通过专业软硬件的结合，研发出物体高速运动动态捕捉、人体姿态识别等功能，为乒乓球运动提供了全面而高效的解决方案。同时，发球机器人可以模拟人类发球动作，提供便捷个性化球拍快换，全覆盖的发球轨迹，并可在手机端设置旋转等级、速度等级及落点位置等。发球机器人可以作为教学工具，参与乒乓球辅助教学（图4-15）。在自主练习环节，发球机器人可从过程

图4-15　发球机器人与练习者进行对抗练习

记录和辅助练习两个方面发挥作用。基于大数据、人体姿态识别等智能技术，发球机器人能够记录练习者的练习时长、练习次数、技术动作完成度、球速以及击球轨迹等，并对所采集的数据进行分析，为练习者提供个性化训练方案。同时，该机器人能够模拟人类专业发球动作，代替体育教师参与学生的接发球对抗练习，帮助学生提高接发球对抗技能。

同时，发球机器人可根据教与学需求模拟不同类型、不同难度的动作技能应用情景，支持学生进行技能迁移。此外，在迁移过程中教师可借助发球机器人记录的过程性数据和迁移反馈，结合自己的观察给予学生技能应用的指导，并综合性地给出技能掌握评价。

【案例点评】

在开展体育教学的过程中，如何引导学生积极参加体育活动的同时做到尽可能避免学生发生训练损失或意外，一直是中小学体育教学需要解决的问题之一。基于大数据等智能技术的体征测量则为上述问题的解决提供了新思路。发球机器人在体育运动中的介入能够更好地评价学生的体育运动技能，做到标准化还原人类教师的发球动作，与学生进行对抗练习，记录学生在练习过程中的数据，如练习的次数和时长、动作的标准程度等，并依据大数据和智能技术对记录数据进行处理与分析，智能生成学生的个性化训练方案，帮助学生在体育运动技能类的训练中取得更大地进步。

2. 物理虚拟实验室支持下的物理实验技能评价

物理虚拟实验室是一款支持教师开展实验教学的系统。该系统内置物理相关的电学引擎、光学引擎、热力学引擎、力学引擎，有真实的反应现象和准确的实验数据，能够为师生提供一个近似真实的模拟实验操作场景。基于物理虚拟实验室对学生的实验操作技能进行评价是一种有效且可行的方法。

在学生进行实验操作的过程中，可以借助该虚拟实验室进行仿真物理实验练习。在此过程中，系统可以从两个方面支持实验技能评价：一是实验过程记录和分析，如学生的练习时长、练习次数、实验操作正误细则等数据并进行分析，给出描述性统计报告，辅助教师了解学生的实验操作技能情况；二是实验操作评分，基于大数据等技术支持的智能评分功能可对学生自主练习过程中的正误操作进行判断评分，呈现得分和失分细则，并根据学生实际操作情况给出改进建议。在帮助学生习得实验操作技能的同时，也利于教师直观了解学生的实验操作情况，及时调整教学进度和策略等，如图 4-16 所示。

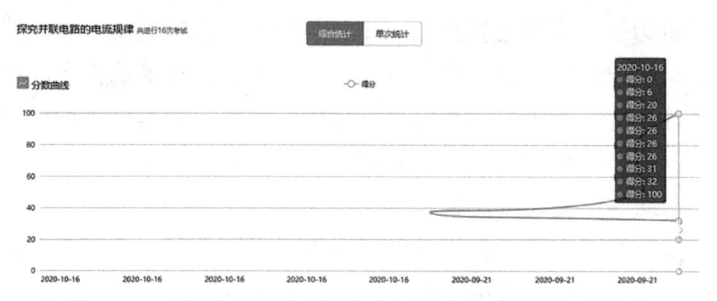

图 4-16 "探究并联电路的电流规律"实验学生得分统计

【案例点评】

物理虚拟实验室是一款面向中学生物理实验操作练习与测验的平台。与传统的实验操作练习不同的是，虚拟实验室可以借助大数据等智能技术对学生的实验过程性数据进行记录，如实验的练习次数、实验的操作时长、实验操作的流程顺序与操作步骤的准确性等，并依据这些收集的数据进行分析，并以可视化的形式反馈给学生，为学生提供实验操作技能的改进建议。

3. 技术支持下的英语听说练习

智能英语听说练习平台是一个全方位的教学系统，它不仅具备"学、练、测、评、考"的完整教学闭环，还采用英语口语作业、模拟、考试智能打分技术，为学校的日常英语听说教学和听说备考提供全面而有效的解决方案。

在学生语言的学习与练习过程中，智能英语听说练习平台可针对英文、中文提供多维度语音评测打分技术，智能发音纠错技术可诊断出学习者每个细微的错误发音，实时纠正错误发音，做到精准指导（图 4-17）。针对口语的单词、句子、段落等不同的英文口语评测模块，它以多个维度对学习者的口语进行评价，为学习者发音纠错提供依据。以句子为例，可分别对单词发音、完整度、流利度、句末升降调、重音等多个维度进行评分。此外，该系统还可以对口头作文、看图说话、故事复述等口语考试题型进行评分。

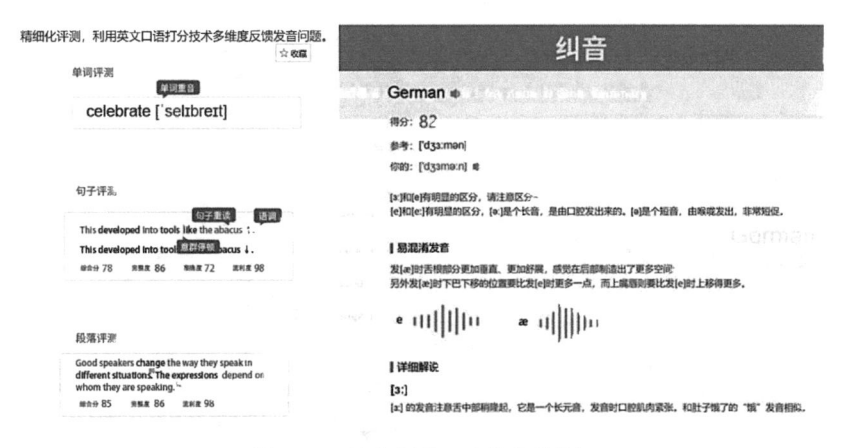

图 4-17　综合评分、定位与诊断

【案例点评】

智能英语听说练习平台专注于语言发音技能测评，为语言学习提供了极大的便捷性。该系统借助语音识别和自然语言处理等技术，在学生发音练习中录音并对发音技能进行评价，不同的语言都有各自评价的维度，做到精准点评；对发音中出现的错误和不准确的地方进行纠正，针对易混淆的发音给出发音技能示范。口语技能的测评为学生的发音练习提供了精确的指导，学生可以通过不断的练习提高发音技能。

4. 技术支持下的钢琴陪练

钢琴陪练智能 APP 可以充当智能学伴的角色，与传统的在线钢琴陪练模式相比，它有着诸多显著的优势。传统的在线钢琴陪练需要学生和老师同步练习与指导，教师在陪练过程中需要持续不断地集中注意力，且一个老师只能同时关注一位学生。智能技术介入后，在学生练习的过程中，钢琴陪练智能 APP 可以纠正错音、漏音、不流畅、节奏错误、速度不稳定等问题。它支持各种练习方式，如分手练、分段练、慢练、合奏练习等，如图 4-18 所示。

钢琴陪练智能 APP 为在线音乐教育带来了全新的思路。首先，使学生可以随时随地进行练习。无论是在家中还是其他场所，只要有手机等移动设备，学生就可以下载并安装 APP，随时开始练习，这种灵活的学习方式使学生不再受到时间和地点的限制。其次，无需外接设备，进一步简化了学习流程。学生只需使用移动设备上的 APP，就可以进行练琴，使得学习过程更加便捷和高效。习惯的养成在技能类学习中也十分重要，钢琴陪练智能 APP 有定时提醒功能，还可以记录学生的练习数据和进步情况，生成学习报告和反馈，帮助学生更好地了解自己的学习状况。

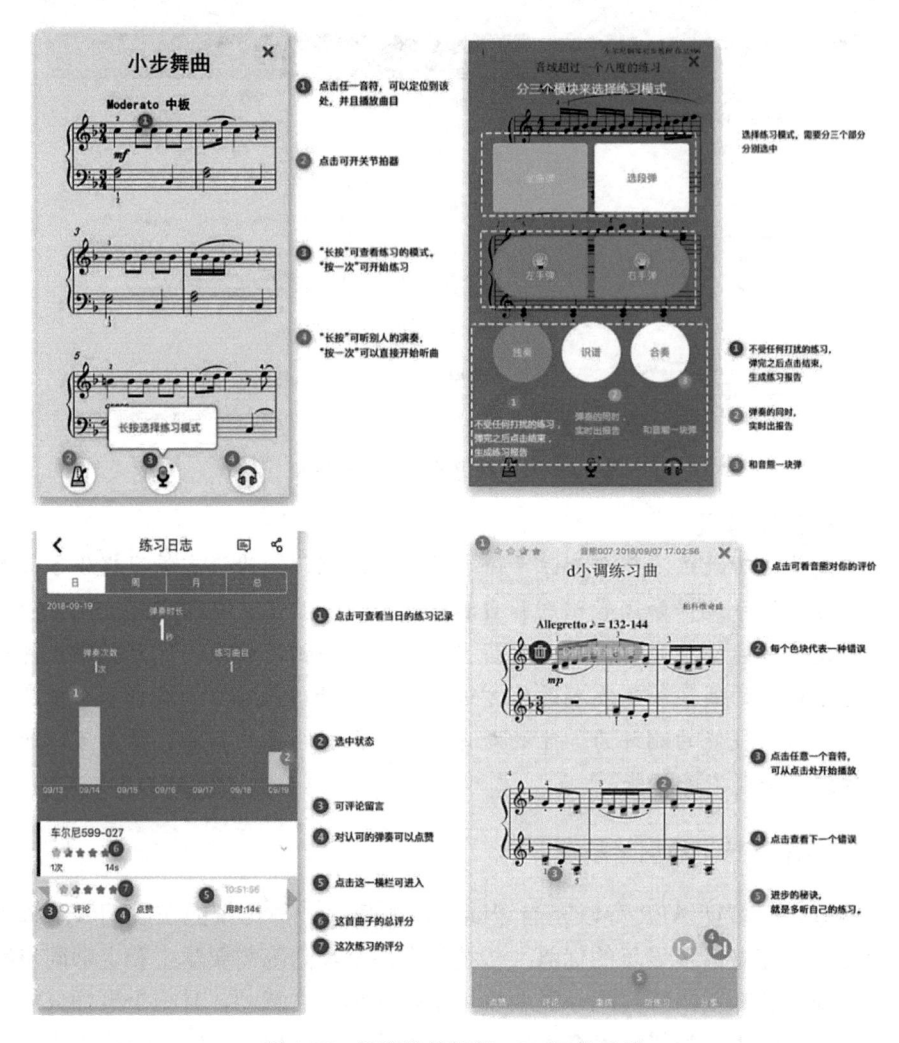

图 4-18　钢琴陪练智能 APP 评价反馈

  钢琴陪练智能 APP 提供多种练习模式，以满足不同学生的学习需求和练习风格。同时，该 APP 根据选定的练习模式进行弹奏过程记录与分析，并给出评价，尤其是 APP 能够及时发现学生弹奏过程中出现的错误，并进行反馈。学生可以根据这些反馈及时调整自己的弹奏方式，纠正错误，从而更加熟练地掌握技能。

【案例点评】

  钢琴陪练智能 APP 在音乐类技能训练中起到了重要作用。它摆脱了传统教师陪练模式中的诸多弊端，让音乐技能的测评可以不受时空的限制。其借助智能技术，能够精确地记录学生在弹奏过程中出现的错音、漏音、节奏不准确等问题，还可以根据乐谱中的每个音节点为学生提供反馈，学生可以清楚地了解到自己的不足之处，进而有针对性地进行改进，提高弹奏技能。

学习活动

1. 再次阅读案例一，小组讨论交流利用"小词典"会得到哪些小明的学习数据，如何依据这些数据对小明进行指导？提示：可以从单词、语句等方面进行考虑。

_____
_____
_____
_____

2. 选择一个智能技能评估 APP 进行测试，将测试过程和测试过程中产生的数据记录在表格中，并谈谈这些数据带来的启发。

APP 名称：_____

测试项目	测试过程描述	测试结果

总结评价及反思：_____
_____
_____
_____
_____

第三节 过 程 评 价

导言

学习评价是学习过程的重要组成部分，只有通过评价我们才能了解学生是否正确地走向学习目标。然而，怎样的学习评价才是正确的学习评价呢？以往，因为浓厚的应试环境，我们较为看重结果性评价——认为考试分数就是一切，一切为了高分。结果导向是绩效管理理论的核心思想之一，是一种重视目标达成度和效益取向的价值导向。当然，结果性评价有它的意义，可以检验阶段性的部分学习成果。今天，我们大力倡导"过程评价"。因为，过程评价是把评价自然嵌入学习过程中，让孩子真正成为学习的主人，通过对学习任务的深入理解、学习过程的恰当展开和有效的自我调控，实现高质量的、有效的学习。

🎯 学习目标

☐ 能够说出过程评价的概念、内容、目的及方式
☐ 能够归纳出技术在过程评价中发挥的作用
☐ 能够根据教学需求选择合适的技术产品，设计技术支持的过程评价方案
☐ 能够分析过程评价数据，调整优化教学
☐ 能够理解技术应用于过程评价的边界，注重学生数据隐私及安全保护

一、场景描述

在素养培养的时代背景下，更加强调培养学生真实情境下的问题解决能力，这就需要在教学活动中收集学生在学习过程中全方位的信息，并基于这些信息给予学生真实、综合的评价。同时，依托过程评价，教师可以及时了解学生在各阶段的学习情况和问题，进而及时调整教学计划，或者结合个别学生的实际情况安排个性化指导。作为一名教师，了解并掌握过程评价的定义、方法和意义是非常重要的。

📋 学习活动

案 例 一

《爱心跳蚤市场》是某数学老师根据北师大版二年级数学第二单元《购物》、第四单元《图形的变化》等内容设计的项目式学习案例。通过创设班级要举行"跳蚤市场"的情境，要求学生通过整理、收集同学们的旧物，为其登记、定价，组织开展校内"跳蚤市场"，最终通过买卖爱心商品所得捐献给希望小学。通过该项活动，学生能够习得有关人民币的简单计算技能，学会付钱、找钱，并能解决一些简单的实际问题。在课程教学中，为了关注

学生在合作探究等能力上的变化，老师设计了如下的评分表格，以收集相关数据，对学生在合作探究过程中的表现进行全面评价。

学生合作沟通表现评估表

评价内容：在合作中进行有效沟通	1分 基本做不到	2分 有时能做到	3分 常常能做到	4分 做得非常好
能清楚地表达自己的想法				
能提出问题、回答问题				
能给他人有用的反馈，这些反馈是具体的、可行的				
有礼貌，能尊重别人的观点				
会委婉地表达不同意见				

——案例选自《"基于国家课程的项目式学习"优秀设计方案集（2021年春季学期）（数学学科）》，深圳市南山区教育科学研究院、陕西师范大学教育学部"基于国家课程的项目式学习"项目组编写

在上述案例中，该名老师是在教学的哪些环节开展了过程评估？通过评估，他可以获得学生的哪些表现？你认为收集到的学生表现，在教学中起什么作用？

Q1：教师是在教学的哪些环节进行了过程评估？

_____

_____

Q2：通过评估，教师可以获得学生的哪些表现？

_____

_____

Q3：你认为收集到的学生表现，在教学中起什么作用？

_____

_____

（一）过程评价的定义

过程评价是在教育、教学活动的计划实施的过程中，为了解学习的效果、过程以及与学习密切相关的非智力因素等动态过程的效果，运用如过程评价表、成长记录袋等形式进行全面的评价，以便及时反馈信息，及时调节，不断完善计划、方案，顺利达到预期的目的而进行的评价。[1]

（二）过程评价的特征

过程评价一般具有两个重要的特征。

1) 关注学习过程。学生在学习的过程中会采取不同的学习方式，不同的学习方式又会导致不同的学习结果。过程评价关注学生学习过程中的学习方式，通过对于学习方式的评价，将学生的学习方式引导到深层次的评价上。例如，过程评价中的学生自评、互评的方法，可以使学生逐步把握正确的学习方式，树立正确的学习动机，掌握适合于自己的学习策略，从而真正提高学习的质量与效果。

2) 重视非预期结果。学生的学习过程是丰富多样的，不同的学生会有不同的学习经历，从而产生不同的学习结果。传统的目标导向的学业评价，将评价的目标框定在教育者认为重要的、十分有限的范围内，这种做法使得很多有价值的教育目标被忽视，评价导向的积极作用被削弱。相比之下，过程评价则将评价的焦点转向学生的整个学习经验领域，认为凡是有价值的学习结果都应当得到评价的肯定和认可，而不仅仅局限于预定的目标范围。其结果是，学生的学习积极性大大提高，学习经验的丰富性大大增强。过程评价也对学习的结果进行全面的评价，但与传统评价所不同的是，这里的结果是过程中的结果（process outcome），并且其评价标准不再是预设的、单一的，而是目标游离和价值多元的。例如，学生自己的一些非正式的学习活动，如与人谈话、浏览网络、看电视或者阅读一些教师所列书单之外的书籍等，都可能引发他们新的思考，这些新思考往往成为新思想、新发现的重要来源。

（三）过程评价的分类

依据评价主体，过程评价一般分为学生自评、同伴互评、教师评价三种基

---

[1] Kotz S A, Friederici A D. Electrophysiology of normal and pathological language processing[J]. Journal of Neurolinguistics，2003，16（1）：43-58.

本形式[1]。学生自评是过程评价中的一个基础且关键的环节。首先，学生自评可以帮助学生更全面地认识自己的学习过程和结果；其次，通过自评，学生可以反思自己的学习策略、方法和态度；最后，学生自评还具有监督和导向作用。总之，学生自评是过程评价中不可或缺的一环。同伴互评是过程评价中的一种常见且重要的评价形式。通过同伴互评，学生可以互相学习、互相借鉴。同伴互评也为学生提供了一个展示自己、学习他人的平台。同伴互评还可以有效激发学生的学习动机。在实施同伴互评时，可以以学生小组为单位开展组内、组间互评，也可以打破学习小组的界限，进行随机或全员互评，这样可以确保评价的多样性和客观性。目前，现代技术手段（如蓝墨云班课等）也为同伴互评提供了便利。它能够支持学习小组的产生、组内组间互评、随机选人等功能。教师评价是过程评价中的重要环节，它不仅可以寻找和发现有个性特长的学生，还可以诊断学生的学习问题，从而做出有针对性的指导。对于教师自身而言，通过过程评价可以深入分析和反思教学中存在的问题，进一步优化教学行为和教学过程，进而提高教学能力。然而，在传统的课堂教学环境中，由于课堂时长有限、教师任教班级数量较大等因素，教师往往难以及时、准确地掌握每一名学生的学习情况。随着智能技术在教育教学领域应用的不断发展，大量的技术工具可以帮助教师开展更加精准的学生过程评价，为教师提供全面的学生学习情况反馈，帮助教师及时调整教学策略，优化教学设计和教学方法，提高教学效果。

依据过程评价开展的时间点，过程评价可分为程序式评价和随机式评价。程序式评价通常在一个学习阶段结束时进行，旨在反思与评定学生的学习过程。作为一种事后的过程评价，程序式评价有以下三个特点。①具有相对集中的时间与合适的场地。评价可以在一个模块学习结束后进行，也可以在一个学期结束后进行，可以每个模块都实施过程评价，也可以只在部分模块中实施过程评价。②评价过程中会有相应的记录。如过程评价量表、小组互评记录、教师评语等形式。③评价的结果会作为学生阶段学习成绩的评定依据。随机式评价是一种灵活且即时的教学评价方式，它不受固定时间、地点与完整评价程序的限制。在教学过程中，随机式评价以其独特方式发挥着重要作用。教师在课堂上对学生的一句表扬或批评、一种肯定或否定，甚至一个眼神、一个动作，都可能成为学生学习与思考的引导。正因为随机式评价具有这样的特点，它才能与教学融为一体，成为教学过程中不可或缺的一部分。然而，随机式评价也存在一定局限性，如不进行评价记录，其结果不纳入学生的整体评价之中，这些因素在一定程度上制约了其应用范围及效果。上述两种评

---

[1] 郑明达. 过程性评价的组织策略与方法研究[J]. 中国电化教育，2010，(9)：107-109.

价方式各有特点。前者可以发挥学生的主观能动性，在评价中，学生不仅接受评价，还学会了如何进行评价，但耗费的时间长，师生的评价负担较重。后者则有利于发挥教师的主导作用，且方式灵活，并有利于教学的组织，因为它能迅速应对课堂上的各种情况，但学生往往较为被动。因此，将程序式评价和随机式评价结合起来使用，可以充分发挥两者优势，同时弥补彼此的不足。

依据具体的评价方式划分，过程评价包括轶事记录、课堂观察、成长记录、个别交流、态度调查、辩论演讲、作文比赛、模型制作等。任何一种评价方法与评价工具都有其局限性，不能完全评价出一个学生的全部素质与能力。因此，对于学生的过程评价，应当采用多种评价方法相结合的方法，避免单一评价方式可能带来的片面性和误差。例如，某实验学校的历史课教师推行的"课前5分钟演讲"活动，将教学、竞赛与评价结合起来，取得了很好的教学效果。具体做法是：首先，规定与教学内容相关的演讲主题，要求每个同学都必须作好演讲准备，将学生分为若干学习小组，竞赛以小组为单位。然后，随机抽取某一个小组就规定的主题作课前5分钟演讲，演讲的质量当堂评定，作为小组成绩。模块学习结束后，教师对各个小组的表现进行综合评价。实践表明，这种方式极大地激发了学生的学习积极性，学生在演讲的准备过程中，广泛搜集课外资料，不仅汲取了丰富的知识，更在无形中培养了他们的集体荣誉感。

二、智能技术作用点

实时准确掌握学生学习过程中的行为数据，是近年来智能技术在教育教学领域中的一项重要应用。通过对学生学习行为的实时记录，教师能够获得大量高质量的过程性数据，对学生学习过程的评价更为客观和全面。同时，学生也可以通过查看自己的学习报告，了解自己在各个学习环节的表现，从而有针对性地调整学习策略和方法，使得学习结果更具可预测性。

📋 学习活动

案 例 二

基于移动网络环境，结合大数据、人工智能等技术可以极大地提升教师与学生之间的课堂内外即时反馈教学互动，从而提高教学效率，激发学生的学习兴趣，实现教师与学生之间的教学互动、资源推送和反馈评价。同时，将学习者在线学习的时间、学习内容、查看资源、签到等学习行为轨迹详细记录在云端，形成学习者个体的过程性学习记录，并以可视化形式呈现给学习者[1]，如图4-19所示。

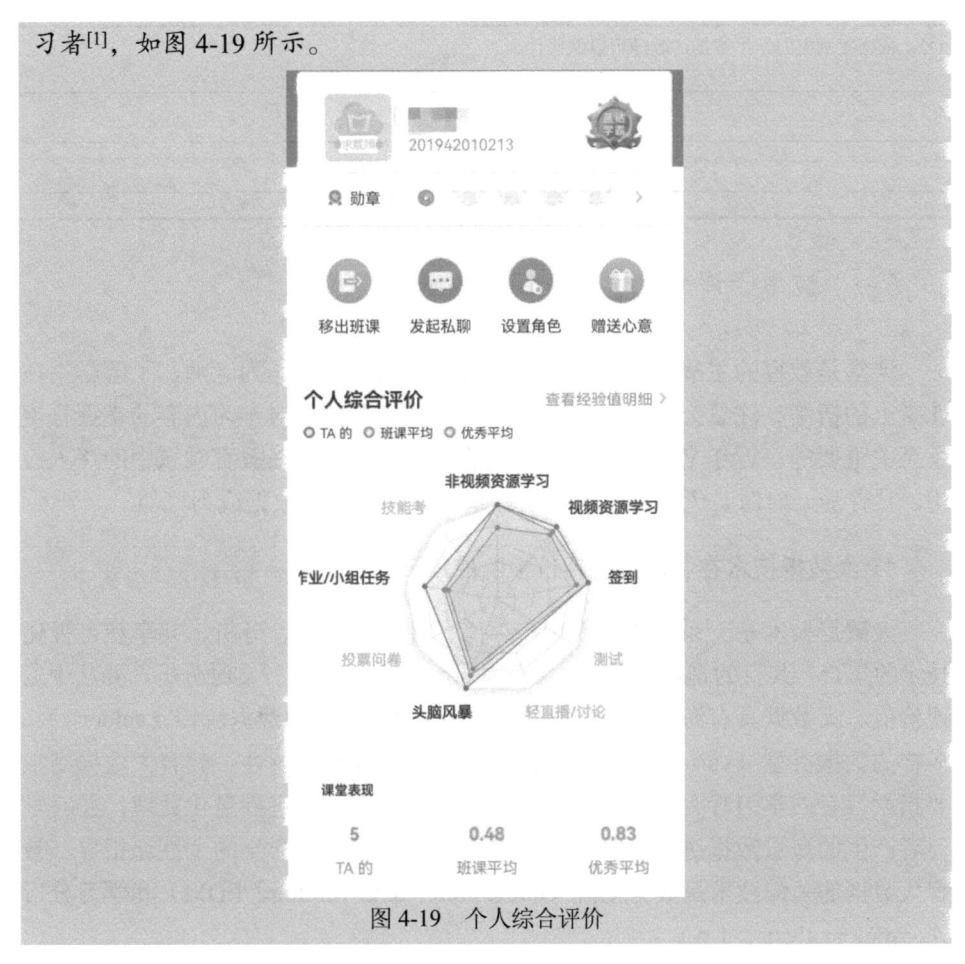

图4-19 个人综合评价

分析案例二，回答下列问题。

Q1：上述案例中，技术平台都收集了学生的哪些数据？

___

Q2：上述案例中，技术平台收集到的数据能够从哪些方面对学生进行评估？

___

[1] 张国云，杨文正，赵梅．"技术赋能学习"视域下新兴技术在教育APP中的应用前瞻分析[J]．中国电化教育，2018，（10）：107-117．

Q3：依据案例中的学生数据，教师可以做些什么？

（一）应用于课堂教学过程评价的智能技术

课堂是教育的主战场，是实现人才培养的主阵地。作为老师，了解学生在课堂上的情绪、注意力、学习兴趣等非智力信息和他们对学习内容的掌握程度是至关重要的。近年来，随着智能技术的高速发展和其在教育领域中的深入应用，让伴随、时时、无感地收集学生课堂教学中的过程数据成为可能。

1. 大数据技术在课堂过程评价中的应用

大数据技术是一系列数据收集、存储、管理、处理、分析、共享和可视化技术的集合。其目的是对大量的、多元的非结构化数据进行实时分析，并从中发现价值。大数据具有海量的数据规模（volume）、快速的数据流转（velocity）、多样的数据类型（variety）和巨大的数据价值（value）特性。教育大数据则主要指学习者的学习行为数据，即通过对学习行为和过程进行量化处理，并对学习者产生的海量数据进行分析，从而实现对学习者进行科学的个性化指导。教育大数据的关键技术是数据挖掘（educational data mining，EDM）和学习分析（learning analysis，LA）。[1]

在教育领域，数据挖掘和学习分析技术主要体现在记录和分析学生的学习行为数据，及时掌握学生的学习状况，个性化、自适应地提供更为有效的学习支持服务。除了记录学生学习行为，还可以分析学生的学习偏好、学习兴趣、学习特点，为学习者建立学习模型，绘制学习肖像，个性化地呈现学习内容、提供学习指导。

通过分析学习者的学习数据，我们可以及时掌握他们的学习状况，为其提供更为精准和高效的学习支持服务；通过记录并分析学习者的学习偏好、学习兴趣、学习特点和学习条件等数据，我们可以有效地指导开发出多种适合学习者高效学习的资源；通过学习分析技术，我们可以对所收集的学习数据进行深度分析，为不同学习者构建个性化的学习模型，描绘出他们的学习肖像和学习

---

[1] 张国云，杨文正，赵梅．"技术赋能学习"视域下新兴技术在教育 APP 中的应用前瞻分析[J]．中国电化教育，2018，（10）：107-117．

路径轮廓，依据这些个性化的学习轨迹，我们可以动态呈现相应的学习资源和其他内容，为其提供有针对性的学习指导，实现真正的学习个性化。

综上，借助智能技术的强大功能，我们可以将学习者的整个学习过程行为转化为详尽的数据，运用教育数据挖掘和学习分析技术对其学习过程状态进行精细分析、有效评估和结果预测。这一数据驱动的方法有助于实现个性化的自适应学习，使得学习过程评价更加精准、科学。

2. 计算机视觉技术在过程评价中的应用

计算机视觉技术，作为人工智能领域的关键支撑技术，不仅能够有效获取和理解自然界中的物理图像，而且使得计算机逐渐具备了接近人类理解环境的能力。计算机视觉技术由四个基本环节构成：图像采集、特征提取、特征模型训练以及特征模型输出，如图 4-20 所示。其中的特征提取与特征模型训练五节是借助机器学习技术得以实现的，它们构成了计算机视觉技术中的人工智能核心。计算机视觉技术实质上是运用机器学习的原理和技术，模拟人类对图像的识别与感知过程，从而实现对图像信息的深度理解和应用。

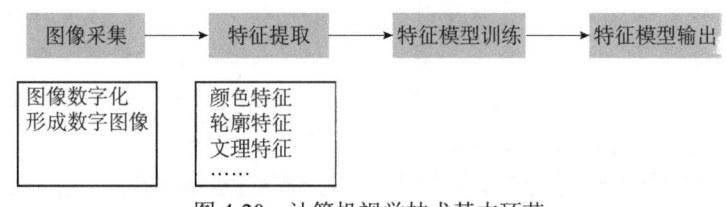

图 4-20　计算机视觉技术基本环节

课堂无疑是教育教学改革的重中之重，而对课堂教学进行深入分析，则是提升教学品质的关键环节。进入 20 世纪 70 年代，课堂教学量化分析迎来一轮发展高潮，一系列研究方法相继崭露头角。这其中，以 S-T 师生行为分析法、弗兰德斯互动分析系统（Flanders Interaction Analysis System，FIAS）、古德和布罗菲的双向互动系统、卡兹登的课堂言语 IRE 序列（Initiation Response-Evaluation）等为代表。特别是 S-T 师生行为分析法和 FIAS 的出现，它们以课堂教学视频作为核心研究对象，运用"时间取样法"进行精确的数据采集，再通过人工编码的方式量化师生的行为以及言语互动，从而为课堂分析提供了有力工具。

课堂教学视频中的师生行为交互，不仅是课堂教学不可或缺的组成部分，也是传统分析方法中最为耗时耗力的环节。近年来，随着人工智能领域计算机视觉技术的突飞猛进，深度学习方法相较于传统方法展现出了显著的优势。因此，在课堂教学视频的特征提取与识别过程中，深度卷积神经网络（deep convolutional neural networks，DCNN），得到了广泛应用[1]。

📖 拓展阅读

　　坚持立德树人的根本任务，培养德智体美劳全面发展的优秀人才，这是对"培养什么样的人"这一问题的深刻诠释。体育课在落实国家育人目标、增强学生体质方面发挥着重要作用。长期以来，体育课的测评与教学往往过度依赖于教师的人为工作，这不仅增加了体育教学的工作负担，也容易出现对学生运动动作识别主观性的问题。为此，智能体育评测与教学系统的出现，为学生运动测评提供了技术支撑（图4-21）。运用先进的视频感知技术和人工智能视觉算法，我们能够实时采集、分析、评测与指导学生在体育运动中的成绩、状态、体能等各项指标。这不仅实现了体育教学场景和考试场景的无感化、智能化，大大减轻了体育教师的教学负担，同时也增强了体育教学的趣味性和教学效果。更重要的是，它有效解决了传统基于红外、压力等传感器技术的体测产品在考试中对学生造成的干扰以及无法识别违规动作等痛点问题，从而极大地提升了考试的标准性和公平性。利用科技力量推动体育教育模式转型，助力青少年身心健康。同时，基于智能体育评测与教学系统，学生的每一次运动数据都得以精确记录，这为科学训练提供了有力依据。学生们在追求刷新纪录的过程中，体育课变得更有目标性和吸引力，他们的兴趣也因此得到进一步激发。

图4-21　智能体育评测与教学系统

---

[1] 孙众，吕恺悦，骆力明，等. 基于人工智能的课堂教学分析[J]. 中国电化教育，2020，(10)：15-23.

（二）应用于作业批改的智能技术

作业不仅是检验学生知识掌握情况的重要手段，更是反馈学习效果的关键过程数据。在日常教学中，通过对作业批改结果的深入分析，我们可以累积形成学生学期学习的过程数据，进而准确评估学生在一段时间内的学习成效。另外，智能技术在辅助教师开展精准、高效的作业批改方面，发挥了举足轻重的作用。

自然语言处理是人工智能领域中至关重要的一个研究方向，它致力于实现人与计算机之间通过自然语言进行高效沟通的理论探索和实践应用。自然语言处理技术融合了语言学、计算机科学、数学等多学科的知识，使我们能够利用日常语言与计算机系统进行交流。自然语言处理技术广泛应用于机器翻译、文本分类、问题回答、作文批改以及语音视频等多个领域，极大地推动了人机交互的发展。

案例体验

IN 课堂是在国家语委语言智能研究中心指导下，围绕中文作文智能批改、英语作文智能批改、语文自适应学习、汉语智能写作等在内的基于自然语言处理技术的教育应用产品。该平台官方网站推出了免费体验功能，同学们进入网站后，可以体验中文作文和英语作文智能批改功能，如图 4-22 至 图 4-24 所示。

除了提供中英文作文的智能批改功能，自然语言处理技术还具备对老师的教学设计方案和课堂教学实录文本进行深入分析的能力，从而直观地识别出教学活动中的各个环节。借助自然语言处理技术，系统可以精准判断教学活动是否与学生的心理过程相契合，进而有效地促进学生的认知发展。

图 4-22　IN 课堂官方平台

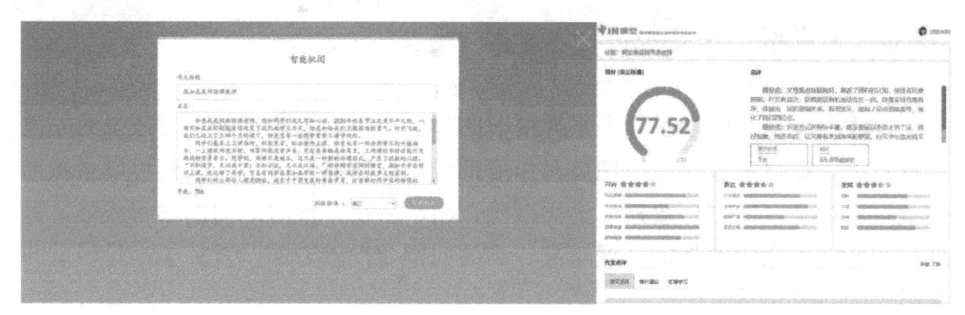

图 4-23　中文作文批改

图 4-24　英语作文批改

（三）过程评价数据的分析呈现

学习分析仪表盘（learning analysis dashboard，LAD）作为大数据时代的新生学习支持工具，可以理解为"量化自我"或"监测自我""自我追踪"的具象化展现[1]。它在推动差异化及个性化教学方面发挥着举足轻重的作用。LAD以学生与学习情境为对象，以教育活动和学习分析过程中产生的海量数据为基础，它巧妙地运用学习分析的潜在价值，对学习过程中的行为、习惯、情绪等加以评量、收集、分析与报告，洞悉学生的表现及学习进展。LAD能够实时以可视化方式呈现详细的学习反馈信息，为评估与预测学习活动提供有力依据，有助于发现潜在问题，并有效解决在线学习中缺乏"人性交互"的问题。它如同解锁学习者学习过程"黑匣子"的钥匙，为教与学提供了有效的指引和激励，促进自我意识、自我反思、自我行为监控和学情追踪，培养学生的高阶思维能力，进而优化和重构学习过程。[2]

LAD以其独特的图表、图形、指示器和预警机制等，将原本抽象、繁琐

---

[1] 张振虹，刘文，韩智. 学习仪表盘：大数据时代的新型学习支持工具[J]. 现代远程教育研究，2014，(3)：100-107.

[2] 姜强，赵蔚，李勇帆，等. 基于大数据的学习分析仪表盘研究[J]. 中国电化教育，2017，(1)：112-120.

的学习行为数据转化为具体、直观的可见信息。这一转变不仅便于我们从庞大的学习行为数据中探寻潜在规律，更能深入挖掘出其中的隐含信息，从而有助于我们更加精准地识别学习者的认知特点，进而有效提升学习绩效。

由于用户对象和目标的不同，LAD 在数据收集与呈现方式上呈现出显著的差异性。它不仅能直观展示诸如登录信息、成绩效果、资料查看下载等简单的原始数据，还能够深入挖掘和呈现基于复杂算法与数据挖掘分析得出的学生在情感、认知、动机等深层次的学习信息。从呈现方式上，LAD 通常采用多种图表形式，如雷达图、柱状图、折线图、标签云等。

图 4-25 为某平台基于学生学习行为数据形成的雷达图，展现了该学生在签到、查阅资源、作业/小组任务、头脑风暴等学习活动上的表现以及班级优秀同学的表现和班级同学的平均表现。该图使用不同的颜色和图例，直观地呈现了该学生在相关学习活动上的表现优劣，能够及时反馈学习效果，为调整学习策略提供参考依据。

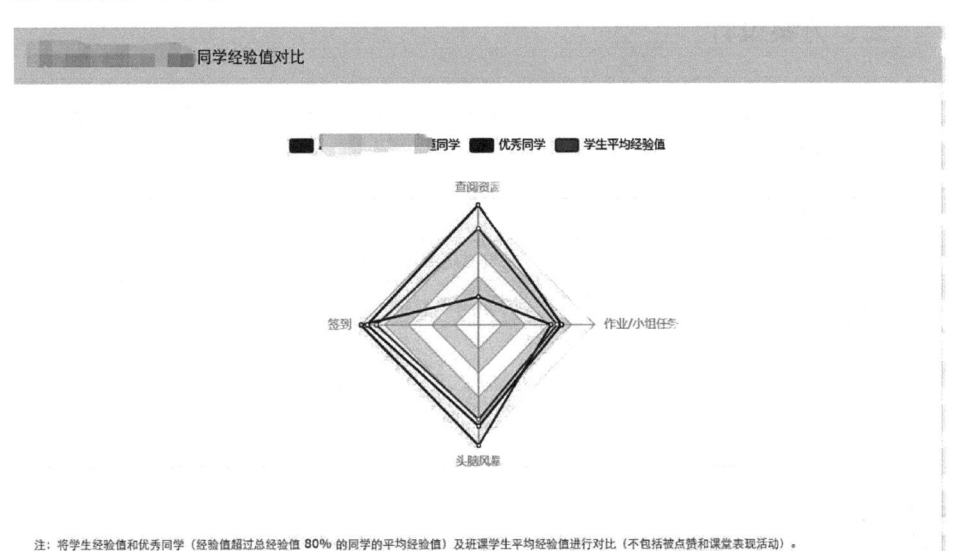

图 4-25　学习分析仪表盘（LAD）

LAD 还可以使用"植物生长"式的图表和文本方式展示学生个性化的学习进程和成绩报告（图 4-26）。如已经解决的问题、掌握的学习策略以及获得的知识，旨在促进学生学习和自我反思。

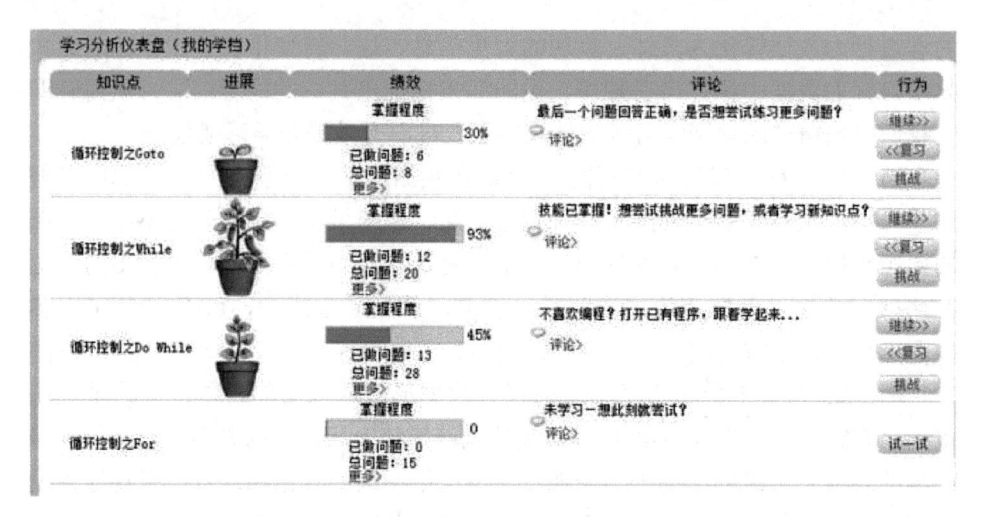

图 4-26　学生成绩报告

三、方案设计

根据学习内容，请自行选择一个学科内容和课堂教学，选择平台、智能技术，设计过程评价案例。

学科内容			
智能技术选择			
技术名称	技术功能	应用场景	预期应用效果
例：计算机视觉	识别学生面部表情和学习行为	课堂教学	评估分析学生学习效果，及时调整教学策略

📋 讨论活动

根据下面的文章，围绕"当智能技术进入课堂和学校，我们如何避免学生隐私信息泄露"这一议题展开讨论。

案例文章

人工智能技术在方便学校教学和管理时，也面临个人隐私保护等争议
——AI 进校园，边界在哪里？

（来源《中国教育报》，2019 年 10 月 24 日，第 4 版）

人脸识别类技术进校园的话题持续引发关注，此类人工智能（AI）技术除了应用于校园门禁控制、学生考勤管理,还能全程监控课堂,就连学生发呆、打瞌睡和玩手机等动作行为都能被识别出来。随着 AI 时代的来临,AI 技术在为教学提供辅助、提高学校管理效率、确保学生安全的同时,也面临公共数据采集与个人隐私保护、使用目的的正当性、数据泄露风险等争议,AI 技术进校园,边界究竟在哪儿?

变化:人脸识别"潜入"校园

新学期伊始,中国药科大学的学生们发现,熟悉的校园出现了新的改变——校门口、宿舍和图书馆都安装了人脸识别门禁。

对此,学生们的接受度还挺高。不少学生认为,门禁识别准确、速度快,不用再担心忘记带校园卡,确实比较方便。而且采集了学生出入宿舍、图书馆等信息的系统,还能帮助学校统计学生的回寝时间、晚归次数等,提高了宿舍的安全性。

而在学校的教室里,也在尝试使用人脸识别系统。中国药科大学图书与信息中心主任许建真说:"之前有的同学点完名就跑掉了或者请别的同学代(点名),但是有了人脸识别就没这个问题了,只要你进教室那一刻起,它就对你全程进行识别。你低头多长时间,你是否在玩手机,你是否在发呆,你是否在看别的书,都能感知到。"

在校方看来,这能有效解决传统考勤方式中管理难度大、效率低的问题,从而方便教务管理者实时掌握班级学生考勤情况,是在"探索泛在、灵活、智能的教育教学新环境建设与应用模式,努力提升技术能力和服务水平"。

……

安全是人脸识别技术在校园应用的最初方向。据记者了解,在山东、上海、河南等地的一些幼儿园和小学,已经开始探索运用人脸识别技术进行校园智能安防。这类智慧型校园安防系统,能对校园及周边一定距离的安全区,进行实时监控。当学校有大型活动时或者学生集中放学时间,校园大门口会聚集大量人员,该系统将自动进行"非安全身份识别",一旦有陌生人靠近,系统监视屏会自动报警提醒,学校安保人员可及时处置。

除了应用于安防,一些学校也开始"试水"用人脸识别来保证出勤率和提高听课效率。去年 4 月份,重庆二十九中在教室内启用了一套人工智能分析评估系统,该系统通过观测学生细微的表情变化,来判断学生对所学内容的理解程度。"专注度高的学生占比 35%"、"思考学生占比 29%"、"疑惑学生占比 18%"、"不理解学生占比 3%",课堂两侧,两个电脑屏幕滚动着由大数据实时分析出的学生学习效果图。

……

还有一些学校开始尝试将人脸识别技术应用于学生的日常管理。去年11月，贵州11所中小学校开始推广使用"智慧校服"项目，利用"RFID（射频识别）+人脸识别"科技集成智能校服考勤系统，当穿着"智慧校服"的学生通过人脸识别进出校园后，系统内会自动记录学生进出校园和宿舍的精确分秒时间，同时保存前后20秒的实时视频。

一旦学生在上课时间内未经允许离开校园，GPS定位芯片会记录学生位置并激活门禁闸机自动语音报警器，提醒有学生离开校园。假如学生互换校服，警报会响起，它也能发送准确的具体位置，帮助学校和家长快速定位。

争议：是"危"还是"机"

人脸识别系统刚开始进入中国药科大学课堂，该校就有学生担忧，此举识别有侵犯个人隐私之嫌，一举一动都被人脸摄像头监视，"让人后背发凉"。校方表示，学校之前已向公安部门和法务部门咨询，由于教室属于公开场所，因此不存在"侵犯隐私"的说法。

……

利用人脸识别类技术，无论是进行课堂管理还是教学效果分析，都不可避免要收集海量数据。首都师范大学基础教育发展研究院教授苏尚锋认为，教室内使用人脸识别的初衷是对学生学习行为进行个性化追踪，而其目的在于经分析生成个性化的学习方案，以帮助学生提高学习效率，在这种理想情况下，是符合"人工智能+教育"未来趋势的。

在使用目的的正当性上，中国基础教育质量监测协同创新中心网络平台部主任张生认为，用人脸识别类技术来对学生进行管理，不能本末倒置，"学校应回归教育本身，多反思课堂的教学效果"。

人脸识别作为一项技术，其本身并没有什么问题，关键在于如何运用。同样的人脸识别技术，帮助幼儿园和小学建立智慧安防系统，用来寻找丢失的幼童或监护老人，就很少陷入争议。赵占领说："在这些场景里，个人隐私让位于人命关天的安全需求，这也符合人们心中牢固的共识。"在很多家长看来，对校园及周边实时严密监控，智能身份识别，严进严出，将危险扼杀在"摇篮"中，也大大降低了歹徒闯入校园作案的可能性，学生安全有保障。

人脸识别类技术的潜在危险还有数据泄露风险。律师告诉记者："人脸识别监控课堂的行为会产生大量的隐私数据，如果没建立相应的数据安全规范或未尽到妥善保管义务导致数据发生泄露，这些数据一旦被恶意使用，就会侵犯老师和学生的相关隐私权利，情节严重的可能会导致违法行为的产生。"

在业内人士看来，如果从教育教学发展等长远角度以及公共利益的立场来考量，在使用人脸识别类等AI技术的抉择上，不能因噎废食。

北京师范大学智慧学习研究院副院长曾海军说，包括人脸识别在内的 AI 技术广泛而有效地应用于教学、管理和服务，是未来学校教育发展的必然趋势，"规模化教育和个性化学习相结合的 AI 技术，具有更强的灵活性、包容性，可以助力重塑学校教育，进一步提升教学的效果、效率和效益，以适应现代信息化、数字化、智能化的学习型和创新型社会的需要"。

面对教育场景内不甚成熟的人脸识别类技术应用，以及个人隐私、数据安全等风险和争议，教育部科学技术司司长雷朝滋表示，希望学校非常慎重地使用这些技术软件，"包含学生的个人信息都要非常谨慎，能不采集就不采，能少采集就少采集，尤其涉及个人生物信息的"。雷朝滋还表示，目前教育部已开始关注这一情况，已组织专家进行论证研究。

……

近年来与个人隐私保护有关的法律

一、《中华人民共和国个人信息保护法》（第十三届全国人民代表大会常务委员会第三十次会议于 2021 年 8 月 20 日表决通过，自 2021 年 11 月 1 日起施行）

第四条 个人信息是以电子或者其他方式记录的与已识别或者可识别的自然人有关的各种信息，不包括匿名化处理后的信息。

个人信息的处理包括个人信息的收集、存储、使用、加工、传输、提供、公开、删除等。

……

第六条 处理个人信息应当具有明确、合理的目的，并应当与处理目的直接相关，采取对个人权益影响最小的方式。

收集个人信息，应当限于实现处理目的的最小范围，不得过度收集个人信息。

……

第九条 个人信息处理者应当对其个人信息处理活动负责，并采取必要措施保障所处理的个人信息的安全。

第十条 任何组织、个人不得非法收集、使用、加工、传输他人个人信息，不得非法买卖、提供或者公开他人个人信息；不得从事危害国家安全、公共利益的个人信息处理活动。

……

第二十八条 敏感个人信息是一旦泄露或者非法使用，容易导致自然人的人格尊严受到侵害或者人身、财产安全受到危害的个人信息，包括生物识别、宗教信仰、特定身份、医疗健康、金融账户、行踪轨迹等信息，以及不满十四周岁未成年人的个人信息。

只有在具有特定的目的和充分的必要性，并采取严格保护措施的情形下，个人信息处理者方可处理敏感个人信息。

第二十九条 处理敏感个人信息应当取得个人的单独同意；法律、行政法规规定处理敏感个人信息应当取得书面同意的，从其规定。

第三十条 个人信息处理者处理敏感个人信息的，除本法第十七条第一款规定的事项外，还应当向个人告知处理敏感个人信息的必要性以及对个人权益的影响；依照本法规定可以不向个人告知的除外。

第三十一条 个人信息处理者处理不满十四周岁未成年人个人信息的，应当取得未成年人的父母或者其他监护人的同意。

个人信息处理者处理不满十四周岁未成年人个人信息的，应当制定专门的个人信息处理规则。

……

第六十六条 违反本法规定处理个人信息，或者处理个人信息未履行本法规定的个人信息保护义务的，由履行个人信息保护职责的部门责令改正，给予警告，没收违法所得，对违法处理个人信息的应用程序，责令暂停或者终止提供服务；拒不改正的，并处一百万元以下罚款；对直接负责的主管人员和其他直接责任人员处一万元以上十万元以下罚款。

有前款规定的违法行为，情节严重的，由省级以上履行个人信息保护职责的部门责令改正，没收违法所得，并处五千万元以下或者上一年度营业额百分之五以下罚款，并可以责令暂停相关业务或者停业整顿、通报有关主管部门吊销相关业务许可或者吊销营业执照；对直接负责的主管人员和其他直接责任人员处十万元以上一百万元以下罚款，并可以决定禁止其在一定期限内担任相关企业的董事、监事、高级管理人员和个人信息保护负责人。

第六十七条 有本法规定的违法行为的，依照有关法律、行政法规的规定记入信用档案，并予以公示。

第六十八条 国家机关不履行本法规定的个人信息保护义务的，由其上级机关或者履行个人信息保护职责的部门责令改正；对直接负责的主管人员和其他直接责任人员依法给予处分。

履行个人信息保护职责的部门的工作人员玩忽职守、滥用职权、徇私舞弊，尚不构成犯罪的，依法给予处分。

第六十九条 处理个人信息侵害个人信息权益造成损害，个人信息处理者不能证明自己没有过错的，应当承担损害赔偿等侵权责任。

……

二、《中华人民共和国未成年人保护法》（2020年10月17日第十三届全国人民代表大会常务委员会第二十二次会议第二次修订，自2021年6月1日起施行）

……

第四条 保护未成年人，应当坚持最有利于未成年人的原则。处理涉及未成年人事项，应当符合下列要求：

（一）给予未成年人特殊、优先保护；

（二）尊重未成年人人格尊严；

（三）保护未成年人隐私权和个人信息；

（四）适应未成年人身心健康发展的规律和特点；

（五）听取未成年人的意见；

（六）保护与教育相结合。

……

第七十二条 信息处理者通过网络处理未成年人个人信息的，应当遵循合法、正当和必要的原则。处理不满十四周岁未成年人个人信息的，应当征得未成年人的父母或者其他监护人同意，但法律、行政法规另有规定的除外。

未成年人、父母或者其他监护人要求信息处理者更正、删除未成年人个人信息的，信息处理者应当及时采取措施予以更正、删除，但法律、行政法规另有规定的除外。

第七十三条 网络服务提供者发现未成年人通过网络发布私密信息的，应当及时提示，并采取必要的保护措施。

……

第一百二十七条 信息处理者违反本法第七十二条规定，或者网络产品和服务提供者违反本法第七十三条、第七十四条、第七十五条、第七十六条、第七十七条、第八十条规定的，由公安、网信、电信、新闻出版、广播电视、文化和旅游等有关部门按照职责分工责令改正，给予警告，没收违法所得，违法所得一百万元以上的，并处违法所得一倍以上十倍以下罚款，没有违法所得或者违法所得不足一百万元的，并处十万元以上一百万元以下罚款，对直接负责的主管人员和其他责任人员处一万元以上十万元以下罚款；拒不改正或者情节严重的，并可以责令暂停相关业务、停业整顿、关闭网站、吊销营业执照或者吊销相关许可证。

第五章　智能技术支持的教师专业发展

专业发展不仅是教师职业成长和教学能力进步的基石和动力源泉，更是其持续进步的核心所在，而智能技术在教育领域的融合应用，为教师的专业发展开辟了全新的道路。当前，借助智能技术的强大支持，教师能够开展基于诊断-推荐的自主学习，进行课堂行为分析以辅助评价反思，并依托虚拟情景进行实践训练。这一系列的创新举措，不仅推动了教师专业发展向证据导向、虚实融合、科学精进的方向迈进，更为其专业能力的发展提供了新方式及新路径。

第一节　基于诊断-推荐的自主学习

导言

教师专业发展涵盖教学实践的多个领域，但在其进程中常常遭遇多重挑战，如教师自身发展需求模糊不清、学习资源质量参差不齐以及学习过程缺乏有效指导等。鉴于教师需求的复杂性和多元性，智能技术的应用变得尤为重要。通过智能技术诊断并发现教学中存在的问题，教师可以更加清晰地认识自身的专业发展需求。而智能技术支持的诊断-推荐自主学习模式，不仅可以实现精准诊断，还能为教师提供具有针对性的资源推荐和答疑解惑，从而极大地推动教师的专业成长。

学习目标

- 能够说出教师自主学习的内涵、意义及方法
- 能够归纳出智能技术在教师自主学习中发挥的作用
- 能够适当选用智能技术完成自主学习需求的自我诊断
- 能够利用智能技术获取教师自主学习资源
- 能够适当选用智能技术进行自我反思并调整学习内容
- 能够利用智能技术管理学习过程，提高学习质量与效率

一、场景描述

在当前全球化的教师教育改革浪潮中，我们愈发强调教师专业发展应聚焦于教师个人的成长与提升，教师专业发展已经由"教师教育"转向"教师学习"[1]。在这个知识爆炸和科技飞速发展的时代，教师自主学习能力不仅成为他们适应时代需求的核心能力，更是提升教师培训质量的关键保障。因此，教师自主学习的意义显得尤为重要。

（一）教师自主学习内涵

教师自主学习在其专业发展成长过程中起着至关重要的作用。陈振华提出，"教师自主学习是教师根据学校发展和自我发展的需求，自主地确定发展目标、设计发展策略、开发学习资源、评价发展结果的一种专业发展的方式"[2]。也就是说，教师自主学习是有目标、有步骤地掌握和应用已知教学法和学科内容理论知识的过程，这个过程包括学习目标的确定、学习资源和方法的选择、学习效果的评价等内容。其中，在资源选择层面，教师可选择性地从理论文献、相关的教科书或培训过程提供的优秀实践案例中进行理论学习，也可以从教学课堂实践问题出发，开展教育研究学习，进而提升自己的专业能力。在具体学习过程中，为什么学（学习动机）、如何学（学习方法）、学什么（学习内容）、学得怎么样（监控与反思）等几个方面内容显得尤为重要。因此，教师自主学习需要对自己的学习不断做好计划、组织、监控和评估等工作，其行为具体表现为"能创造一个环境以支持学习，必要时会寻求帮助，并在学习和强化过程中进行自我指导"[3]。有研究表明，教师的自主学习应具有明确目标、管理学习时间、开展有意义的指导性实践、正确使用认知和元认知策略以及具有自我效能感等行为特征[4]。

---

[1] 陈莉，刘颖. 从教师培训到教师学习：技术支持教师专业成长的途径与策略[J]. 中国电化教育，2016，（4）：113-119+127.

[2] 陈振华. 教师自主发展：当下的意义、途径与条件[J]. 陕西师范大学继续教育学报，2005，（6）：23-27.

[3] Karabenick S A，Knapp J R. Relationship of academic help seeking to the use of learning strategies and other instrumental achievement behavior in college students[J]. Journal of Educational Psychology，1990，（82）：221-230.

[4] Zimmerman B J，Paulsen A S. Self-monitoring during collegiate studying：An invaluable tool for academic self-regulation[J]. New Directions for Teaching and Learning，1995，（63）：13-27.

（二）教师自主学习的意义

教师自主学习是教师提高学科专业水平和教学理论水平、加速教师专业化发展的重要环节。其基本意义包括以下几方面。

1. 有利于促进学生学习，实现教师职业价值

教师专业知识和教学技能的获得并不是教师自主学习的最终目标。实际上，教师开展自主学习的核心目标在于解决教育教学过程中遇到的问题，优化教学行为，从而推动学生的有效学习。随着互联网技术的蓬勃发展，网络自研式学习逐渐成为教师自主学习的重要途径。教师可根据自己在专业知识、学科工具使用、教学方法等方面的不足，结合个人的学习需求和时间安排，灵活选取适合自己的学习资源和方式。这种学习方式的便捷性和灵活性，有助于教师以解决实际教育问题、促进学生有效学习为导向，不断获取新知识、更新教育观念、掌握教学技能，从而不断提升自己的教育教学水平。

2. 有利于提升教师职业素养，适应社会与教育改革要求

在信息技术飞速发展与广泛应用的时代背景下，教育的目的、内容、形式和方法等产生的根本性变化对教师职业素养提出了新的诉求。作为一个知识与技能内化的过程，教师职业素养一般是通过教师的自我发展、自我完善来实现的。其中，"自主学习能力"强调具体情境中的问题解决能力及终身学习的能力，已成为教师职业素养发展的主要途径。自主学习不仅指学习者自觉、自主地学习具体的学科知识与技能，更注重其在复杂多变的社会情境中自觉地运用一系列复杂的认知策略（如反思与批判性思维等）与非认知策略（如合作与目标管理等）以解决复杂问题，进而实现个体和社会性的发展目标。教师通过以上的自主学习过程，不仅能够深化对教育教学知识的理解，促进自身素养的形成，更是对时代发展对教师职业提出的新挑战的积极应对。

3. 教师自主学习是教师专业发展主要途径

当前，传统的教师规模化培训已经远远不能满足教师专业发展的迫切需求。因此，教师自主发展成为推动其未来成长的重要方向，而自主学习能力则成为支撑教师专业发展的核心能力。由此，教师需要在认识自我发展阶段以及特点的基础上，选择适合的学习内容，制定个性化的学习目标，进而自主开展学习。在整个学习过程中，教师应持续规划、组织、监控和评估自己的学习进度，以培养和提升自主学习能力。此外，鉴于教师职业的特殊性，他们需要具

备终身学习的能力,一旦教师具备了较高的自主学习水平,他们便能在现有知识和能力的基础上,自觉形成终身学习的意识,进而持续推动个人的专业成长。

(三)教师自主学习的一般过程

📋 学习活动

根据上述内容,以小组为单位讨论并分享教师开展自主学习的一般过程。

_____

_____

_____

教师自主学习,即以教师作为学习主体,要求教师基于个人工作需求,积极培养主动学习的意识和内在动力。通过选择学习内容,采取有效的方式、途径与策略,进行有针对性的自主学习,旨在提升教育教学水平,推动教师专业能力的可持续和高质量发展。教师自主学习的一般过程包括明确个人学习需求、选择学习方法、监控学习过程以及评估学习成果等多个环节。未来社会是一个学习型社会,即追求自我实现的学习将伴随每一个人的终身,我们倡导每个人都应坚持终身学习的理念,不断进取,持续学习。

(四)教师专业发展需求分析方法

明确教师专业发展需求,是教师开展自我学习的先决条件。传统常用的教师专业发展需求分析的方法主要包括以下几种。

1. 课堂观察:课堂观察是一种教育科学研究方法,它要求研究者或观察者(执教者)以明确的目标为导向,凭借自身感官(如眼、耳等)以及辅助工具(如观察表、录音录像设备等),直接或间接(主要是直接)从课堂情境中收集资料,并依据资料作相应研究。

2. 访谈:深度访谈是指专业访谈人员与被调查者之间进行的长时间(一般介于30分钟至1小时)的一对一交流。其目的在于收集教师在自主学习过程中的学习需求、遇到的困难与问题等信息。该访谈通常在被调查者的家中或特定的访问地点进行。

3. 问卷调查:问卷调查旨在深入而全面地了解教师在已有学科知识、学科工具使用、学习动机及学习期望等方面的表现。通过运用多元的统计分析方法，我们能够为教师在自主选择学习内容时，提供更为精准和详尽的量化与质化数据支持。

4. 学生评估结果考试：通过编制与所学内容相关的基础知识点试题，开展知识点测试。旨在深入了解学生对知识的掌握情况，进而针对学生评估结果，反思教师在教学方法及教学工具运用等方面的不足，促使我们不断优化教学质量和效果。

当前，教师在自主学习过程中面临着诸多困境。如教师对自己的专业发展需求认知不明确、学习资源针对性不足、学习过程中缺乏有效监督与指导等。首先，传统的教师专业发展需求分析多依赖于个人主观经验，如深度访谈、课程观察和问卷调查等方式，这些分析方法缺乏客观数据的支持，难以准确反映教师的真实需求。其次，学习资源的针对性不足，使得教师在海量的学习资料中难以筛选出真正符合自身需求的学习资源。此外，教师在学习过程中遇到问题时，由于缺乏及时的指导与帮助，只能将问题搁置，长此以往导致自主学习效果不佳，甚至可能让教师失去对自主学习的信心和热情。

二、智能技术作用点

借助大数据和人工智能等先进技术，我们能够精准诊断教师的自主学习需求，为他们提供个性化的学习资源和智能答疑服务。这不仅使教师的专业发展需求分析从个人主观判断转变为数据驱动，还促使学习资源从系统化向个性化转变，答疑解惑的方式也从简单的问答模式升级为实时干预，有力推动了教师的专业成长与发展。

（一）基于智能技术的需求精准诊断

学习活动

请回顾所学知识，并以小组为单位进行讨论——传统的教师专业发展需求分析存在哪些不足？技术能够发挥哪些作用？

存在不足	技术如何发挥作用
◇ 以主观经验为主，缺乏真实数据支撑	◇ 多维度全面采集教师数据，分析真实需求

在诊断教师需求的过程中，我们可以利用智能技术伴随性收集教师教育教学的常态数据，构建教师数字画像，为提高精准诊断、及时干预和个性化服务水平提供支持[1]。智能技术支持的教师自主学习需求诊断主要体现在对全样本、过程性、可视化、即时性的样态追求上，涉及的技术包括数据诊断、动态分析、可视化技术、大数据、物联网采集技术等[2]。这种基于教师个性特征的有效诊断离不开数据采集，一般的数据采集来自系统平台隐式记录的学习印记，较为常见的有教师基本数据、教师教学行为数据、教学评价类数据、教师学习过程数据和教师能力认证数据等，如表 5-1 所示。

表 5-1 基于教师诊断-推荐的自主学习的数据采集表

数据类型	数据描述	数据来源
教师基本数据	教师个人基本信息、教育背景、工作经历等数据	教师人事系统、教研管理系统等
教师教学行为数据	教学行为、教研互动、教学反思等数据	教研平台、教学现场、教学录像等
教学评价类数据	学生学业评价与教师教学评价等	教务管理系统、视频实录、学生评教、同行评教、专家评教等
教师学习过程数据	教师在培训、教研、自主学习过程中产生的数据和在教学设计、实施与评估等过程中产生的数据	教研平台等
教师能力认证数据	教师在精准测评的基础上产生的能力证据与认证数据	能力认证平台等

教师基本数据主要包括在教师人事系统、教研管理系统等记录的个人基本信息、教育背景以及工作经历等，这类数据通常属于静态数据。教师教学行为数据是指教师在教学和教研实践过程中产生的各类行为数据，包括教学组织、教学设计、教学观摩、教研互动等数据，该类数据主要来源于教研平台、教学录像与教学现场等渠道[3]。教学评价类数据是教师在教学实践中开展的教学评价数据，包括学生的学业评价以及教师自身的教学评价数据等。它主要来源于教务管理系统、基于视频录像的同行评教或专家评教数据等。教师学习过程数据是教师在培训、教研、自主学习过程中产生的数据以及在教学设计、实施与评估等过程中产生的数据，主要来源于教研平台等。教师能力认证数据是教师在精准测评后所获得的能力证据以及认证过程中所生成的相关数据，如能力认

---

[1] 中华人民共和国教育部. 教育部关于实施全国中小学教师信息技术应用能力提升工程 2.0 的意见[EB/OL]. [2019-04-02]. http://m.moe.gov.cn/srcsite/A10/s7034/201904/t20190402_376493.html?from=timeline&isappinstalled=0.

[2] 闫寒冰，单俊豪. 从培训到赋能：后疫情时期教师专业发展的蓝图构建[J]. 电化教育研究，2020，41（6）：13-19.

[3] 胡小勇，林梓柔. 精准教研视域下的教师画像研究[J]. 电化教育研究，2019，40（7）：84-91.

证报告等，主要来源于教师能力认证评估平台。上述五种数据的划分主要是基于研究的需要，而在教师的实际教研工作中，这些数据的采集与处理是相辅相成的，为教师的精准教研实践提供了全面而有力的数据支撑。尽管如此，这种数据采集模型在实际应用中亦可能存在一定的预测误差率，需要不断优化与完善。

随着神经科学、脑科学、学习科学研究成果的广泛应用，以及脑电、多导生理仪等便携、可穿戴式且非侵入式传感设备的不断发展，以生理数据为重要组成成分的多模态数据（如与认知、行为、情绪感知、智能交互等相关联的数据）已成为全息化描绘个体画像的新研究趋势[1]。通过结合文本、语音、视频和生理信息等数据，我们可以对教师的教学过程进行深度多模态分析。例如，通过采集师生面部数据、眼动数据以及生理数据等，我们可以深入挖掘并诊断教师在教学中的潜在问题，开展基于证据的教师隐性需求探索，进而为教师的专业发展明确具体的需求与方向。

📖 拓展阅读

在数据采集与分析方面，美国西部有16所高校运用预测分析报告框架PARF（Predictive Analytics Reporting Framework）进行学习数据分析。通过收集学习者身份、学习基础变量、课程特征变量、学习行为变量和教学行为特征变量等形成电子档案，进行集成分析和预测，并据此进行教学决策和干预[2]。

EDUALI智能软件是专为大学生和教师量身打造的，在人类评估者的协同参与下，现已能够辅助监控和精准测量诸如批判性思维、沟通技巧、协作能力、领导力、问题解决以及跨文化主义等技能的发展[3]。在能力测评领域，美国实习教师表现性评价系统（edTPA）可以对实习教师提交的教学计划、教学反思、教学视频等材料进行综合评价[4]。

美国田纳西州的教师TEAM评价系统，通过综合运用学生成绩的增值性数据以及教师课堂观察和专业化报告等成果性数据，为教师提供全面且深入的综合评价[5]；在我国的中小学信息技术应用能力提升工程2.0中，微认证

---

[1] 张琪，王红梅. 学习投入的多模态数据表征：支撑理论、研究框架与关键技术[J]. 电化教育研究，2019，40（12）：21-28.

[2] PAR. Predictive analytics reporting framework[DB/OL]. [2016-06-29]. https://public.datacookbook.com/public/institutions/par.

[3] EDULAI. Helping students to develop employability skills[EB/OL]. [2020-05-06]. https://smarthink.org/edulai.

[4] American Association of Colleges for Teacher Education. 2014 edTPA administrative report[EB/OL]. [2016-12-25]. https://secure.aacte.org/apps/rl/resource.php?resid=558&ref=edtpa.

[5] 高巍，张亚林. 美国最新教师评价系统TEAM及其启示[J]. 教育研究与实验，2017，（1）：42-47.

> 评估已得到了广泛应用。华东师范大学的闫寒冰教授团队成功研发了我国首个面向教师的微认证系统[1]。师范生可以通过微认证平台完成相应模块的学习目标，并基于工作场景开展教育教学实践。他们可以将相关材料和反馈上传至平台，通过系统认证后，便可以获得一枚具有认可意义的"电子认证徽章"。

（二）基于智能技术的资源推荐

想一想

为什么要利用智能技术为教师推荐教学资源呢？

（1）_____

（2）_____

（3）_____

（4）_____

在智能技术支持下，教师自主学习研修中的资源推荐不仅限于对教材知识点的梳理与呈现，更是为教师的专业发展提供了个性化的指导方向。这一推荐机制旨在有针对性地满足不同类型教师的教学需求，为不同阶段的教师提供恰到好处的学习支持。例如，为新手教师推荐优质课例，向他们提供专业知识与观摩学习的平台；为一线骨干教师推荐教学反思和教学叙事等实践资源，帮助他们不断优化教学实践，提高教学反思能力；为成熟教师推荐高品质的教研资源，尤其是来自专家的教学反思、教学日志与教学叙事等资源，帮助他们在教学实践与反思中不断追求卓越，实现自我精进。

学习活动

讨论教师进行自主学习时，在获取学习资源过程中会遇到哪些问题？借助技术如何解决这些问题？

存在的障碍	技术如何解决
◇ 海量资源质量良莠不齐，教师难以辨别	◇ 基于教师需求，个性化推荐资料

---

[1] 华东师范大学. 华东师大首创"师范生在线教学能力微认证"体系，绘就卓越未来教师"标准像"[EB/OL]. [2020-03-19]. https://news.ecnu.edu.cn/ec/f2/c1833a257266/page.htm.

随着智能技术的发展以及其在教育领域中的深度融合应用，未来的教师队伍需要具备更高素质和更专业化的教育工作者。教师专业发展作为推动教师成长的重要路径，亟需满足未来教育发展的多元化诉求。智能技术以其独特的优势，为教师专业发展开辟了新的道路。通过精准诊断教师的个性化需求，智能技术能够深入分析并挖掘教师的学习兴趣、教学风格、认知水平以及学习偏好等信息，进而为教师推荐符合其专业发展的个性化资源。

（三）基于智能技术的答疑解惑

学习活动

思考教师在自主学习过程中，当遇到问题时，可以通过哪些途径进行解决？借助技术如何解决？

遇到的问题	技术如何解决
✧ 教师无法获得学习指导	✧ 智能代理为教师提供指导

在自主学习过程中，答疑解惑对于教师内化知识起着至关重要的推动作用。智能技术所提供的智能问答产品主要包括智能问答机器人、智能代理以及智能导学系统等，这些产品以用户交互操作和语音交互作为主要的答疑形式。

智能问答机器人在助力教师自主学习的过程中，主要为其提供学科知识的辅助。一方面，智能问答机器人可以促进教师专业知识和技能的学习，提高自主学习的成效，并能快速解决教师在学习过程中的疑惑与难题；另一方面，它还有助于教师在自主学习过程中增强批判性思维、激发创造性思维，并促进反思性思维的形成。

智能代理（Intelligent Agent）在基于诊断-推荐的自主学习过程中，可实现学习资源环境的智能代理功能。原有的数字教育资源具备智能代理后，能够感知智能适配引擎和学习中心的服务请求，并依据请求指定数字教育资源的智能学伴或智能导师，即时获取所需信息与知识，从而支持教师的自主学习过程[1]。这种即时的学习支持服务不仅提升了学习效率，还有助于激发教师的深

---

[1] 贺相春，郭绍青，张进良，等. 智能化学习空间（学习空间 V4.0）与学校教育变革——网络学习空间内涵与学校教育发展研究之六[J]. 电化教育研究，2017，38（7）：38-42+50.

入思考,并引导他们主动探究学习,实现自我成长。

三、典型案例

(一)智能技术支持的职前教师专业发展

教师学习需求分析是一个系统化的调查研究过程。该过程的目的是揭示教师的学习需求并识别其存在的问题。通过剖析问题产生的根源,我们能够精准设计问题的解决方案,从而有针对性地开展学习活动。借助智能技术的支持,需求分析变得更加便捷与高效,不仅可以迅速诊断教师的学科知识水平和教学技能状况,而且能够为他们提供更为客观、全面的分析结果。这种分析不仅为教师提供了更为客观、全面的反馈,还为教学预设提供了科学、精准且全方位的数据支撑。

为了剖析自身在教学过程中的学科知识掌握情况、教学能力表现等方面可能存在的问题,新入职的 Z 老师在确定学习主题之前,首先在系统平台上传了自己的基本信息、教学能力评估、个人经历以及专业发展规划等数据。这一步骤实现了基本数据的采集和初步分析,有助于系统为 Z 老师提供多维度的教学常规、教学质量、学术活动及获奖等方面的评价和分析。最终形成可视化的教师发展数据仪表盘。在教学实践应用中,Z 老师借助系统平台以及便携式、可穿戴式的非侵入式传感设备,实时采集教学和教研过程中的伴随性数据。平台通过对这些数据的深入分析,为 Z 老师推荐了优质课例,大大增加了其学习专业知识和观摩优秀教学的机会。Z 老师在学习过程中,系统平台还配备了智能代理,为 Z 老师答疑解惑,帮助其借助大数据分析反馈的结果对教学实践进行审视与反思,从而不断提升自身的专业能力与教学水平,优化授课效果。

【案例分析】

分析上述案例,智能技术在教师自主学习过程中发挥了哪些作用?

阶段	作用
需求分析阶段	◆ 多维度采集教师数据 ◆ ◆
开展学习阶段	◆ 提供个性化资源推荐 ◆ ◆

续表

阶段	作用
评价阶段	◇ 向开展自主学习的教师提供学习评价服务
	◇
	◇

【案例点评】

传统的课堂观察、问卷调查等自我报告式的教师自我认知诊断方法，往往伴随着工作量大、主观性强等弊端。然而，借助智能技术的支持，认知诊断得以变得更加便捷与快速，能够为教师提供更加客观与全面的分析结果。在上述案例中，智能平台一方面能够提供可视化的数据分析报告，另一方面能够在实践教学环节中采集教师的多模态数据。通过平台的多模态分析，教师可以"对症下药"，精确地找到自身的薄弱环节，并据此定制个性化的学习资源。这既有助于教师的自我提升，也为学校对教师的专业发展进行科学规划提供了有力的支持服务。

【方案设计】

根据所学内容，设计智能技术支持的自主学习规划方案，请说明在需求诊断、资源推荐以及答疑解惑三个环节中，使用何种平台或智能技术，以及技术能够发挥的作用。

自主学习环节	使用的平台/智能技术	技术发挥的作用
需求诊断		
资源推荐		
答疑解惑		

第二节　基于课堂行为分析的评价反思

导言

课堂教学是教师展现其专业能力的重要场所。课堂教学研究不仅是教师个人发展的重要一环，也是推动教学改革、提升教学质量的关键途径。它在促进教学评价的客观性、优化教学设计以及丰富教师实践性知识等方面都发挥了重要作用。通过深入剖析和反思课堂中的各种因素，教师可以更加清晰地审视自己的教学行为、师生之间的互动以及教学与技术的融合，进而提升专业实践能力。而借助先进的技术和方法对课堂教学进行量化观察和数据处理，则能更为全面、准确地揭示课堂中的教学行为，为教师提供有力的反思和改进依据，帮助其不断提升教学能力。

学习目标

☐ 能够说出课堂行为分析的目的、内容及方法
☐ 能够归纳出智能技术在课堂行为分析中发挥的作用
☐ 能够评析智能技术支持下课堂行为分析的相关案例
☐ 能够利用智能技术开展课堂行为分析并提出调整策略

一、场景描述

课堂是教师展现其专业能力的主要场所，对课堂教学的分析、反思和评价是促进教师专业发展的源泉[1]。通过深入的课堂行为分析，教师能够更清楚地认识和了解课堂中的教与学行为，据此对教学行为进行分析与反思来提升其教学能力。

（一）课堂行为分析的目的及内容

课堂行为分析的目的在于探究课堂情境中教师教学行为的选择与组织是否科学合理，师生互动是否得以有效展开，以及教师自身的学科水平如何等。通过课堂行为分析，能够全面反映学生在课堂中的学习状态和学习效率，从而为教师调整教学行为、提升课堂教学效率和课堂质量提供反馈。具体而言，课堂

---

[1] 顾小清，王炜. 支持教师专业发展的课堂分析技术新探索[J]. 中国电化教育，2004，（7）：18-21.

行为分析有助于我们了解教师的学科教学知识水平、评估其教学方法的合理性、了解学生的学习状态与学习效率，以及剖析教师的教学优势与不足等。

学习活动

以小组为单位讨论课堂行为分析的具体内容。

（1）_____

（2）_____

（3）_____

（4）_____

在国内，较早开展教师教学行为研究且颇具代表性的是傅道春老师。他依据教师教学行为功能的轻重，将教师行为细分为教师基础行为、教师组织行为与教师技术行为[1]。教师基础行为包括体态语、口头语、课程语等；教师组织行为包括人格适应、环境适应、师生关系等；教师技术行为包括教学设计、导入、讲解、提问、课堂管理、时空与媒体使用、练习、试卷编制、教育诊断等。这是我国较早且较为系统的教师教学行为分解研究。还有学者依据教学行为的功能把教师教学行为分解为讲授行为、展示行为、演示行为、师生互动行为、活动组织行为与教学设备操作行为6大类，这6种行为又可以进一步划分为30种更加具体的行为[2]；国内学者施良方与崔允漷按照教师在课堂教学情境中的行为方式及其发挥的功能，将教师的主要行为分为教学行为和管理行为，其中教学行为分为主要教学行为（呈示行为、对话行为和指导行为）和辅助教学行为（有效的课堂交流、课堂强化技术等），管理行为则包括行为问题管理、课堂管理模式和课堂时间管理[3]。

（二）常用的课堂行为采集方法

常用的教师课堂行为采集方法有以下几种。

1. 课堂观察法

课堂观察法作为一种科学研究方法，具有目的性、系统性、理论性和实践性等共性特点。英国学者霍普金斯（Hopkins）按照课堂观察的情景范围以及

---

[1] 转引自魏宏聚. 教师教学行为研究的几个维度与评析[J]. 河南大学学报（社会科学版），2009，49（5）：126-130.

[2] 姜芬. 基于优秀课例的中小学教师课堂教学行为研究[D]. 华南师范大学，2007.

[3] 施良方，崔允漷. 教学理论：课堂教学的原理、策略与研究[M]. 上海：华东师范大学出版社，1999：27.

观察的系统化程度，将课堂教学观察方法分为开放式观察、聚焦式观察、结构式观察和系统化观察四大类（表 5-2）。

表 5-2　四种课堂观察法比较分析

分类	含义	特点
开放式观察	开放式观察的"开放"有两方面的含义：一方面是指观察者心态的开放；另一方面是指在开展课堂观察时，不刻意对某类课堂教学行为或问题进行观察和记录	➢ 用于课堂教学观察之初 ➢ 一般并不聚焦到某一个具体的行为或问题 ➢ 对课堂教学现场进行尽可能详尽的、全方位的、真实的观察记录
聚焦式观察	聚焦式观察要求观察者确定观察的焦点，往往局限于某一特定的或者界定明确的课堂活动或教学实践，有明确的观察目的和具体的问题，而且只对焦点问题进行观察，不再关注与焦点问题无关的其他教学活动	➢ 观察点具体且微小 ➢ 针对性很强
结构式观察	结构式观察是指观察者采用记号或符号，对要观察的事件按照一定的结构体系，进行观察、统计与记录的课堂观察方法	➢ 记录的是课堂教学活动中发生的事实 ➢ 非观察者的主观判断
系统化观察	系统化观察是观察者综合运用开放式观察、聚焦式观察和结构化观察等多种观察方法，利用现有的编码量表或分类体系来进行观察和研究，获得系统性分析结果的一种课堂观察方法	➢ 更为复杂和系统，也更为封闭 ➢ 需要和使用编码量表或分类体系

2. 基于视频的课堂教学观察方法

基于视频的课堂教学观察方法，也称为课堂教学录像分析方法，已在新手教师培训中得到了广泛应用。其中，较为典型的是微格教学（Microteaching），它借助信息技术手段，对教学过程进行视频录制与分析，为教师的教学反思提供有力的支持。该方法具有实时性、客观性和全面性等优点，能够有效地反映课堂教学的实际情况，为教师提供有价值的信息。①在实时性方面，传统的课堂教学观察方法往往受限于课后对教学过程进行回忆和总结，而基于视频的课堂教学观察方法则可以实时记录教学过程中的各个环节，使教师能够即时了解课堂上真实发生的情况，有助于帮助教师及时调整教学策略、改进教学方法；②在客观性方面，视频记录可以真实、客观地再现课堂教学的全过程，避免了人为因素对观察结果的干扰。同时，视频资料可以多次播放，让教师可以从不同角度观察和分析课堂现象，从而提高教学反思的准确性；③在全面性方面，视频记录可以涵盖教学过程中的方方面面，包括教师的授课内容、教学方法、学生的反应等，这种全面的记录方式有助于教师全面了解课堂中的各种现象，从而为其的教学反思与改进提供素材和科学依据。

学习活动

想一想：针对不同的课堂行为分析内容，可用的数据采集方法有哪些？

课堂行为分析内容	数据采集方法

（三）课堂行为分析方法

当前国内外对于课堂行为分析的研究已涌现出多种研究方法，它们从不同视角对课堂教学过程进行了深入剖析。其中较为典型的有弗兰德斯互动分析系统（Flanders Interaction Analysis System，FIAS）、学生-教师（Student-Teacher，S-T）分析、基于信息技术的互动分析编码系统（Information Technology-based Interaction Analysis System，ITIAS）和国际数学和科学评测趋势（The Trends In International Mathematics and Science Study，TIMSS）等[1]。

1. 弗兰德斯互动分析系统

20世纪60年代，美国学者弗兰德斯（Flanders）提出了探究课堂真实情境中的师生互动行为分析系统（FIAS），该系统以师生语言的互动行为作为分析元素，对每一类语言行为进行操作定义，具体将课堂上的语言互动行为分为：教师言语行为、学生言语行为和沉寂或混乱（无有效语言活动）三大类，共10种情况，其编码如表5-3所示。在弗兰德斯互动分析系统的实际应用中，其流程主要是通过对教学过程进行定时抽样获取分析样本，再根据语言类型列表对样本进行编码处理，把课堂教学过程的样本量化，形成互动分析矩阵，以反馈课堂教学中存在的不足，提出具有诊断性的改进方案[2]。借助弗兰德斯互动分析系统，教师可以了解课堂上师生、生生间的语言行为，全面理解课堂互动的动态过程。这一系统不仅有助于教师反思自己的语言行为，如提问技巧、学生作答反应、教师对学生错误的纠正等，更能帮助教师发现自身在教学过程中可能存在的错误或不足，从而及时进行改进，促进师生的有效互动与共同成长。

---

[1] 穆肃，左萍萍. 信息化教学环境下课堂教学行为分析方法的研究[J]. 电化教育研究，2015，36（9）：62-69.
[2] 魏宁. 信息技术支持的教学分析方法——FIAS篇[J]. 信息技术教育，2006，（2）：60-62.

表 5-3　弗兰德斯互动分析系统编码

分类		编码	
教师言语行为	间接影响（学生驱动）	1	表达情感
		2	表扬或鼓励
		3	接受或使用学生的主张
		4	提问
	直接影响（教师主动）	5	讲授
		6	给予指导或指令
		7	批评或维护权威性
学生言语行为	（教师驱动）	8	学生被动说话
	（学生主动）	9	学生主动说话
沉寂或混乱		10	无有效语言活动

2. 学生—教师（S-T）分析

　　S-T 分析是一种通过图形方式展示教学性格的分析方法。原始的 S-T 分析重点在于记录教师或学生的行为，而不涉及具体内容的分类。通常，通过实际观察教学过程或观看教学录像，以某一确定的采样频率对教学过程进行采样，然后对样本的行为是否源自教师进行判断，并以相应的符号 S 和 T 进行记录，从而形成 S-T 数据，如表 5-4 所示。根据数据表可以绘制成 S-T 曲线，计算教师行为占有率 Rt、师生行为转化率 Ch（指 S 转换到 T 或 T 转换到 S）。利用这些数据绘制 Rt-Ch 图，有助于我们准确判断该堂课所属的类型，如练习型、对话型、讲授型、混合型等，如图 5-1 所示[1]。这种基于教学过程中教师行为及其他行为分布情况的量性分析数据，不仅有助于教师分析师生课堂教学行为的分布情况，判断课堂是以教为中心还是以学为中心，进而明确自身的教学方式；同时，基于课堂师生教学行为的分布情况，教师还能更清晰地了解学生的课堂参与情况，发现自身教学中的不足，进而为教师开展具有针对性的教研反思提供支撑。

表 5-4　S-T 分析编码

类别	表现形式	类别	表现形式
S 行为	学生的发言	T 行为	解说
	学生的思考、计算		示范
	学生记笔记		板书
	学生做实验或完成作业		利用各种媒体进行提示
	沉默		提问与点名
	其他		评价、反馈

[1] 魏宁. 信息技术支持的教学分析方法——S-T 篇[J]. 信息技术教育，2006，(1)：55-57.

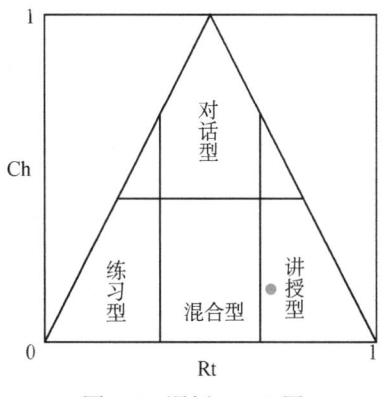

图 5-1　课例 Rt-Ch 图

3. 基于信息技术的互动分析编码系统（ITIAS）

ITIAS 是由国内学者顾小清等在弗兰德斯互动分析系统的基础上进一步完善而成的。该系统增加了技术与师生互动的内容，对教师言语活动中的提问环节进行了细化，包括封闭式提问和开放式提问，并添加了学生言语和技术的行为类别，其编码系统如表 5-5 所示。ITIAS 可方便、客观地统计出教师和学生的行为数据，结合课堂描述性观察和访谈等质性材料的综合分析，我们可对课堂教学进行深入且全面的分析。这不仅有助于教师了解自身的教学情况，更能发现教学中存在的问题和不足，进而提升教学反思的效率与准确性，以促进教师自身的专业发展[1]。

表 5-5　基于信息技术的互动分析编码系统编码

分类		编码	表述	内容
教师言语	间接影响	1	教师接受情感	以一种不具威胁性的方式，接纳及澄清学生的态度或情感的语气
		2	教师鼓励表扬	称赞或鼓励学生的动作或行为
		3	采纳意见	承认学生的说法；修饰或重述学生的说法；应用它去解决问题；与其他学生的说法相比较；总结学生所说的
		4	提问开放性的问题	以教师的意见或想法为基础；询问学生问题；并期待学生的回答
		5	提问封闭性的问题	
	直接影响	6	讲授	就内容或步骤提供事实或见解；表达教师自己的观念，提出教师自己的解释，或者引述某位权威者（而非学生）的看法
		7	指示	指令或命令学生做某件事情，此类行为具有期望学生服从的功能
		8	批评	陈述的语句内容为企图改变学生的行为，从不可接受的形态转变为可接受的形态；责骂学生；说明教师为何采取这种行为；极端地自我参照

---

[1] 顾小清，王炜. 支持教师专业发展的课堂分析技术新探索[J]. 中国电化教育，2004，(7)：18-21.

续表

分类	编码	表述	内容
学生言语	9	应答（被动反应）	（对编码4的反应）学生为了回应教师所讲的话。教师指定学生回答问题，或是引发学生说话，或是建构对话情境。学生自由表达自己的想法是受到限制的
	10	应答（主动反应）	学生的回答超出了问题的答案，表达自己的想法；引发新的话题；自由地表达自己的见解和思路，如提出具有思考性的问题，开放性的架构
	11	主动提问	主动提出问题，自由地表达自己的见解
	12	与同伴讨论	讨论、交流看法
沉寂	13	无助于教学的混乱	暂时停顿、短时间的安静或混乱，以至于观察者无法了解师生之间的沟通
	14	思考问题	学生思考问题
	15	做练习	学生做课堂练习
技术	16	教师操纵技术	教师使用技术来呈现教学内容，说明观点
	17	学生操纵技术	学生使用技术来呈现教学内容，说明观点；学生课堂做实验
	18	技术作用于学生	学生观察媒体演示

4. TIMSS

TIMSS 是国际数学和科学评测趋势（The Trends in International Mathematics and Science Study，TIMSS）的简称。TIMSS 的录像研究程序主要以录像信息分析模式为中心建立信息编码表，采用两次编码方法，先对课堂的概况进行编码，然后对课堂谈话进行编码，接着选择样本课进行现场录制，经过录像的数字化处理，课堂教学信息的编码和统计分析，最后进行比较研究。因此，TIMSS 录像研究程序不仅是对课堂教学进行整体研究和系统研究的新技术，更是提升教学质量、推动教育创新和发展的有力工具。

二、智能技术作用点

课堂教学行为分析是一个复杂且多维度的过程，它不仅涵盖教师行为、学生行为、师生互动行为等，还需综合考虑课堂教学内容（知识点）、教学情境以及师生情感变化等因素。智能技术支持的课堂教学行为分析，为教师行为分析和同课异构分析提供了新的思路与方法。一方面减轻了教师统计数据的工作量，使教师能够更专注于课堂教学的反思和评价；另一方面使课堂教学行为分析的常态化、规模化变得切实可行。累积下来的数据有利于教师进行横向和纵向的对比分析，从而发现自身不足，为加速个人成长提供有力支撑。

(一) 基于智能技术的教师行为数据采集

学习活动

回顾所学知识并思考：传统面向教师的课堂行为采集方法存在哪些不足？借助智能技术能够有哪些改善？

存在不足	技术如何发挥作用
◇ 数据庞杂，采集工作量较大	◇ 借助技术开展采集与分析

教师行为数据的采集工作主要基于教室中安装的高清摄像机来采集教师和学生的图像，麦克风负责采集语音数据，并通过录播系统自动合成教学视频，存储于视频数据库。随后，通过视频图像捕获软件，设置每帧图像的采样时间，并根据课堂行为机理研究，标注其图像的行为类别（如 T 行为或 S 行为）。这一流程实现了对课堂教学过程的全面采集、编码与分析，其具体可分为教师行为分析（如教师活动、言语）和知识点识别。

智能技术支持下的课堂行为分析，因所选用的课堂行为交互系统不同，其教师行为的分析结果也有所差异。例如，有的系统将教师行为分析分为教师活动行为分析（如个别指导或参与活动、观察和巡视、演示和展示、板书）和教师言语行为分析（讲授、提问、指示、反馈与评价），系统利用深度神经网络的 faster RCNN 目标检测定位技术、深度学习和课堂行为分析、OCR（Optical Character Recognition，光学字符识别）技术、人脸模型等技术，能够区分教师的头、肩、手目标并智能定位，实现了教室场景教师的动态人脸识别和行为识别，如图 5-2 所示。最终形成的课堂中教师教学行为云图，如图 5-3 至图 5-4 所示。借助图形可视化呈现师生课堂教学行为，帮助教师快速识别课堂中的各类教学行为的分布情况、掌控水平和综合表现，为其教研和教学活动提供了实证化的评价方式。人工智能技术不仅将课堂视频转化为结构化的数据，更从教研、教学等多维度对数据进行分析、编码和汇聚。这一技术的应用，有效地辅助了传统的人工教研方式，能够自动生成符合各学校应用需求的数据图表、教师发展报告以及学科常模。

图 5-2 教师行为识别

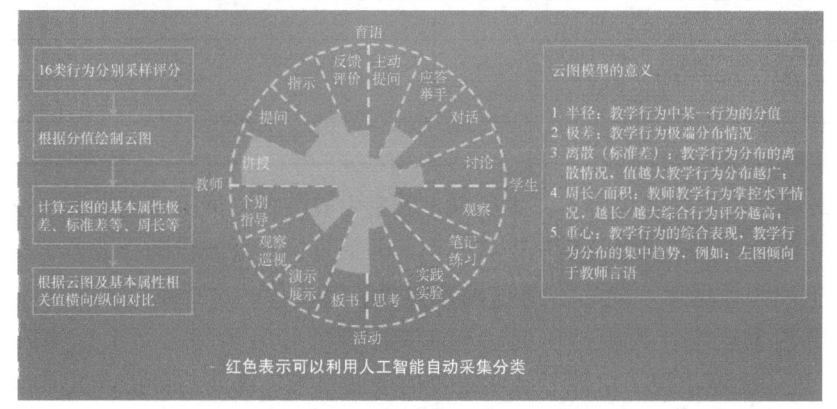

图 5-3 课堂中教师教学行为云图

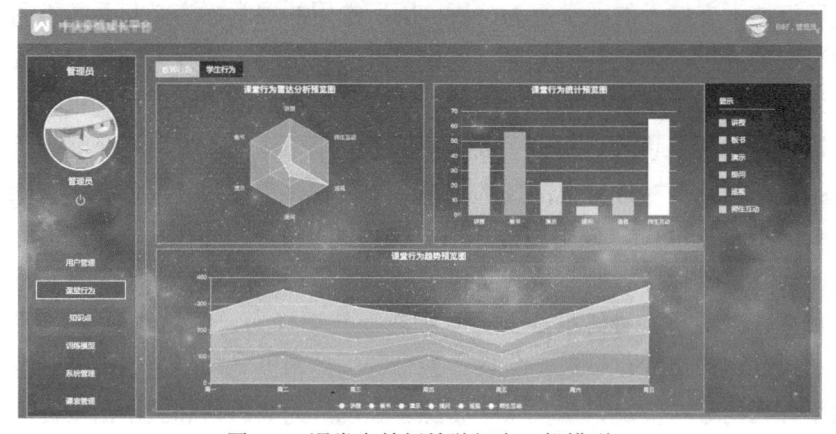

图 5-4 课堂中教师教学行为一般模型

（二）基于智能技术的课堂行为分析

📋 **学习活动**

思考在传统的课堂行为分析中，数据的获取存在哪些不足？借助智能技术如何改善？

存在不足	技术如何发挥作用
◇ 数据零散，不支持规模化解读与分析	◇ 借助技术分析形成个性化教师发展报告

智能技术支持的教师行为分析，为智慧教室中的教师教学方法提供了直观的可视化呈现方式，如图 5-5 所示。分析报告中的各个区块分别代表教师在课堂中的科技运用频次、科技运用累计时间、科技互动指数、教法应用指数和科技运用分布图。这些图表数据可以帮助教师了解自身在课堂教学中各类技术的使用频次，明确技术的使用时长和应用时间，以及自身的教学方法应用情况。基于所呈现的具体数据开展教研，使教师在开展教研活动时能够有所依据，将研讨焦点更加集中地放在教学方法的精进上。

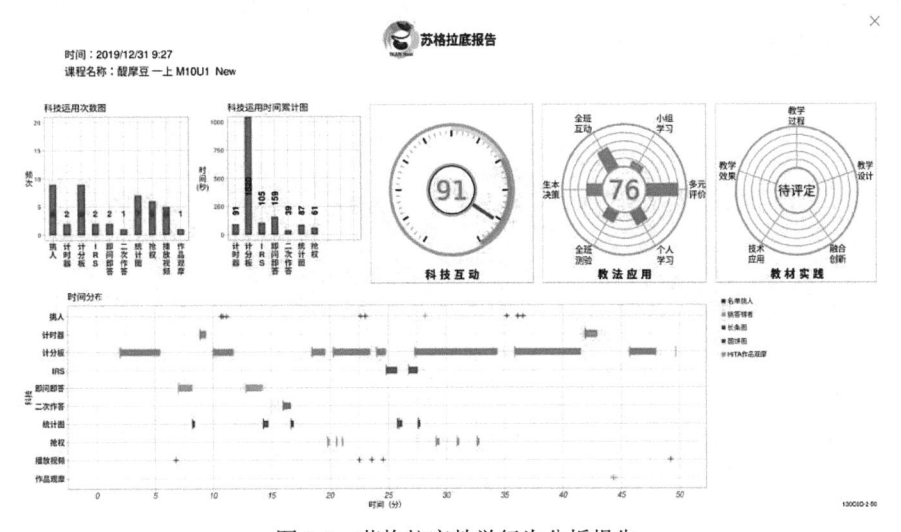

图 5-5 苏格拉底教学行为分析报告

在智能技术支持的教师行为分析过程中，OCR 技术发挥着重要作用。它能够自动扫描教师授课课件，识别课件中的知识点，并形成关联知识库，如图

5-6 所示。这一功能不仅帮助教师系统地梳理知识体系，构建丰富的教学资源库，还极大地促进了教育资源的共建共享。

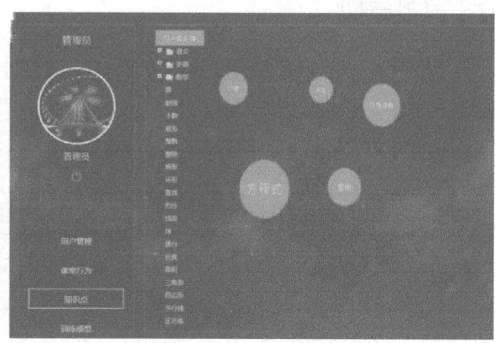

图 5-6　基于大数据的课堂教学分析评测系统的关联知识库

基于智能技术支持的教师同课异构活动，旨在深度剖析同校或者跨校的多位教师讲授同一节课时的不同教学表现。AI 系统能够自动分析各位教师的授课过程，对比不同课堂的教学行为，为教师开展协同教研、教学反思提供了支持。通过这一技术平台，可以汇聚全球范围内、跨领域、跨文化、跨学科的智慧教师专业发展课例，一方面使得全球各地的教师能在平台上观看其他教师的优质课例，学习借鉴更多先进的教学技能；另一方面，通过平台分享的课例，也为教师教研提供了丰富的素材，尤其是通过平台，我们可以对多个教学视频进行剪辑分析，形成不同教师的教学片段清单，为教师开展同课异构分析提供支持，如图 5-7 至图 5-8 所示。

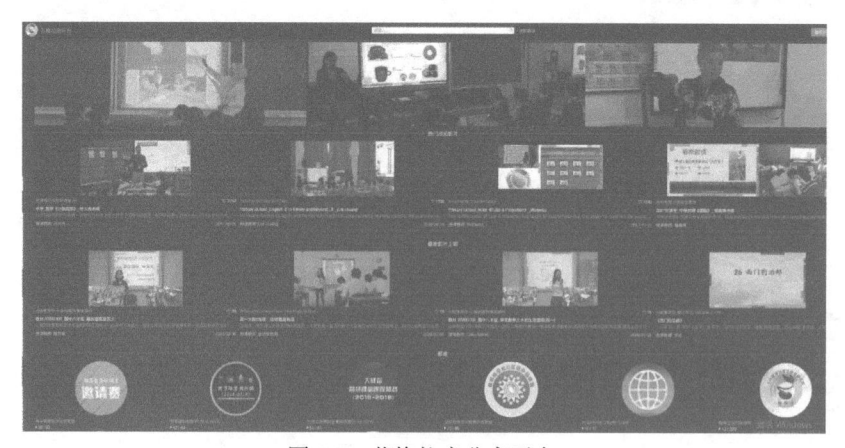

图 5-7　苏格拉底分享平台

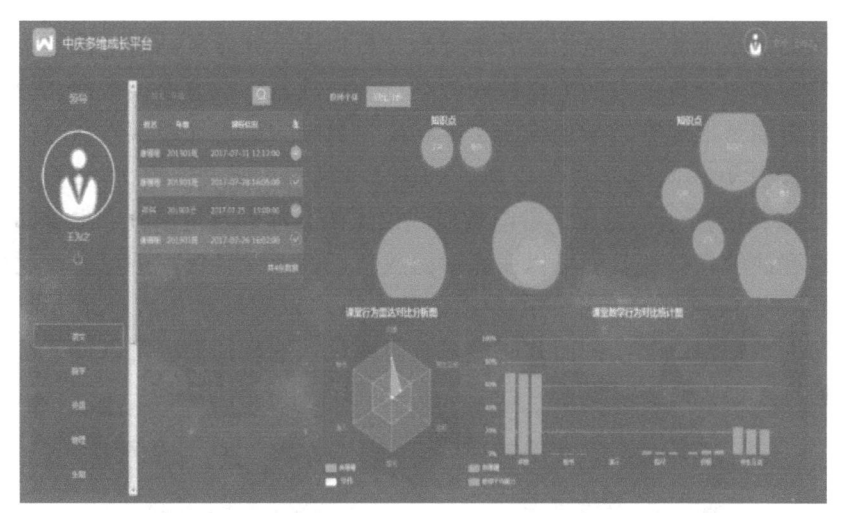

图 5-8　基于大数据的课堂教学分析评测系统的同课异构分析

（三）基于智能技术的反思与评价

📋 学习活动

思考传统的基于课堂行为分析的教学反思存在哪些问题？如何借助智能技术解决问题？

面临问题	技术如何解决
◇ 教师仅靠个人记忆，遗漏问题	◇ 借助课堂录像还原教师教学全过程

在以往的研究中，教师教学反思往往仅依赖于个人记忆，内容重点聚焦于学生管理和自身表现。然而，基于智能技术的课堂教学反思，使得教师在原有教学反思的基础上，进一步聚焦授课内容与学生的学习表现[1]。同时，基于智能技术的数据分析、挖掘与精准定位功能，可以助力教师更加高效地开展教学反思，并针对性地开展教研活动。为了进一步提升教研质量，当前很多课堂教学行为分析系统都支持课堂回放功能，帮助教师自我反思与评

---

[1] Rosaen C L，Lundeberg M.，Cooper M.，et al. Noticing noticing：How does investigation of video records change how teachers reflect on their experiences？[J]. Journal of Teacher Education，2008，59（4）：347-360.

价。例如，基于静态苏格拉底教学行为分析报告，开发了结合上课实录、智慧标签与智能分析图表的苏格拉底教学行为播放器。一方面让教师在教研过程中能更清楚地观察教学现场的实际状况，另一方面也让授课教师对自己的教学实践有更深入的体会与反思，如图 5-9 所示。此外，还加入了点评功能，如图 5-10 所示。专家、参与教研或议课的教师以及授课教师本身都可以加入点评注解。授课教师可以在课后回放自己的上课录像，进行自我反思或写下自评记录或是说课注记；受邀请的专家可以对教学内容给予专业的意见，帮助教师精进教学；而共同参与教研或议课的教师们也可以写下自己的点评意见，供其他教师参考。

图 5-9 苏格拉底教学行为播放器

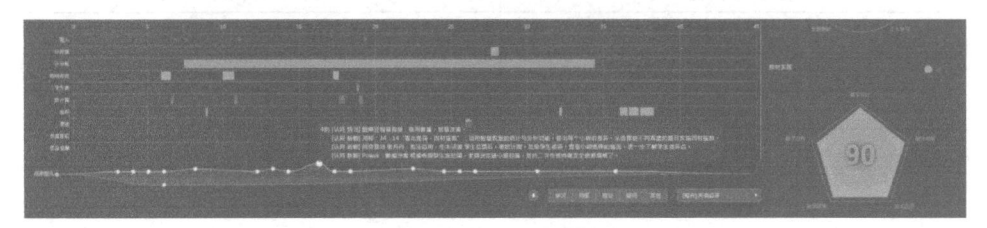

图 5-10 苏格拉底教学行为播放器的点评

三、典型案例

（一）智慧教室课堂行为分析

智慧教室课堂行为分析系统融合了人工智能的图像识别、行为识别以及语音识别等技术。该系统能够精准捕捉并记录教师的授课内容、板书展示、师生互动以及多媒体设备的使用情况，并能在课堂教学结束后的 5 分钟内迅速生成课堂行为雷达分析图、S-T 行为分析图、注意力散点图等一系列直观图表，将教研人员从烦琐的课堂数据采集工作中解放出来，使其能专注于课堂观察与分析（图 5-11）。同时，基于人工智能的教研活动有助于实现教研活动的常态化，帮助教师进行教学反思并提高其自身素质。

Z 老师是一名初一数学教师，通过配备智慧课堂行为分析系统的智慧教室面向初一（1）班的学生进行授课。课后，系统即时生成了详尽的可视化数据报告，精准记录了 Z 老师的授课行为与学生的课堂表现行为。首先，通过可视化数据报告，Z 老师对本节课自己的教学过程进行思考和反思；随后，他与初一数学教研组同事一同在线观看本节课堂录像，共同探讨课堂中的知识点、与学生的互动方式、教学方法、学生的关注度等；最后，教研组教师在平台上给予 Z 老师评价和建议，这些反馈有助于 Z 老师进一步优化课堂设计，提高教学效率。

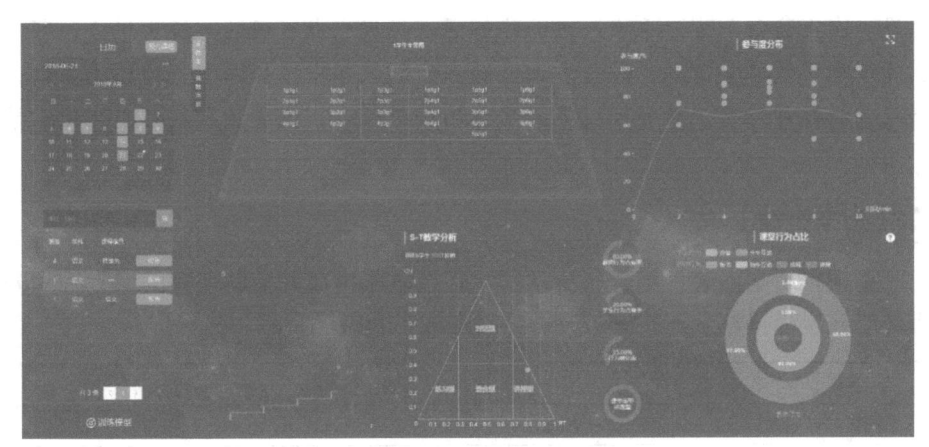

图 5-11　智慧教室课堂行为分析系统截图

借助智慧教室课堂行为分析系统，能够将传统教研与数字化教研相结合，促进教研人员由经验型教研向实证型教研转变。同时，该系统为授课教师改进课堂教学提供数据支撑，特别是随着数据的不断积累，能够清晰地记录下教师在教研和磨课过程中的成长轨迹，从而更好地评估和提升教师的专业素养。

【案例分析】

请分析：在上述案例中，智能技术在课堂行为分析中都发挥了哪些作用？

阶段	优势
数据采集阶段	◇ 采集课堂教学教师行为、学生行为等
	◇
	◇

续表

阶段	优势
数据分析与解读阶段	◇ 对比分析多位教师教学过程，为教学反思提供参考 ◇ ◇
反思评价阶段	◇ 还原教师教学全过程，提升教研反思效率 ◇ ◇

【案例点评】

　　传统的课堂观察方式往往存在工作量较大、主观性较强等问题，而智能技术支持下的课堂行为分析则能便捷、快速地为教师呈现更为客观、全面的分析结果。在上述案例中，平台一方面能够通过数据生成直观的可视化报告，帮助教师清晰了解课堂情况；另一方面能够在实践教学中根据课堂行为编码系统，深入剖析教师行为。教师可以根据平台的分析结果，调整教学策略，优化教学方法。

【方案设计】

　　请根据所学内容，结合自身学科，任选教学内容并借助现有的课堂行为分析环境开展模拟教学，并参考分析结果形成自我教学反思。

学科		学段	
教学内容			
课堂分析环境			
数据采集内容			
数据分析结果			
自我反思评价			

第三节　基于虚拟情境的实践训练

导言

　　教学是一项专业性较强的实践活动，需要教师具备深厚而独特的知识基础。随着基础教育改革不断深入，教师职业的专业化发展日益凸显，教师职业技能在促进教师专业成长中扮演着愈发重要的角色。许多高等师范院校纷纷开展了多样化的教师职业技能实践训练活动，但由于缺乏科学有效的指导，其实际效果并不尽如人意。在智能技术支持下，教师可以进行虚拟情境的实践训练，如虚拟场景中的试讲和虚拟教室的授课等。这些训练方式可以帮助教师对自身的教育教学实践进行反思和提炼，对教师的教学实践有着直接的指导价值。本节主要从教师实践训练场景、信息技术在教师实践训练中发挥的作用两个方面展开介绍。

学习目标

☐ 能够说出教师实践训练的目的及方法
☐ 能够归纳出信息技术在教师实践训练中发挥的作用
☐ 能够基于真实或虚拟的教学情境开展实践训练

一、场景描述

职前教师的成长离不开基于课堂教学的实践训练，这对于他们顺利转型为一名合格的教师具有十分重要的意义。优秀教师的实践性知识的生成与获得需要依靠自身在一线课堂中的教学实践与经验反思。本节主要从教师实践性知识的内涵、特征及意义和教师实践训练方法两个方面展开介绍。

（一）教师实践性知识的内涵、特征及意义

学习活动

作为师范生——未来的准教师，思考你目前距离进入一线课堂开展教学还存在哪些职业技能的不足？需要得到哪些帮助？

_____

_____

_____

20世纪80年代以来，国外对于职前教师实践性知识的研究已从行为上的"教师需要做什么"转变为更加深入的"教师知道什么以及如何通过正规训练和课堂情境帮助教师获取所需的知识"。其中在以教师"应然"知识的研究路径（概念和逻辑分析方法）中，具有代表性的研究成果是由舒尔曼（Lee S. Shulman）提出的教师知识框架。该框架明确了教师实践性知识的内涵与外延，如表5-6所示。另外，以教师"实然知识"（情境性的教师知识研究）为主的研究，将焦点聚焦于真实的教学情境中的教师实践，其代表者芬斯特马赫（Fenstermacher）将教师知识研究划分为两类：一是研究者经由思辨分析得出的教师知识，即正式知识（formal knowledge）；二是教师在实际教学经验和反思中积累形成的知识，即教师实践性知识。国内学者以陈向明为代表，认同教师实践性知识是"教师在对自己的教育教学经验进行反思和提炼后形成的，并通过自己的行动做出来的对教育教学的认识"[1]，即教师在教育实践中所形成的实践知识[2]。

教师实践性知识的特征体现在以下几方面。首先，它具备实践感（个体根据当下所感知到的信息而做出的实践行为）；其次，它强调参与性（个体真正参与到教育教学实践活动中并具备参与动机）；最后，它展现了反思性（个体对自身实践行为的审视与思考贯穿于实践前、中、后行为的全过程）[3]。因此，教师所拥有的教学知识对其教学实践有着深远的影响。同时，教师在教学实践中会不断形成与自身相契合的实践性知识。这种实践性知识，源于教师对自身教育教学实践的深入反思和提炼，是教学知识体系的重要组成部分，对教师的教学实践有着直接的指导价值。

表 5-6　舒尔曼（Lee S. Shulman）的教师知识框架[4]

教师知识	具体含义
学科知识（subject matter knowledge）	教师对所教学科领域的内容知识，包括学科的理论、概念、原则和方法等
一般教学法知识（general pedagogical knowledge）	指超越具体学科的关于课堂管理和组织的广义的原则和策略
课程知识（curriculum knowledge）	指对作为教师的"行业工具（tools of the trade）"的教材和教学计划的掌握
学科教学法知识（pedagogic content knowledge）	指将所教的学科内容和教育学原理有机融合而成的，对具体课题、问题或论点如何组织、表达和调整以适应学习者的不同兴趣和能力以及进行教学的理解
有关学生及其特征的知识（knowledge of learners and their characteristics）	所教学生的身心发展状况，以及个性差异等知识。例如，学生的年龄、性别、个性、性格、气质、爱好、内在外在的需要，以及他们的优缺点等都属于学生具有的独特个性

---

[1] 陈向明，等. 搭建实践与理论之桥——教师实践性知识研究[M]. 北京：教育科学出版社，2011.

[2] 李利. 职前教师实践性知识发展研究[D]. 苏州大学，2012.

[3] 张玮凌. 理论与实践的融合：职前教师实践能力培养探寻[J]. 电化教育研究，2020，41（5）：124-128.

[4] 转引自白益民. 教师的自我更新：背景、机制与建议[J]. 华东师范大学学报（教育科学版），2002，（6）：28.

续表

教师知识	具体含义
关于教育脉络的知识（knowledge of educational contexts）	范围涉及班组或课堂情况、学区的管理和经费的分配、社区和文化的特征等
有关教育的目的、目标、价值及其哲学与历史渊源的知识	指关于教育的目的、教育目标、教育价值以及和教育有关的哲学和历史背景方面的基础知识，即把教育哲学、教育学、心理学、历史学等社会学聚合在一起的知识，此类知识有助于指导教师更为顺利地开展教学活动

职前教师教育是教师专业发展的关键阶段，其学习过程应致力于构建能够解决实际教学问题、适应教学实际的实践性知识。然而，在当前的教师教育体系下，职前教师的实践性知识仍显不足，有待进一步完善。因此，教师实践训练的意义如下。

◇ 实践训练是理论知识与实际教学相结合的重要途径。通过实践训练，职前教师可以深入理解所学的教育理论、教育心理学、教学法等知识，并在实际教学中运用这些知识。这不仅能够深化对理论知识的理解和掌握，还能够提升教学技能，为日后的教学工作打下坚实的基础。

◇ 实践训练有助于职前教师更全面地了解和适应教学环境。在实践训练中，职前教师可以接触到不同的学生、教师和教学环境，了解不同学生的需求和特点，并掌握与同事、学生和家长间的沟通技巧。这些宝贵经验将助力职前教师更好地适应未来的教学挑战，进而提升教学效率与质量。

◇ 实践训练能够增强职前教师对教师职业的认同感和热爱感。通过实践训练，职前教师可以亲身体验教学的乐趣和挑战，感受到作为教师的责任和使命。这对于职前教师未来的职业发展以及整个教育事业的繁荣进步都具有深远影响。

◇ 实践训练是培养职前教师独立思考与创新能力的重要途径。在实践训练中，职前教师需要充分运用所学知识和技能，独立思考和解决问题，不断创新和改进教学方法。这不仅能够提升职前教师的教学能力，更能培养他们的创新精神和问题解决能力，为未来的教学工作提供更多的思路与方法。

（二）教师实践训练方法

📋 学习活动

以小组为单位讨论希望如何开展教师教学实践训练？

（1）_____
（2）_____
（3）_____
（4）_____

1. 微格教学

微格教学以教育教学理论、视听理论以及相关技术为基础，通过引导学生参与小型课堂教学实践，并全程录制教学过程，随后进行细致的课后观察与深入分析，以此达到训练职前教师，提升其教学水平的目标。因此，微格教学技能训练作为运用现代信息技术培养教师教育专业学生教学技能的系统方法，是提高职前教师教学水平的一条重要途径[1]。目前，微格教学在各大师范院校广泛开设，成为师范生教学技能训练的重要方法。但在实际操作过程中，微格教学所设定的环境往往局限于职前教师自己的同学之间，缺乏与真实学生的互动和交流，这导致所培养的教学技能缺乏临床性，所形成的实践性知识也存在一定的局限性和缺陷。美国学者鲍尔（Ball）的面向教学的数学知识（Mathematical Knowledge for Teaching，MKT）框架结构对职前教师的教学知识进行了研究，发现微格教学的训练模式对职前教师的内容与学生知识并没有帮助，甚至还会起负作用[2]，并不完全能促进职前教师实践训练。

2. 实习与见习

试讲或说课是基础教育教师走上岗位时必备的职业技能。校内实习试讲作为职前教师走上讲台前的关键教学模拟训练，是教师教育专业学生教育实习的核心环节。然而，在实际的学校实习与见习过程中，职前教师在提升实践性知识方面往往受到内外部多重因素的制约。例如，实习或见习时间的有限性、指导老师的个人授课风格等，这些都使得职前教师的实践性知识的发展大多停留在自我反思与探索阶段，更多地依赖于自身的悟性，缺乏系统的提升途径。

二、智能技术作用点

借助智能技术创设基于虚拟情境的教学实训场景，从教师试讲和虚拟教室授课等方面支持教师开展教学技能实践训练，帮助职前教师尽快摆脱对职业技能的盲目探索，并对其教育教学实践进行反思和提炼，进而有效指导职前教师

---

[1] 赵玉. 利用微格教学培养师范生说课能力的实践研究[J]. 电化教育研究，2011，（1）：94-99.
[2] 黄友初. 数学教师教学知识发展研究[M]. 北京：科学出版社，2015：216.

顺利进行职业技能实践训练，提升其教学实践水平。

学习活动

讨论交流目前教学实践训练存在哪些不足？如何借助智能技术解决？

存在不足	智能技术如何发挥作用
◇ 缺少实训场地	◇ 借助智能技术打造虚拟实训场景

（一）基于智能技术的虚拟试讲

试讲是职前教师实现理论知识与教学实践相结合的重要桥梁。通过模拟课堂教学活动，职前教师能够初步建立起教学效能感，显著提升其语言表达能力、板书设计能力、教具使用熟练度以及教态等教师职业素养，为以后从事教育教学工作奠定坚实基础。智能技术可以基于VR/AR/MR等设备构建虚拟教学场景，为职前教师提供基于反馈-虚拟场景试讲。通过模拟真实的课堂教学过程来培养职前教师的课堂语言表达、板书设计以及教具使用等技能。这种试讲模式可以有效缓解职前教师的紧张感。在试讲结束后，智能技术可以迅速给予反馈和指导，帮助职前教师及时修正不足，调整教学策略。

（二）基于智能技术的虚拟教室授课

虚拟教室是在计算机网络上利用多媒体通信技术构造的学习环境，允许身处异地的教师和学生进行大部分教学活动。虚拟教室可以增强教师和学生之间的交互度、灵活性，提高效率，缩小两者的心理距离[1]。在智能技术支持下，教师在虚拟教室的授课不仅为职前教师提供了课堂行为管理的实践机会，还有助于教师在授课过程中积累实践性知识，从而推动教师的专业发展。例如，美国斯坦福大学商学院开设的由商学院教师授课的纯在线商业证书项目LEAD，启用了与虚拟现实技术公司VirBELA共同创建的虚拟校园和虚拟教室，上课的学生会出现在虚拟校园入口，在课堂选择一个座位坐下观看幻灯片，教师化

---

[1] 胡丽萍，李亮. 欧洲"教育机构中的虚拟教室"项目及其启示[J]. 中国信息技术教育，2010，（15）：107-108.

身则站在虚拟舞台上进行授课,并可以选择调整灯光、房间大小以及学生座位安排,如图 5-12 所示。融合人工智能技术的第二人生(Second Life)虚拟社区具有很强的虚拟现实和仿真功能,可以营造出播客和微格教室无法提供的真实情境。职前教师可以在其中开辟一个虚拟教室,让学生进入该虚拟教室中学习,在这样的虚拟现实环境中进行教学实践可以获得接近真实课堂教学的体会与感受。同时,Second Life 也具有很强的交互性,支持文本、音频和视频等多种交互方式,职前教师可以和其他教师及学生进行即时和非即时的交互。除此之外,Second Life 也被用于支持职前教师开展提升课堂行为管理方面的教研实践[1]。

图 5-12　VirBELA 虚拟校区截图

三、典型案例

(一)牛津大学赛德商学院 HIVE 虚拟教学

牛津大学赛德商学院的牛津国际虚拟教育中心(Oxford Hub for International Virtual Education,Oxford HIVE)开设了英国首间虚拟教室。与西班牙 IE 商学院的 WOW 教室类似,Oxford HIVE 的实体空间内也安装了 27 台高清显示屏组成的 U 型屏幕墙,可最多支持 84 名来自世界各地的学生同时参与到课程的学习与讨论中来。同时,它还采用并融合了机器人学、人脸识

---

[1] Mahon J,Bryant B,Brown B,et al. Using second life to enhance classroom management practice in teacher education[J]. Educational Media International,2010,47(2):121-134.

别技术以及 4D 高清投影等多项尖端科技,教师通过高清画质能够精准辨识出学生们的面部表情,及时了解他们对于学习及讨论内容的真实反应;支持即时提问,如果学生对于课堂上的内容有所疑问,根据问题的紧迫程度,可以通过交谈或举手功能和老师进行即时沟通;虚拟教室还可以在讲课时使用虚拟黑板书写,并且在线分享授课以及讨论中需要的各种课件文档;支持在线分组,老师可以将学生进行分组,将不同组学员放入虚拟教室,学员可以看到及听到彼此,以便他们进行具体讨论等。另外,虚拟教室也在努力让呈现在屏幕上的每一个远程学员都体验到坐在教室前排的高度参与感,如图 5-13 所示。

图 5-13 牛津大学赛德商学院的牛津国际虚拟教育中心

【案例分析】

请分析:在上述案例中,智能技术在教师教学实践训练中发挥了怎样的作用?在应用过程中有哪些优势和不足?

发挥的作用	优势	不足
	◇	◇
	◇	◇
	◇	◇
	◇	◇

【案例点评】

教师拥有的教学知识,对其教学实践有着直接的指导价值。然而,传统的教师实践训练受限于机制、环境等因素,导致在实践性知识发展上存在一定的局限,使得职前教师的实践性知识往往停留在个体层面的盲目探索阶段。相比之下,智能技术支持下的教师实践训练方法展现出了显著的优势,一方面能够将传统实践训练过程中复杂的教学过程分解为利于观察和分析的单项技能,使职前教师更易于掌握;另一方面,因其能够突破时间和地点的限制,在虚拟教室进行授课并与虚拟学生实时互动，有助于职前教师持续形成自身的实践知识，从而有效提高其教学能力。

【体验探究】

依托第二章完成的教学设计方案，借助现有实训环境开展教学实践训练。